西华师范大学学术著作出版资助

拳中求身，身中求和

回族武术的身体叙事研究

马　林◎著

人民体育出版社

图书在版编目（CIP）数据

拳中求身，身中求和：回族武术的身体叙事研究 / 马林著. -- 北京：人民体育出版社，2024. -- ISBN 978-7-5009-6496-4

Ⅰ. G852

中国国家版本馆 CIP 数据核字第 20248WM218 号

*

人 民 体 育 出 版 社 出 版 发 行
北京明达祥瑞文化传媒有限责任公司印刷
新 华 书 店 经 销

*

710×1000 16 开本 11.75 印张 207 千字
2024 年 8 月第 1 版 2024 年 8 月第 1 次印刷

*

ISBN 978-7-5009-6496-4
定价：59.00 元

社址：北京市东城区体育馆路 8 号（天坛公园东门）
电话：67151482（发行部） 邮编：100061
传真：67151483 邮购：67118491
网址：www.psphpress.com

序

新时代中华民族共同体建设是实现中华民族伟大复兴的时代使命，也是中国式现代化的重要目标之一。习近平总书记指出，中国式现代化，深深植根于中华优秀传统文化之中。因此，在中国式现代化进程中，要以铸牢中华民族共同体意识为主线，在阐释和弘扬中华优秀传统文化的基础上，纵深推进各民族文化传承与发展，进一步增强中华文化的认同。对少数民族文化的态度，决定着中华文明的厚度、深度和长度。少数民族文化是建构博大精深中华文化图景的重要内容，在中华文化研究体系中占据重要地位。中国传统武术文化内蕴丰厚，不仅有拳种丰富、门派众多的汉族武术，更有形式多样、异彩纷呈的少数民族武术。在历史发展长河中，各民族形成了独具特色的民族武术文化，刻画出独特的民族性格和地域特色。

回族武术是民族历史文化的“活化石”，是传统武术文化的重要组成部分。当前对回族武术的研究多借助文化学、社会学等对回族代表性拳种、武术家进行阐释，取得了令人瞩目的成就。然而，研究对回族武术如此丰富与繁荣发展背后的深层原因和身体叙事逻辑，却鲜有涉及。为实现中国式现代化，回族武术的身体叙事何以可能真正融入主流社会中？又何以可为在铸牢中华民族共同体建设中谋求自身的发展？这是当代回族武术实践层面所面临的现实问题，也是当代回族武术理论研究所要突破的重要议题。马林之著作从上述问题域入手，试图为回族武术的当代发展提供理论支撑与实践依据。

第一，回归身体，以身体为视角来言说回族武术的叙事，是本书的独特之处。作者以回族武术拳种为研究对象，借助身体理论、叙事学理论等理论基础，以身体为切入点，在身体叙事框架下，以“拳种外的身体”与“拳种内的身体”为研究线路，以回族武术的身体叙事形态、内涵，以及回族武术身体如何存在为问题域，试图通过铺陈回族武术传承人的“身体经验”，分析回族武术身体叙事的文化内涵，这不仅有利于传承民族文化、促进民族传统体育学科发展，而且有利于尊重民族差异、包容文化多样、构筑中华民族命运共同体。

第二，注重实证，基于田野调查来阐释和论证回族武术的身体叙事形态，是本书的创新之处。作者在身体叙事的视域下对回族武术的拳种进行翔实的考察，阐述其拳种之外的身体叙事，即武术人与社会历史环境关系，拳种之内的身体叙事，即社会历史铭刻于拳种之中的经验结构，并归结出回族武术身体叙事的基本形态：力的身体、规训的身体、和的身体。这为回族武术文化研究提供了一个身体关照的视角。

第三，关怀现实，以“回族武术的身体如何存在”为问题意识的焦点，是本书的落脚之处。作者以“回族武术身体究竟应如何存在”为叙事归宿，分析回族武术身体叙事的当代审视与启示。首先，论述了审视的维度：身体改造，是基于回族武术“力的身体”，从历史、理论、现实逻辑来审视回族武术与健康促进的逻辑构造；身体管理，是基于回族武术“规训的身体”，从身体意识、身体实践、身体呈现来审视在社会生活中对回族武术身体实施的管理。身体隐喻，是基于回族武术“和的身体”，从回族武术身体交往、交流、交融来审视回族武术在铸牢中华民族共同体意识中的表现。由此，提出了启示所在：注重生命本能，将身体作为一种权力意志；强化身体再生产，融于生活；建构想象的身体，深融中华民族共同体建设。这一系列的探讨为当代回族武术的发展提供了具有深度和广度的理论支撑与实践依据。

在当代回族武术文化研究中，作者的研究立场，以铸牢中华民族共同体意识为主线，将其研究纳入中华民族伟大复兴的发展大局中，其研究的过程与结果，能够为后续回族武术乃至中华武术的身体叙事与国家的身体叙事间的关联研究提供理论与实证的素材，能够为回族武术的身体叙事学研究体系的构建提供范式与经验，且以回族武术的身体文化为媒介，在中国式现代化的道路上，能够拓展回族武术传承与发展空间，进而为中华优秀传统文化的创新发展注入新动力。

是为序。

王明建

2023 年 8 月 29 日

目录

第一章 绪 论

第一节 研究缘起

“即身而道在”是中国古代身体哲学对身体现象的独特诠释与理解。身体的叙事可视为身体在社会中展开的多维度、多层次的意义实践，也是探索与回应此类“身体之谜”的主体行为。在历史发展长河中，身体作为叙事的符号，在中华民族形成了独具特色的民族武术文化，刻画出独特的民族性格和地域特色。回族武术是民族历史文化的“活化石”，是传统武术文化的重要组成部分。然而在既有研究中就回族武术如此丰富与繁荣背后的身体叙事形态，却鲜有涉及。这或许也是回族武术的“身体之谜”。因此，本研究将从为何是回族武术的身体，何为回族武术的身体，回族武术的身体如何叙事为研究起点，试对回族武术的身体叙事形态做出解释。

一、身体的缺席：回族武术文化身体研究的隐匿

在身体叙事中，“身体，是一个问题，迷人而深奥”[1]。然而，对于这一问题的解释，在既有回族武术文化研究领域里，身体以一种“低度显影”般的样态存在，处于“隐而不显”的学术研究状态，以至于在学术研究领域中出现了“身体的缺席”[2]。鉴于一般的学术思考，身体缺席的对立面是身体在场。本研究是要以关切“活生生的回族武术身体”为起点，展开对回族武

[1] 约翰·奥尼尔．身体形态：现代社会的五种身体［M］．张旭春，译．沈阳：春风文艺出版社，1999：1.

[2] 黄金麟．历史、身体、国家：近代中国的身体形成（1895—1937）［M］．北京：新星出版社，2006：1.

术“身体在场”的探讨。据此，“为何是回族武术的身体”则成为本研究不得不回答的第一个问题。

回族在中华民族56个民族中是具有独特民俗、民风和民情的少数民族，其武术与尚武之风更可以称得上是中国武术文化中的独特标识。从历史的纵向看，回族尚武具有悠久的历史传统，清代回族人民业已拥有以众多“武状元”为标识的群体；近代回族武术更是人才济济，形成了以“回族武术”为标识的武术文化现象。对于“回族武术”这一历史现象，或作为一种回族文化的研究，或作为一种“身体技术”研究，或作为一种“身体文化”[1]进行探讨，进而将回族武术看作为“载体”“技术”“文化”予以关注，并将“身体就是特定存在经验的整体”[2]作为出发点，为回族武术的研究奠定了基础。此处，在将回族武术作为“身体文化”来关注，是本研究的指向。然而，“何为回族武术?”是在基于其“身体文化”阐释之前，需要阐明的概念。因此，有必要对“回族武术”的概念做一界定。既有的文献中已有对回族武术的概念的诠释与界定。譬如，武术是中华民族共同的精神财富，各民族对武术的起源、形成和发展都有贡献，而回族的武术活动尤其引人瞩目，回族武术实际已成为回族文化的重要构成部分[3]。回族武术是回族民众在历史形态与文化形态的相互作用下遗留下来的文化遗产[4]。在此基础上，对回族武术做如下概念界定：回族武术作为中华武术文化不可或缺的组成部分，是指以回族民众群体为传承主体，产生具有一批代表性的拳种与套路，体现回族独特的思想观念、文化价值和身体认知的传统武术技艺。这一描述性概念在回族武术的身体叙事研究中树立了关切拳种的研究意识。

整体来看，当前回族武术的身体研究，因缺乏其身体范畴与身体化逻辑，体现出难以把握回族武术周围的“世界”[5]。进而言之，在近代中国的历史发展格局里，身体的存在究竟处在一种怎样的景况，这个问题一直未有清楚的阐释[6]，在中国武术历史发展格局之中，身体也处于一种“存而不论”的

---

[1] 戴国斌．武术：身体的文化［M］．北京：人民体育出版社，2011.

[2] 郑震．作为存在的身体——一项社会本体论研究［M］．南京：南京大学出版社，2007：6.

[3] 马明达．试论“回族武术”［J］．回族研究，2001（3）：62-66.

[4] 陈振勇，姚孔运．回族武术促进民族文化认同的指标体系构建与实证研究：以兰州回族武术为个案［J］．体育科学，2012，32（9）：61.

[5] 燕燕．梅洛-庞蒂名相的肉身——从我能的身体到一体的肉身［J］．现代哲学，2012（3）：89-96.

[6] 章立明．中国身体研究及其人类学转向［J］．广西民族研究，2008（2）：52-61.

状态，这使得我们未能较为系统全面地来观照回族武术在中国武术世界里的变化，以及回族武术人所经历的种种命运变化[1]。因此，对赋有独特尚武标识的回族武术进行研究，身体叙事研究有助于描绘出历史与现实中回族武术的身体图式，进一步理解回族武术的身体知识。

二、身体的镜像：回族武术身体技艺实践的审思

身体的镜像或称镜像的身体，所体现的是一种社会行为中的身体运用，其特殊的媒介是消费，并使身体变得像它能够享用的物体一样是可预知的[2]。消费社会就是这样一个被物所包围，并以物（商品）的大规模消费为特征的社会[3]，回族武术的身体仍然是处于“物”的包围之中，并以消费为媒介形成了自身的身体镜像，此“镜像”一定程度上能够反映出回族武术行为者的身体表征，也是当下消费社会形象在身体上的映射。但是在消费社会中，些许社会行为对回族武术的身体过度运用，造成了其过度消费，使之处于镜像中的“身体”发生着变化。譬如，当下部分回族武术身体的技艺实践过度商业化，实则是对回族武术身体建设性的破坏，也导致了其身体镜像的不可预知性。鉴于此，在当下的消费社会语境下，如何更好践行回族武术身体之技艺，来处理好其身体技艺在实践中的变与不变？如何通过其身体技艺实践主动融入当代社会的主流中来推动回族武术的创造性转换和创新性发展？由于此类问题域的指向，研究必然要再度审思回族武术的“身体行为”（技艺实践），这也成为建构回族武术行为者如何正确行动的“方向标”。一定意义而言，回族武术的身体行为是被社会所建构，对回族武术身体技艺实践的审思，“何为回族武术的身体”是绕不开的研究起点。因此，此处有必要就这一问题做一个扼要的说明，聚焦于身体层面和叙事学层面来予以探讨。

其一，从身体层面来看，身体是人类个体的客观存在，其熟悉程度往往被人忽视。然而，这并不等于我们对身体有深刻的认识。身体（body）与肉

[1] 黄金麟．历史、身体、国家：近代中国的身体形成（1895-1937）［M］．北京：新星出版社，2006：1.

[2] 汪民安，陈永国．后身体：文化、权力和生命政治学［M］．长春：吉林人民出版社，2010：357-359.

[3] 陈娟．粉丝文化传播的伦理审视［D］．湖南：湖南师范大学，2011.

体（flesh）的关系，我们往往将二者等同，但从思想而言，“这是对身体的降格”[1]。身体理应是多维的、多面的现象，且身体所蕴含的意义伴随历史的进程与社会的发展而变化。由此可见，肉体仅是身体的一个基本维度。从存在样态来看，身体具有实体性和非实体性之别，实体性的身体我们称为肉体，是个人作为个体存在的物质基础，同时也与其他个体共在于社会之中，建构起共在的本体身份；非实体的身体，它不是一个实在之物，而是存在经验的无形结构[2]。因此，本研究所涉及的回族武术身体，同样是多维的、多面的现象，既有实体性的身体，也有非实体性的身体。概而言之，作为实体性的回族武术身体，并不仅限于肉体，而是与彼时社会环境之中的其他个体共在的回族武术身体；作为非实体性的回族武术身体，是凝结在回族武术拳种之中经验的一种结构，或形成的一种身体图式[3]。

其二，从叙事学层面来看，叙事学是以文本为中心而进行的一种文学研究范式，既涉及了文本外的作者与社会历史语境的关系，也包含了文本内的叙事形式与结构；本研究对回族武术身体叙事的研究，是将回族武术视为一个叙事作品来予以展开。基于此，我们不妨将回族武术的身体归结为“文本外的身体”和“文本内的身体”。

总而言之，无论是从身体层面，还是从叙事学层面探讨回族武术的身体，必然绕不开对回族武术的基本文化单元——拳种的阐释。故而，在对“何为回族武术的身体”分而论之的基础上，总结拟定为——“拳种外的身体”（实体性身体、文本外的身体）及“拳种内的身体”（非实体性的身体、文本内的身体）。

三、身体的回归：回族武术文化研究的身体叙事

身体叙事，是在叙事场域下将身体既视为主体，也视为客体的自我叙事。因此，在“身体叙事”框架下来看回族武术的身体，应该是身体的身体，它在那里，却又不在那里[4]。然而，这种类似哲学式的言语表达，却道出了对回族武术的身体应如何存在的问题思考。即是说，对其身体的存在究竟应如

[1] 张志勇，程卫波．运动员身体的文化解读［J］．体育与科学，2011（1）：33-35.
[2] 李帅．“五四”小说身体话语研究［D］．沈阳：辽宁大学，2012.
[3] 莫里斯·梅洛-庞蒂．知觉现象学［M］．姜志辉，译．北京：商务印书馆，2001.
[4] 汪民安，陈永国．后身体：文化、权力和生命政治学［M］．长春：吉林人民出版社，2010：79.

何看待？目前这个问题一直未能有一个系统的论证。基于此，本研究将从回族武术的身体应如何叙事来探析回族武术身体的如何存在，使回族武术的身体从笛卡尔的“我思故我在”到“我叙事故我在”的转变。

“身体是总体能指，因为凡事都有身体，或者说，凡事都是身体”[1]。为此，对于当代回族武术文化的研究，须回归身体，进一步来探讨回族武术身体的叙事，本研究对其叙事思考有两点：

其一，身体史就是一部标识史，涵盖了各式各样的符号和标识，并建构出一种遮蔽、分化，乃至破坏身体的差异性与根本性的“网络系统”[2]。回族武术的身体也陷入了这一网络之中，回族武术的身体在当代网络系统下如何保持其根本性，必然是回族武术身体叙事的考究之处。

其二，就回族武术的身体应如何叙事而论，以回族武术的拳种身体为文本，一方面，从“拳种内的身体”入手，主要聚焦于拳种内的身体叙事，即拳理、拳技中所彰显和隐藏的身体文化；另一方面，从“拳种外的身体”入手，主要聚焦于拳种外武术人的身体叙事，即传承人的个体经验，以及与所处的历史环境、社会环境之间发生的身体关联。

“在身体里做研究”其意义何在？鉴于上述的思考，主要以“回族武术的身体存在究竟应该如何被看待”为研究的落脚点，从回族武术的身体叙事视角审视回族武术身体的当代叙事，并在此基础上提出当代回族武术的发展启示，以期为回族武术的当代传承与发展提供一个身体观照的视角。

第二节 研究回顾与启示

本研究所涉及的回族武术身体叙事研究，是以身体为视角来探讨回族武术的叙事。因此，围绕相关核心概念，从三个部分进行归类梳理，分别包括：第一，体育身体叙事的相关研究；第二，武术身体叙事的相关研究；第三，回族武术的相关研究。

[1] 汪民安，陈永国．后身体：文化、权力和生命政治学［M］．长春：吉林人民出版社，2010：80.
[2] 汪民安，陈永国．后身体：文化、权力和生命政治学［M］．长春：吉林人民出版社，2010：29.

一、相关研究的学术回顾

（一）体育身体叙事的相关研究

因体育身体叙事的研究文献数量相对较少，故只有拓展梳理范围，即以身体为视角，来梳理身体与体育间的相关研究成果。据此，在其前期成果的基础上，主要聚焦在身体与体育的相关研究。

身体与体育的研究，主要围绕身体哲学与体育的成果上，着重针对身体哲学视角下体育研究与体育身体观两部分进行梳理分析。

首先，身体哲学视角下的体育研究。

第一，对体育文化的研究，一直是体育学界的热点。童丽平在身体哲学视野下反思体育文化，阐释生理身体是体育的实践者，文化身体是体育文化的标志和象征[1]。其所指的“文化身体”在体育文化中作用，具有一定的理论指向。武海潭，陈秀清，季浏对甲骨文和东巴文的身体哲学进行比较，论证了体育文化与原始文字间的关联，探索身体文化对原始文明产生的影响[2]，该研究在一定程度上开辟了体育文化研究的新空间。

第二，体育运动本身便是体育身体的一种直观表现，有学者尝试在身体哲学视域下去探寻有关体育运动的哲学线索，认为体育运动是理解身体的意义，是呈现身体的形象，以及是竞技身体的释放[3]；也有学者透过梅洛-庞蒂的身体现象学，指出习惯并不是机械简单的刺激——反应动作，而是身体在身体图式的统摄下拓展知觉和空间范围、理解世界的过程，从体育运动的习惯中获得前提、途径、反思[4]。

第三，体育精神和体育思想也是体育学界研究的关注点，不乏身体哲学视域下的研究关切。张再林，李靖论证了“以身为本”“自强不息”“和的精神”“身心一体”以及“体美合一”等理念，研究认为这些精神是中国古代

---

[1] 童丽平．身体哲学视野下的体育文化反思［J］．体育与科学，2007（3）：31-33.

[2] 武海潭，陈秀清，季浏．体育文化与原始文字—基于甲骨文与东巴文的身体哲学比较研究［J］．成都体育学院学报，2014，40（1）：49-53.

[3] 刘欣然，范婕．从身体哲学中寻找体育运动的哲学线索［J］．武汉体育学院学报，2013，47（1）：23-26.

[4] 苑文静，张再林．体育运动中“习惯”的身体哲学解读—从梅洛-庞蒂到理查德·舒斯特曼［J］．上海体育学院学报，2018，42（6）：18-22.

身体观的集中体现，同时也理所当然地成为中国传统体育思想真正的精神指南[1]。吕俊莉在身体哲学视域下研究了因理性与感性思维差异而产生的中西运动竞技理论，因哲学背景和文化特征的差异产生的中西运动项目中内敛与张扬的表现形式，以及体育思想差异产生的系统整合与整体效应[2]。

第四，在身体哲学视域下，对体育基本形态的研究，也初露端倪。诸如，"竞技体育伦理的研究"[3] "竞技体育的异化"[4] "学校体育边缘化的反思"[5] "学校体育之于身体的应然价值及其实现路径"[6]，上述研究成果均从身体哲学视野探讨了体育基本形态。

第五，体育教学是学校体育中的重要命题，在身体哲学视域下进行研究可以提供一个新的认知空间。周惠新指出，现代体育教学应突出身体之重，构建生命化、情境化的具身性体育认知思维，主张"身心合一"的具身性体育教学理念，凸显"身体对话"的具身性体育教学方法，倡导"身体语言"的具身性体育教学话语权[7]。该成果以体育教学为主题展开研究，对在身体哲学视域下产生的体育教学理念、教学方法等具有一定的指导性，体育教学最终是培养人的全面发展。李有强，龚正伟认为体育可分为肉身身体、感性身体和社会身体的身体活动形式，分别论述了三种身体活动形式对人的全面发展的贡献[8]。通过在身体哲学视域下对体育中的教育论证，张再林立足于探讨身体哲学范式与体育宗旨间的关联，认为人类体育宗旨是服务于身心灵一体、真善美相合的"全人"教育，属于真正意义上的大学之教育。[9] 此

[1] 张再林，李靖．"即身而道在"——中国古代身体哲学视域中的中华体育精神探析［J］．人文杂志，2014，(12)：1-6.

[2] 吕俊莉．身体哲学视域下的中西体育思想比较研究［J］．体育与科学，2015，36（5）：84-88.

[3] 赖雄麟，唐澍．身体哲学视域下的竞技体育伦理研究［J］．西安体育学院学报，2016，33（6）：706-710.

[4] 吴保传，齐宝，鲁小艳．儒家的身体哲学与中国竞技体育的异化［J］．西安体育学院学报，2010，27（6）：685-687.

[5] 张慧智，高鹏．身体哲学视域下学校体育边缘化现象之反思［J］．山东体育学院学报，2017，33（3）：114-118.

[6] 高鹏，颜桂平，李玉超．身体哲学视域下学校体育的价值审视及路径选择［J］．体育文化导刊，2018（6）：130-135.

[7] 周惠新．身体哲学视域下现代体育教学的具身认知［J］．中国教育学刊，2017（8）：41-45.

[8] 李有强，龚正伟．体育与人的全面发展：基于马克思主义身体哲学视角的考察［J］．西安体育学院学报，2021，38（4）：395-401.

[9] 张再林．身体哲学范式与体育论旨间的互窥——以中国古代射艺为例［J］．体育学刊，2016，23（5）：13-20.

外，人工智能也进入了学界研究视野，在身体视域下，周生旺，程传银着重对人工智能融入体育进行了伦理学思考，指出其在伦理的主体与价值等方面存在着困境[1]。此类在身体哲学视域下的体育研究，一定意义上开拓了体育学术研究的新领域。

其次，身体观念下的体育研究。

第一，性别身体观念下的体育研究。有研究从女性身体观对女性体育影响入手，揭示了女性身体观对女性体育具有导向、规范和提供动力的作用，女性体育在女性身体观规定的框架中发展，同时也不断地与女性身体观发生冲突。[2] 这一研究说明女性身体观和女性体育之间存在着相互关联与互动。有研究专门从女性体育身体观与女性体育间的历史演变进行梳理，从历史维度，以女性身体观对女性体育的影响为核心，探寻女性身体观嬗变的轨迹、女性体育的发展过程。[3] 也有研究直接选取历史片段分析女子体育观的生成与变迁。以清朝末期为时间起点，着重研究晚清女性身体观变革的历史动因，演进及外显形式，变迁与女性体育表现形式的关系三个方面内容。[4] 还有研究以身体为研究视角，阐明了近代以来我国学校体育思想中身体观的演进，从规训到关怀，从国家到个体，从身心二分到身心合一的变迁。[5] 张大志认为，体育中的身体，是不同历史阶段的社会观念的外显，其所塑造的身体观对体育文化的生成、体育的时代价值与功能有着很强的影响力[6]。其研究对中国近现代体育身体观的生成提供了一定理论支撑和历史厚度。作者通过对近代体育史中身体政治的剖析，展现出以洗刷“东亚病夫”恶名为目的、促进革命生产为手段、实现全民健身为目的的不同发展阶段的体育文化图景，产生不同时期的体育实践方式，形成不同的体育价值观[7]。

---

[1] 周生旺，程传银．身体与技术：身体哲学视域下人工智能融入体育的伦理审思［J］．上海体育学院学报，2021，45（9）：1-11.

[2] 徐长红，任海，吕赟．女性身体观对女性体育的影响［J］．体育学刊，2009，16（3）：29-32.

[3] 徐长红，任海，吕赟．女性身体观与女性体育互动关系的历史演变［J］．体育学刊，2009，16（11）：23-27.

[4] 方萍，史曙生．晚清女性身体观的变迁对女性体育的影响［J］．体育文化导刊，2018（2）：137-142.

[5] 古雅辉，刘昕．从规训到关怀：近代以来我国学校体育思想中身体观的演进［J］．北京体育大学学报，2020，43（6）：140-148.

[6] 张大志．中国近现代体育身体观的生成逻辑［D］．苏州：苏州大学，2015.

[7] 张大志．近代以来中国体育文化中的身体政治［J］．成都体育学院学报，2013，39（4）：19-24.

第二，对古代身体观下体育本体的研究。先秦时代是研究的重要时期。有学者以先秦儒家社会化身体观、道家自然化身体观、医家实体化身体观分别对中国古代体育施加了社会化、自然化和实体化的影响的问题进行了探讨[1]；有学者基于先秦儒家身体观表现，阐释了先秦体育思想中的力与“流连忘返”、礼与“范我驱驰”、仁与“正己而后发”的观点[2]；有学者进一步研究了中国体育实践中的儒家身体观的谱系[3]；除儒家身体观外，道家身体观也在研究之列。有学者阐释了道家身体观中蕴含的身体结构观、功能观、处置观，并通过道家身体观剖析了体育思想的内在超越，即注重身体力量的无为与技巧，注重体育技术的入化与出神，注重运动表现的心理因素。[4]

此外，有学者聚焦到“身体观念”上，循着“思想—身体观—体育”的脉络考察了身体观转换与中国体育演进的内在规律[5]。还有学者聚焦于福柯身体观的演变，来探讨对体育实践的启示[6]。此类以身体视角下对体育的研究成果，在一定意义上对体育中身体的解读具有启示作用。

鉴于此，通过对体育身体叙事文献的梳理借鉴，其意义在于：洞悉其研究方向，为研究在研究议题的选取、研究方法的运用、研究理论的融合等方面奠定前期基础；避开重复性研究，对厘清研究的逻辑线路具有一定的借鉴。基于体育中身体视角的论述，为本研究中身体叙事提供了一个身体转向的可能。

(二) 武术身体叙事的相关研究

在既有文献中，武术中身体的研究内容呈现出一种技术与文化的身体写照。戴国斌认为，武术是“身体的文化实践”的主题，是一种“人文化成”表现，是对军事格斗行动的文化结果；并指出武术研究应超越自己的认识系

---

[1] 刘媛媛．先秦身体观语境下的中国古代体育文化研究及其现实意义［J］．体育科学，2012，32（1）：81-87.

[2] 李有强．先秦儒家身体观及其体育思想的阐释与反思［J］．体育科学，2014，34（9）：3-10.

[3] 傅永聚，赵溢洋．中国体育实践中儒家身体观的谱系［J］．武汉体育学院学报，2016，50（8）：5-12.

[4] 李有强．道家身体观及其体育思想的内在超越［J］．体育科学，2015，35（6）：90-97.

[5] 李有强．中国古典身体观的转捩：基于中国体育变迁史的考察［J］．上海体育学院学报，2019，43（3）：92-99.

[6] 陈璐，张强，陈帅．从身体规训到生存美学：福柯身体观的转变及对体育实践的启示［J］．体育与科学，2013，34（2）：31-33.

统，把武术放在一个更为广泛、更加丰富的认识系统中去考察武术解释新的可能性[1]。段丽梅提出在现代教育和体育教育“去身”“去人”的现象中，基于对中国传统武术集生理、社会、心理身体于一体的教育经验的思考，并对武术三种身体即生理身体、社会身体、心理身体的分析，为中国武术教育话语理论体系的建设提供了理论与实践支撑[2]。“既得艺，必试敌”是武术中一种技艺的话语体系。韩红雨、戴国斌从武术比试的角度阐释了武术的身体叙事，不仅揭示了武术由传统领域如军队、门户到公共领域即大众的转型历程，由野蛮到文明的发展轨迹，也充分说明武术比试文化是社会伦理观念的参照[3]。郭学松论述了两岸民间武术宋江阵的身体展演和故事叙事，促进两岸民众对中华文化、血缘身份形成认同的观点[4]。上述研究成果为武术身体的研究提供了理论上的借鉴与方法上的参考，具有一定的启示意义。

（三）回族武术的相关研究

回族武术是中华武术的重要组成部分，其尚武精神在中华武术界颇具影响且受学者关注。纵览研究成果，从回族武术的研究主题、研究方法、研究视角和研究理论四个方面展开论述。

1. 关于回族武术的研究主题梳理

关于回族武术的研究主题，着重对回族武术的拳种、武术家进行归类研究。

第一，回族武术的拳种研究。拳种，作为中华武术独具特色的文化标识[5]，彰显中华武术的博大精深。回族武术是构成中华武术的重要部分，对回族武术拳种的研究层出不穷，20 世纪 90 年代回族武术“拳种”的相关性研究有 1997 年吴丕清从“武术之乡”的沧州入手，梳理了沧州回族武术代表

[1] 戴国斌．武术：身体的文化［M］．北京：人民体育出版社，2011.

[2] 段丽梅．武术身体之教育研究［D］．上海：上海体育学院，2017.

[3] 韩红雨，戴国斌．武术比试观念的演进：一种由“暴力到文明”的身体叙事［J］．中国体育科技，2014，50（3）：51-55.

[4] 郭学松．记忆、认同与共同体：两岸宋江阵演武文化中民族传统体育身体展演与话语叙事［J］．体育科学，2020，40（7）：79-87.

[5] 陈新萌，吕韶钧，李根．中国武术拳种的文化形塑、演变规律与发展逻辑［J］．中国体育科技，2018，54（3）：44.

性的拳种及源流[1]；同年，马明世对陕西安康回族武术的源流、拳术套路等进行了略述[2]。二者从回族武术拳种相关知识的梳理入手，陆续向大众描摹出了回族武术之面貌。21 世纪回族武术“拳种”的相关性研究有，吴丕清以谱牒为证，探讨了八极拳的渊源，并对八极拳的名称由来及其原理、特点、技法等进行了略述[3]；刘汉杰以八极拳传承与传播为个案，探讨了沧州回族武术文化的内聚与外衍过程[4]；马廉祯对“弹腿”源流、风格及教门弹腿进行梳理[5]；马锦丹在深入采访心意六合拳各支派拳师和广泛收集拳谱、拳论的基础之上，试对心意六合拳的渊源与特征进行阐述[6]，其后又作了“心意六合拳的口述史及当代价值”的研究[7]；范景鹏对清代的“飞腿”沙亮在查拳传承中的作用进行论述，以期来辨析其创始之说[8]；刘海超等以“武术之乡”安徽亳州回族晰扬掌为例，从回族晰扬掌对回汉文化流动与融合的影响[9]进行论证。此类学术成果，进一步对回族武术拳种的源流、内容、风格、特点进行了梳理与研究，将回族武术具象化地展示在世人眼前，开启了回族武术拳种的研究大门。

第二，回族武术的武术家研究。众知，在清代乾隆时期，曾有“中土回人，性多拳勇”的社会共识。在回族武术发展之过程中，涌现出大批回族武术家。部分学者为更好地理解和认知回族武术，对回族武术家进行了研究。马明达对清末著名回族武术家常燕山的武术行迹作了考证、分析与评价[10]；蔡知忠、周岩探讨了回族武术家马凤图一门的历史谱系、武术传承，以及马氏武艺的历史分期及其在技术上和理论上的特色[11]；还有学者对山东回族武

[1] 吴丕清．沧州回族武术［J］．回族研究，1997（1）：58-64.

[2] 马明世．安康回族武术［J］．回族研究，1997（1）：56-57.

[3] 吴丕清．回族武术八极拳考述［J］．回族研究，2004（3）：83.

[4] 刘汉杰．沧州回族武术文化的内聚与外衍：以八极拳的传承、传播为例［J］．回族研究，2005（2）：186-190.

[5] 马廉祯．弹腿源流与教门弹腿研探［J］．回族研究，2011，21（1）：91-94.

[6] 马锦丹．回族传承的民间武术心意六合拳考述［J］．回族研究，2012（4）：101.

[7] 马锦丹．洛阳回族传承心意六合拳口述史及当代价值［J］．回族研究，2019，29（3）：43-48.

[8] 范景鹏．“飞腿”沙亮在查拳传承中的作用［J］．体育学刊，2009，16（2）：109-112.

[9] 刘海超，吴永存，张振东，等．从回族武术门禁的开放看回汉文化的流动与融合：以“武术之乡”安徽亳州回族晰扬掌为例［J］．上海体育学院学报，2015，39（6）：90-94.

[10] 马明达．燕山常巴巴轶事辑述：兼论西北天启棍、八门拳诸问题［J］．回族研究，1997（3）：24.

[11] 蔡知忠，周岩．源远流长 名家辈出：记著名回族武术家马凤图家族［J］．回族研究，2002（1）：48.

术家杨法武的相关武术事迹进行研究[1]；有研究涉及内蒙古回族武术家吴桐倡导建立的绥远国术馆以及该地区国术思想与体系的建设与普及[2]；张文广武术思想的研究[3]，等等。从回族武术家视角切入研究，使回族武术更具鲜活性与直观性，使回族武术的历史记忆得以再现。

2. 关于回族武术的主要研究视角梳理

其一，回族武术的非物质文化遗产保护视角研究。有学者从非物质文化遗产名录中三种不同类型的回族武术，探讨了回族武术留存状态与文化适应的思考[4]；也有研究认为作为非物质文化遗产的回族武术，需要超越民族和信仰的认同，用多方法、多层次和多文化的价值观使回族武术尽快摆脱狭隘的发展方式[5]；也有学者从制度化管理、保护性传承、影视传媒的融合[6]等方面对回族重刀的保护与发展进行研究。回族武术作为非物质文化遗产的保护是学界一个研究热点，但如何保护是我们应该认真思考的问题。

其二，回族武术的民族文化认同视角研究。有研究以回族武术促进民族文化认同为案例进行了理论与实践研究，基本构建了民族文化认同的指标体系[7]；也有学者认为回族武术在社会功能上具有鲜明的入仕和入世的特点，集中体现了中华属性和民族特色的有机统一[8]；还有回汉文化的流动与融合[9]，以及回族武术文化的成因及其对我国其他少数民族武术传承与发展的启示研究[10]，等等。上述研究凸显了回族武术的现实环境，发出了我们需要

[1] 史永琴．山东回族武术与武术家杨法武［J］．回族研究，2018，28（1）：140-143.

[2] 马廉祯．吴桐与绥远国术馆［J］．回族研究，2010（3）：89.

[3] 沙岩松．张文广武术思想研究［D］．北京：北京体育大学，2016.

[4] 秦炜棋，张延庆．文化适应与非物质文化遗产光环下的回族武术［J］．中央民族大学学报（哲学社会科学版），2010，37（2）：101-107.

[5] 王笑．作为非物质文化遗产的回族武术的传承与发展［J］．回族研究，2013，23（4）：139-141.

[6] 高飞，屈丽蕊，苏连勇．天津回族重刀武术的保护与发展［J］．首都体育学院学报，2014，26（1）：9-10.

[7] 陈振勇，姚孔运．回族武术促进民族文化认同的指标体系构建与实证研究：以兰州回族武术为个案［J］．体育科学，2012，32（9）：61.

[8] 范景鹏，马锦丹．从"回族武术"看中华属性和民族特色的有机统一［J］．回族研究，2017，27（2）：86-92.

[9] 刘海超，吴永存，张振东．从回族武术门禁的开放看回汉文化的流动与融合：以"武术之乡"安徽亳州回族晰扬掌为例［J］．上海体育学院学报，2015，39（6）：90-94.

[10] 张延庆，方征，王晓芳．从回族武术文化现象透析我国少数民族武术的传承与发展［J］．体育文化导刊，2006（11）：94.

重视回族武术的传承及发展的声音，以及促进民族认同的重要性和必要性。

3. 关于回族武术的主要研究理论梳理

对于回族武术文化的研究显示出多元化的特征，借鉴社会学、人类学等学科的理论与方法，亦是必然趋势。韩红雨运用历史人类学理论对八极拳文化从异术到拳术进行历史分析[1]。次年，又运用年鉴学派长时段整体史、社会变迁与认同、民俗学文本等跨学科交叉研究方法，对沧州武术进行分析[2]；姚孔运运用族群意识和民族文化认同相关理论对兰州回族武术进行研究[3]；陈星潭从社会学理论对回族武术的尚武传统、修炼习惯及其建构与认同等方面进行探讨[4]。此外，戴洁茹，杜树海以符号人类学和历史人类学为理论基础，对查拳谱系学叙事及查拳在近代中国的传播和作用进行考察，指出作为集体记忆和身体技艺的查拳不仅是族群凝聚的手段与方式，其社会化传播也有助于近代中国的国家建构和国民身体改造，激发中华民族共同体意识[5]。此研究成果，提出了查拳是集体记忆和身体技艺的表达，为本研究奠定了从身体视角来研究回族武术的身体叙事视角基础。

4. 关于回族武术的主要研究方法梳理

在回族武术研究成果中，有学者运用田野调查法进行研究，也有学者运用实地考察法、个案研究法，等等。但大多研究成果均采用文献资料法、访谈法等传统研究方法，对回族武术相关史料进行归类分析，厘清回族武术文化的历史脉络。

鉴于此，本研究在对武术的身体叙事及回族武术的研究成果梳理后，确定其借鉴在于：其一，为研究提供了直接的研究方向，同时提高了研究定位的准确度，拓展了研究维度；其二，促使研究者再次思考民族武术的传承与发展根本问题，加大其研究力度。此外，对回族武术研究成果的梳理，为本研究奠定了前期基础，同时提供了身体叙事的研究空间。

---

[1] 韩红雨．由异术到拳术：沧州回族八极拳文化建构的历史人类学考察［J］．山东体育科技，2014，36（5）：26-29.

[2] 韩红雨．国家与社会视野下沧州武术研究［D］．上海：上海体育学院，2015.

[3] 姚孔运．民族社会学视域下回族武术促进民族关系的和谐研究：以兰州回族武术为个案［D］．成都：成都体育学院，2012.

[4] 陈星潭．社会学视野下的回族武术初探［J］．体育学刊，2016，23（3）：39-41.

[5] 戴洁茹，杜树海．回族查拳的历史叙事与近代践习研究［J］．体育学刊，2020，27（6）：27-33.

二、前期相关研究的学术启示与思考

通过对本研究相关文献一番“巡礼”，本研究获得了思考方向与写作源泉。在已有回族武术研究成果中，既有回族代表性拳种、回族武术家的研究，也有对回族武术传承发展提出策略的研究，还有的运用人类学、社会学等学科理论来解释回族武术，为回族武术当下发展提供了实践参照。在中国式现代化道路上，回族武术作为民族传统体育文化，如何对其进行高质量的研究，推进其传承与发展，成为研究者的思考之题。

（一）导向共同体：背景意识与问题意识的深度融合

做学问，其中的“问”，从某种程度上而言便是指提出具有学术性问题的能力；这也印证了进行学术研究时“问题意识”的重要地位。这一点，在学界已成共鸣。关于背景意识，赵旭东等学者在“田野回声”的主题学术会议中提出中国意识及背景意识相关概念[1]。所谓背景意识，宏观层面讲是对中国的整个社会问题感兴趣；微观层面讲是对某一区域、领域、群体乃至个人（研究对象）等的问题感兴趣，从而形成一种学术关怀。在梳理前期相关研究成果中，尤其在研究议题维度上，部分学术成果，虽能发现问题，但所研究的问题均具有同质性，往往是重复性的研究，对背景的认识程度未能很好把握。因此，本研究在前期相关学术成果的基础上，将背景意识与问题意识深度融合，以此来建构研究的导向共同体。在此共同体下，对回族武术文化在当代何为其文化？何以真发展、何以真传承等问题域进行探讨，以期进行多维、立体的回族武术文化解释。

（二）视角组合体：身体与拳种的关联

在前期的学术成果中，既有立足于身体理论的高度展开的学术研究，也有以体育为主题进行系列身体的实践研究，更有将武术本体作为身体文化来进行阐释的研究。但总体而言，在既有成果中仍有一些问题有待进一步深入：其一，虽然身体理论的运用提供了前期理论基础，然而在回族武术的研究成

[1] 赵旭东，刘谦，张有春，等．“田野回声”五人谈：中国意识与人类学意趣［J］．广西民族大学学报，2013，35（3）：9-19.

果中仍缺乏以身体视角来审视回族武术传承与发展。因此，以身体为视角对回族武术的研究需要被进一步深化。其二，虽然立足身体视域下的体育分析，已建立起体育身体的理论高度，但体育身体与叙事间的关联缺乏深度联系。因此，体育身体的如何叙事需要被进一步深化。其三，虽然系列武术身体研究为身体叙事框架奠定了基础，提供了实践研究的参照，但是对武术身体叙事形态、策略等问题，以及基于身体叙事维度下与民族传统体育发展层面的关联研究需要被进一步深化。

为此，本研究在前期相关成果基础上，试将身体与拳种两种视角进行深层关联，建构本研究的视角组合体，即聚焦回族武术拳种里的身体和身体里的拳种，描绘出回族武术的身体文化版图，对回族武术文化进行新的视角解读，以期深度和多元地理解回族武术文化。

（三）框架意识：理论与事实间的多维对话

对话是日常生活中最为平常的一种交流方式，在这里引申为文本中的理论与事实（素材）间的对话。为何会产生文本中“理论与事实”间的对话？在梳理前期相关研究成果时，尤其从研究理论向度上来看，借鉴西方的理论，已成为学术界的一种时尚，但大多研究成果却依旧出现了“两张皮”的学术现象，未能既把理论讲清楚，也把故事讲清楚[1]。因此，本研究试着进行理论与事实间多维交互的对话，来建构文本的框架意识。如何来构建二者间的对话：其一，对“理论是什么”“什么是事实”我们须有清晰的认知。本研究借鉴身体学、叙事学、人类学等理论与方法来进行对回族武术文化的研究，借鉴并非简单移植，我们需要对所用理论究竟是什么有一个全面的掌握，并非“拿来主义”。对于“什么是事实”，并非“照相机”“录音笔”“摄影机”似的描述性展示，或是“放到菜篮子里都是菜”的拼盘，而是在这些现象中挖掘出学术性的事实。其二，我们在借鉴理论时，要清晰理论本身的立场、脉络、指向等，熟知理论背后的学理逻辑；同时，对于事实，我们要尽可能地悉知事实的细节，以及事实背后的意义结构。基于此，二者间从理论分析事实，事实印证理论，反复、多维度地叠加对话，找准二者间的契合点，搭

[1] 赵旭东，宋欣仪．从对话看文化——费孝通文化观中的对话人类学路径［J］．中南民族大学学报（人文社会科学版），2020，40（1）：37.

建由平面化转向立体化的叙事框架，逐步消解文本中理论与事实的分离，逐渐形成一个整体的框架意识，以期讲清楚回族武术文化故事。

总体而言，本书以身体为视角，对回族武术进行研究，通过对回族武术拳种的个案考察，解读回族武术三个代表性拳种中的身体，进而解释回族武术身体叙事形态与内涵，探讨基于身体叙事下回族武术的当代发展问题。

第三节 研究目的与意义

一、研究目的

（一）通过回族武术身体叙事研究，提供回族武术身体的认知框架

回族武术文化在社会中所形成的事实，都通过了每个人的认知框架的棱镜进行了框定和过滤，使得每个人眼中对回族武术蕴含的价值、塑造的形象、表达的意义等理解均存在差异。据此，本研究通过对河北孟村八极拳、山东冠县查拳、河南邓州心意六合拳三个回族武术拳种进行考察与分析，在身体视角下，结合身体理论、叙事学理论，对回族武术身体叙事形态进行分析，以期为大众提供一个回族武术身体的认知框架，从身体角度来认知与理解回族武术身体。

（二）通过回族武术身体叙事研究，探讨回族武术拳种的身体知识

将回族武术拳种作为文本，在身体叙事视域下对回族武术拳种个案进行考察与分析，解读回族武术的拳种外（文本外）与拳种内（文本内）的身体叙事，并解释其身体叙事内涵，致力于探讨回族武术拳种中所蕴含的身体知识体系。

（三）通过回族武术身体叙事研究，审视与启示回族武术身体的当下存在

回族武术身体的存在，与回族武术文化的传承与发展关联甚密，从某种程度来说是其元问题。对回族武术身体进行研究，是对这一元问题的再研究。因此，本研究聚焦回族武术的身体，由点及线、由线到面、由面到体地来解读身体叙事角度下，回族武术身体如何存在的问题，以期为回族武术的当代发展提供一定的启示。

二、研究意义

（一）理论意义

对研究回族武术的学者而言，身体的存在是一个既定的事实。然而，身体在回族武术研究中却处于“隐蔽”状态。究其原因，因为回族武术的研究已被一些既定的研究范式所主导，并以此来思考、观察和分析回族武术的问题。虽然这些既定的研究范式能使我们对回族武术的问题有一定了解，也为回族武术学理研究奠定了一定基础，但是对回族武术的身体在中国武术历史发展格局之中的探讨，大多是以“隐而不显”的学术状态存在，这也使我们未能较为系统全面地理解和认知回族武术在中国武术世界里的发展，以及回族武术人的身体经验图式。因而在现代主义思潮的冲击下，出现了回族武术发展空间的生存危机与方向迷失。鉴于此，本研究在既有研究的基础上，借鉴身体理论、叙事理论等理论与方法，聚焦回族武术的身体研究，分析回族武术身体叙事形态，阐释回族武术身体叙事内涵，加深回族武术研究的认识与理解，并为回族武术研究提供理论支撑。因此，本研究具有一定的理论意义和跨学科融合的理论价值。

（二）实践意义

中华武术素有博大精深、源远流长之美誉。在中华民族的多元一体格局中，必须重视少数民族武术的研究，将少数民族武术发展纳入中华民族伟大复兴的进程中来。因而，选取少数民族武术中具有代表性的回族武术，以身体为视角，依据尼采的“以身体为出发点”的理论，致力探寻回族武术的当代身体在“个体化中如何促进健康”“社会化中如何追求理想生活”“国家化中如何铸牢中华民族共同体意识”层面的存在，以此来启示当代回族武术的发展。因此，本研究具有一定的现实意义和实践指导价值。

第四节　研究思路与方法

一、研究思路

根据研究目的与意义，推演出研究基本思路，即遵循身体考察—身体阐释—身体反思的研究路线，从理论、实证、应用三个方面来构建本研究框架，具体如下。

（一）理论框架建构

研究以身体理论、叙事学、人类学等学科理论与方法为研究基础，梳理相关文献研究成果，为研究提供了坚实的理论基础。在此基础上，研究对回族武术村落（聚落）、回族武术代表性拳种、回族武术传承人等相关的身体现象进行细致考察，并用上述理论进行解读分析，探究回族武术身体的叙事元素，为回族武术身体叙事研究提供理论支撑。

（二）实证分析框架建构

研究以河北孟村开门八极拳、山东冠县查拳、河南邓州心意六合拳三个回族武术拳种为个案，依据拳种外的身体与拳种内的身体，对个案进行翔实的考察与分析，描述一个多层面、多维度的回族武术身体，为回族武术身体叙事研究提供实证支撑。

（三）应用框架的建构

研究以回族武术身体叙事的当代启示，提出回族武术身体如何存在，在当代如何发展。首先，立足身体叙事视域，对回族武术拳种进行翔实的考察，归纳整理鲜活的回族武术身体素材；其次，借鉴身体理论、叙事学理论，剖析回族武术中力的身体、规训的身体、“和”的身体叙事形态；最后，基于身体叙事角度下，阐述其身体究竟应如何存在，即当代回族武术之发展的思考，主要从个体层面——身体本体，社会层面——身体管理，国家层面——身体国家化三个维度展开分析，为回族武术在当代的发展提供支撑。

二、研究方法

（一）田野调查法

田野调查法是人类学的重要研究方法。本研究以身体为视角，是基于调查而进行的阐释。因此，在进行研究时所采用的田野调查法主要包括：参与观察法、访谈法。根据研究主题的确定和研究进度的安排，在选定考察对象后随即展开了相关田野调查。笔者 2020 年 8 月、2021 年 4 月和 5 月，先后去往孟村、冠县、邓州进行田野调查，主要采用参与观察、访谈、录音等方法，专访传承人、学者、教练、学员等相关人群，多角度、多层面获取鲜活的第一手资料。

值得一提的是，笔者所在地为西南，所调研的区域均在河北、河南、山东一带，从距离上讲虽然“遥远的”他者已经不存在，但受疫情的影响，本研究基于前期三个田野点的调研，后期在资料完善中，只有通过微信、电话等方式进行线上回访，填补研究资料的缺口，进一步提升资料的完整度。

（二）文本分析法

文本分析法是研究者用来描述和解释媒介信息的一种研究方法，它侧重于描述文本的内容、结构与功能，解释深层的潜在意义[1]。本研究借鉴叙事学理论，将回族武术看作一种文本，依循本研究所划分的拳种内的身体与拳种外的身体，主要从两个方面展开研究，一方面，对回族武术拳种的《拳谱》《拳理》《拳经》等文本的内容、结构进行细致解读，并结合传承人的口述讲解，试图较为系统全面地捕捉拳种内身体的叙事模式；另一方面，对回族武术传承人在创拳、演拳、传拳等过程中身体的考察与分析，进行贴近现实地描述拳种外身体的叙事，由此来解释回族武术拳种文本中身体的深层潜在之意涵。

（三）个案研究法

“个案研究，有助于我们对某一类别现象进行定性（或定质）认识，因而它常常与描述性、探索性和解释性研究结合在一起”[2]。对个案的研究，如何走出个案，可以以费孝通为代表的类型学研究范式以及人类学者提倡的个案中的概括这两种学术范式来解决[3]。费孝通的类型学研究范式，用比较方法逐步从局部走向整体，以逐渐接近式达到研究目的。格尔兹认为，用人类学方法做研究，是在“小事”中来阐释“大道”，在乡村里做研究，不是超越个案进行概括，而是在个案中进行概括[4]。本研究选取具有代表性的回族

[1] 陈阳．大众传播学研究方法导论［M］．北京：中国人民大学出版社，2007：294-295.

[2] 庄西真．学校行为的社会逻辑［D］．南京：南京师范大学，2005.

[3] 卢晖临，李雪．如何走出个案—从个案研究到扩展个案研究［J］．中国社会科学，2007（1）：118-130.

[4] 克利福德·格尔兹．文化的解释［M］．纳日碧力戈，等译．上海：上海人民出版社，1999：29.

武术拳种，采用在“拳种里做研究”的范式来理解回族武术的身体叙事。

值得一提的是，“不论个案研究的类型是什么，其研究目的主要是通过解剖‘麻雀’，即对具有典型意义的个案进行研究，形成对某一类共性（或现象）的较为深入、详细和全面的认识，包括对‘为什么’（解释性个案研究）和‘怎么样’（描述性个案研究）等问题类型的认识”[1]。本研究同样基于解剖所选取的“麻雀”——拳种，试对回族武术身体叙事予以较为全面系统的认知与理解。

第五节　研究理论与基础

一、身体理论

身体理论，就其身体性质而言，使身体理论研究变成了一个复杂的问题[2]。本研究在文献综述部分，对身体研究进行了一番巡礼。笛卡尔提出的身心二元论，将身体看作区别于理性的感性存在，身体的自由被至上的理性所压抑[3]。尼采的“我完完全全是身体”，标志着身心的二元划分框架被打破。“自尼采和福柯以后，身体日渐成为当代理论的一个焦点，成为刻写历史痕迹的一个媒介，文化、权力、政治在这里展开了歧异的纷争”[4]。身体理论一时成为学界关注的焦点，对身体的研究也成为一种复杂问题的探讨，在社会科学和人文科学中存在着不同的研究学派与研究方式。在身体理论研究中，涌出一批颇具影响力的研究学派，诸如以梅洛-庞蒂、保罗·谢尔德等人为代表的现象学，以布迪厄等人为代表的社会学，以尼采、福柯为代表的哲学[5]。由此，富有代表性的身体研究成果对身体理论的发展起到了关键性推动作用。本研究依循“身心合一”的身体理论框架，结合对回族武术的身体研究指向，借鉴的研究理论既有尼采、福柯、特纳等西方哲学、社会学的理

---

[1] 王宁．代表性还是典型性？——个案的属性与个案研究方法的逻辑基础［J］．社会学研究，2002（5）：123-125.

[2] 汪民安，陈永国．后身体：文化、权力和生命政治学［M］．长春：吉林人民出版社，2010：17.

[3] 刘娜，李小鹏．乡村原创短视频中身体呈现的文化阐释——以快手 APP 中代表性账号及其作品为例［J］．华中师范大学学报（人文社会科学版），2020，59（2）：78-84.

[4] 汪民安，陈永国．后身体：文化、权力和生命政治学［M］．长春：吉林人民出版社，2010.

[5] 文军．身体意识的觉醒：西方身体社会学理论的发展及其反思［J］．华东师范大学学报（哲学社会科学版），2008，40（6）：73-81.

论视野，也有中国古代哲学身体观映射下的“天人合一”“阴阳并济”的身体整体理论思维。

（一）西方身体的理论视野

其一，尼采的身体理论。本研究主要借鉴尼采所提出的“力是身体的抽象”“生命是单纯的力本身”来构建叙事基础。尼采的身体理论基于“生命正名”的哲学思想而提出，所指的生命是一个物质化的、健康的身体。何为健康？就是强而有力。健康与力相关，健康是生物学意义上的健康，就是力的永不停息的增长和强化，是一种“生命即力”的单纯存在。在尼采这里，力实际上就是身体的抽象，身体和力相互表达，力即身体之力，身体即力的身体[1]。从尼采这里，“一切从身体出发”成为新的起点，他所提出的“将身体抽象化为力”[2]，为本研究对回族武术身体叙事提供了一种身体形态——力的身体。在此理论基础上，本研究对回族武术中最具有力的代表性拳种进行了遴选，回族八极拳素有“武有八极定乾坤”之称，故将孟村开门八极拳纳入了本研究身体叙事的视野。需要说明的是，尼采将身体看作是生产性的，身体具有一种强大的生产力，它生产了社会现实，生产了历史，身体的生产就是社会生产[3]。同样，对孟村开门八极拳的身体而言，可以将其作为社会现实生产的缩影，从当下开门八极拳发展格局来看，在回族武术中，其拳种中的身体具有一种强大的生产力。因此，本研究借鉴尼采的“力的身体”表达，是以回族武术拳种的风格入手，仅从尼采哲学中的某一视点进行分析，试图阐释回族武术身体中“力的身体”叙事是一种“生命之力”的叙事。

其二，福柯的身体理论。本研究主要借鉴福柯的身体规训来构建叙事基础。福柯的身体理论基于身体与权力的架构关系而提出，身体是权力追逐的目标，规划的对象，由此产生密切而又纷争的权力与身体架构，是社会历史的主导内容所在。身体是事件被铭写的表面（语言对事件进行追记，思想对事件进行解散），是自我被拆解的处所（我具备一种物质整体性幻觉），是一个

[1] 汪民安．尼采与身体［M］．北京：北京大学出版社，2008：249-250.
[2] 汪民安．尼采与身体［M］．北京：北京大学出版社，2008：250.
[3] 汪民安，陈永国．身体转向［J］．外国文学，2004（1）：36-44.

永远在风化瓦解的器具[1]。“身体也直接卷入某种政治领域；权力关系直接控制它，干预它，给它打上标记，训练它，折磨它，强迫它完成某些任务、表现某些仪式和发出某些信号”[2]。因此，在福柯的身体理论中，身体成为被规训的对象，是一种规训的身体，运用规训手段，对身体进行权力的标记。这为研究对回族武术身体叙事提供了一种身体形态——规训的身体。在此理论基础上，本研究对回族武术中最具有规训性的代表拳种进行遴选，回族查拳，素有“势正招圆”之称，冠县查拳为文本进入了本研究身体叙事的视野。福柯的身体理论中蕴含的“身体与权力”关系，具体表现为层级监视、检查等规训手段。本研究以权力维度、伦理维度、知识维度为支点，架构起冠县查拳身体叙事中权力之身、伦理之道、知识之体的身体叙事策略，旨在通过叙事策略去探索回族武术身体叙事中身体与权力的关系。

其三，特纳的身体社会学理论。本研究主要借鉴特纳的身体社会学分析性框架来建构叙事基础。他进一步对分析性框架作了探讨，并提出了两大理论框架：基础主义和反基础主义。基础主义将身体视为“活生生的身体”经验，是一种现象的身体；反基础主义论点，则是将身体概念化为有关社会关系性质的话语，或者将身体理解成一个象征系统，或者试图理解身体实践是如何成为一个更大的社会结构的隐喻的，或者他们将身体理解为社会中知识和权力的某种社会建构，或者将身体看作是社会话语的某个效应。[3] 因此，本研究将基础主义视点与反基础主义视点相结合，借鉴特纳的社会学理论范畴，既有“身体的社会生产”及“身体、文化框架和社会进程的复杂互动”的范式，也有“将身体理解为象征系统”“将身体看作隐喻”“将身体视为社会建构”的范式，并将上述理论范式尽可能地贯穿于全书的身体书写之中。此外，本研究所运用的西方身体理论基础，还包括了梅洛-庞蒂的现象学中身体的论述，奥尼尔关于身体形态的表达等。

（二）中国古代哲学身体观的理论思维

中国哲学中，其身体观体现了我与非我、灵魂与肉体、内在世界与外在世

[1] 汪民安，陈永国．身体转向［J］．外国文学，2004（1）：36-44.

[2] 福柯．规训与惩罚［M］．刘北成，杨远婴，译．北京：生活·读书·新知三联书店，2010：29.

[3] 汪民安，陈永国．后身体：文化、权力和生命政治学［M］．长春：吉林人民出版社，2010：7，17-18.

界的“混然中处”的原始统一，它乃为哲学的现象学意义上的“身体”[1]。基于此，形成了以身体为根本的中国古代哲学身体观。其中，“天人合一”可以说是中国古代哲学中一个基本的身体观点。结合回族武术的技术特征与文化特色，“天人合一”的身体观为研究回族武术的身体叙事提供了整体上认知其身体的理论思维模式。

“天人合一”所形成的身体观，在中国古代哲学先贤的思想中得到了深刻的诠释。诸如，“人法地，地法天，天法道，道法自然”是《道德经》的自然和谐身体观；“天地与我并生，而万物与我为一”是《齐物论》中人与天地万物一体的身体观；“合内外之道”是《中庸》的中和身体观。此类身体观的统合，使得包括回族武术在内的中华武术不再停留在徒以身手见长的“末技”，而是以一种“即身而道在”的进路[2]，体现出回族武术的身体中“技近乎道”的身体叙事。这为研究回族武术身体叙事提供了一种身体形态——“和”的身体。因此，在中国古代哲学身体观的框架下，本研究以“天人合一”所形成的中和身体观，选择回族武术中典型性的拳种，即在拳理上讲究“心为本身意为功，一身之意盖为中”的身体书写；在拳技上“追求拳中求身，身中求和”的身体想象——心意六合拳。

值得一提的是，本研究所借鉴的身体理论，无论是西方的身体理论，还是中国古代身体的观点，都是在既有的理论框架中，综合相关身体理论，结合回族武术的身体研究，努力将现有的回族武术身体事实与身体理论相关联，尽量避免陷入理论与事实“两张皮”的境地。

二、叙事学理论

叙事作为一种历史现象，历久而弥新；作为一种行为方式，是个体的一种本能表达。叙事的范围并不囿于狭隘的小说领域，它伸向了人类文化、生活的各个方面。[3] 叙事作为一种研究理论出现，始于 20 世纪 60 年代中期，受法国结构主义之影响而产生，其理论发展经历了法国结构主义叙事学（经典叙事学）与新叙事学（后经典叙事）理论的演变（表 1-1）。

---

[1] 张再林．作为“身体哲学”的中国古代哲学［J］．人文杂志，2005（2）：28-31.

[2] 张再林．身体哲学视域下的中华武术与中华之道的合一［J］．北京体育大学学报，2019，42（7）：9-16.

[3] 尤迪勇．空间叙事学［D］．上海：上海师范大学，2008.

表 1-1　国外叙事学理论[1]演变一览表

流派	时间	主要内容	理论反映
结构主义叙事学（经典叙事学）	20 世纪 60 年代中期	与传统小说批评形成对照，将注意力从文本的外部转向文本内部，注重科学性和系统性，着力探讨叙事作品内部结构规律和各要素之间的关联。	①成果：进一步推进小说叙事作品的结构形态、运行规律、写作模式的认识与其叙事建构规律方法的借鉴。②局限：叙事作品与社会关联度呈现“断裂”。
	20 世纪 80 年代初期	不少研究小说的西方学者将注意力完全转向了对意识形态的研究，转向了文本外的社会历史环境。	①成果：反对小说的形式研究或审美研究，认为这样的研究是为维护和加强统治意识服务的。②局限：将作品视为一种政治现象，将文学批评视为政治斗争的工具。
新叙事学（后经典叙事学）	20 世纪 90 年代以来	再度重视对叙事形式和结构的研究，认为小说的形式审美研究和小说与社会历史环境之关系研究不应当互相排斥，而应当互为补充。	①文本分析时，较为注重读者和社会历史语境的作用。②重新审视或解构经典叙事学的理论概念（“叙事性”“隐含作者”“受述者”等）。③注重叙事学的跨学科研究。

20 世纪 80 年代末至 90 年代以来，国内叙事学出现研究热潮表 1-2。

表 1-2　国内叙事学理论概况[2]一览表

时间	理论现状	理论成果
20 世纪 80 年代末至 90 年代以来	论著陆续问世。	《中国叙事学》（杨义，1997）。
	西方叙事学相关译著不断出现。	《叙述学：叙事理论导论》（米克·巴尔，1995）、《叙事话语 新叙事话语》（热拉尔·热奈特，1990），等等。

在这一时期内，国内的叙事学研究以杨义的《中国叙事学》为代表形成

[1] 赫尔曼·新叙事学［M］. 马海良，译. 北京：北京大学出版社，2002：1.
[2] 赫尔曼. 新叙事学［M］. 马海良，译. 北京：北京大学出版社，2002：2-3.

了本土叙事学研究的热潮，旨在建构既借鉴西方模式，又有中国特色的叙事理论[1]。其中的部分理论为本研究提供了理论参照。

从叙事形式来看，法则在于对某些叙事作品的探究和剖析需持“整体性”思路，依循中国叙事的基本原理：对立者共构，互殊者相通的一种类似“阴阳对立，两极互构”的结构原则，来达到“致中和”的审美追求和哲学境界，内中和而外两极，这是中国众多叙事原则深处的潜原则[2]。在“致中和”的叙事原则中，建构起回族武术身体叙事的一种“和”的身体。

从叙事结构来看，叙事文本中所呈现的结构蕴含着一种动力关系，以此来助推其叙事要素、结构进路的运转与律动，其动力关系借用一个近代物理学的术语——势能。[3] 引导出势能概念，可以从内在、外在和变异各个角度对结构运转中的能量进行动力学解读。[4] 同样，在回族武术的身体中，也包含着内、外的动力关系，具备着自身的势能。

因此，在回族武术的身体叙事中，本研究以后经典叙事学及中国叙事学为叙事学理论基础，将回族武术看作文本，以此来解读文本内与文本外的身体叙事。

本研究以身体叙事为范式，所以有必要对身体叙事做一个简要说明，以此来进一步回答其理论基础与研究主题的适用性。从词组而言，身体叙事是身体与叙事学的组合。从学术研究角度而言，身体叙事是在 20 世纪 90 年代末，首次由丹尼儿·潘戴在《叙事身体：建构身体叙事学》提出，认为“叙事使身体具有意义”[5]。20 世纪晚期中国文学研究出现创作现象[6]。陆续有学者开始关注“身体叙事”[7][8][9] 的研究。国内学者对于“身体叙事”的观点大多聚焦在身体的动作、行为和功能模式而衍生的一系列叙述方式上。而国外学者大多将身体叙事置于一个更广阔的领域中去探求身体对于故事、

---

[1] 赫尔曼．新叙事学［M］．马海良，译．北京：北京大学出版社，2002：2-3.

[2] 杨义．叙事理论与文化战略——《中国叙事学》导言［J］．社会科学战线，1996（3）：9-24.

[3] 杨义．中国叙事学［M］．北京：人民出版社，1997：76.

[4] 杨义．中国叙事学［M］．北京：人民出版社，1997：77-78.

[5] Daniel Punday. Narrative Bodies：Toward a Corporeal Narratology［M］. New York：Palgrave Macmillan，2003：58.

[6] 杨经建．“身体叙事”：一种存在主义的文学创作症候［J］．文学评论，2009（2）：116-120.

[7] 南帆．身体的叙事［J］．当代作家评论，2001，（1）：81.

[8] 陶东风，罗靖．身体叙事：前先锋、先锋、后先锋［J］．文艺研究，2005（10）：25-37.

[9] 杨经建．“身体叙事”：一种存在主义的文学创作症候［J］．文学评论，2009（2）：116-120.

人物、结构、情节及主题上的作用[1]。

从身体实践维度来看，作为中华民族传统体育的回族武术，同样有对“身体”的关照。一部回族武术史，便是一部身体史。若将回族武术看作文本，在以拳叙事的线路中，表征出身体处在须臾不可离的位置，充当着不可或缺的角色。在以动作诉诸身体的言说上，既能丰富回族武术动作中的身体表达，呈现出一类特有的身体技术，更能使其所刻写的回族武术传承人的身体经验得以铺陈，所承载的回族武术拳种的身体文化得以显现。由此来看，身体叙事是以身体为起点而展开的叙述。本研究的身体叙事，也是以“身体”为载体而展开的叙述。因此，身体理论、叙事理论及身体叙事能够为回族武术的身体叙事研究提供一定理论基础（图 1-1）。

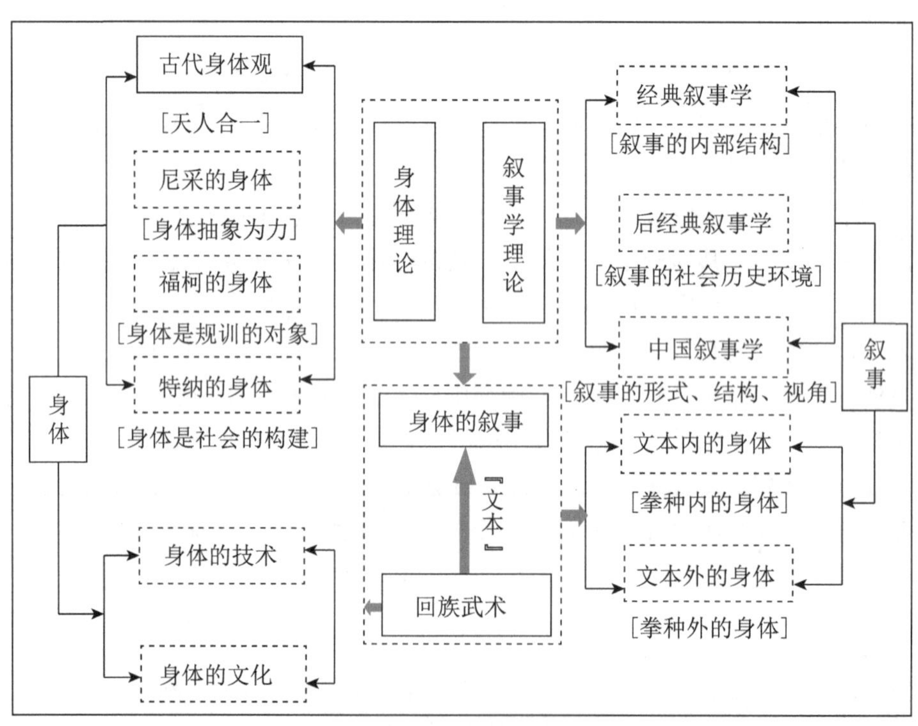

图 1-1　研究理论基础关联图

[1] 宁乐．斯蒂芬·金小说的身体叙事研究［D］．吉林：吉林大学，2019.

第二章

身体叙事视域下回族武术的个案考察

丰富繁多的回族武术形式，构成了一个个鲜活的拳种个案，研究回族武术的身体叙事，势必要回归拳种，如同在田野调查是人类学个案研究的一种范式，在拳种里做研究也应是武术研究的一种范式。因此，在身体叙事视域下，着重对回族武术拳种个案的考察，有助于我们进一步探索和解释回族武术的身体叙事形态与内涵。

回族武术中的身体叙事与拳种考察关联甚密。原因在于：我们不能设想任何没有身体在场的回族武术，也不能设想任何没有身体在场的拳种[1]。基于这样的在场，我们所要研究的是，回族武术中风格迥异的拳种是如何处理与呈现其身体的，以及其身体是以何种方式在场。故此，考察回族武术拳种内和拳种外身体的处理与呈现方式，可以揭示回族武术何以身体与阐释回族武术身体文化内涵奠定坚实基础。

基于身体叙事视域下回族武术的个案考察，主要从地方性知识、拳种内、拳种外三个维度下展开。一方面，对其地方性知识的考察，原因在于："一方水土养一方人"而映射出地方的地理特征与人的身体间存在着紧密而直接的关系。确切地讲，地方的地理特征为人的身体生成奠定了物质空间基础。这一物质空间基础外显于当地的自然环境与地理区位，是人的身体存在的现实依托。在原始的自然环境中，对于身体而言，正如"人类的自然的、没有异化的身体与欲望就在这里生长、萌发，也在这里枯萎和死亡"[2]。随着自然环境的变化，地理区位条件的变更，必然也会让身体出现相应改变。那么，

[1] 杨经建．"身体叙事"：一种存在主义的文学创作症候［J］．文学评论，2009（2）：116-120.
[2] 陶东风，罗靖．身体叙事：前先锋、先锋、后先锋［J］．文艺研究，2005（10）：31.

是生物性身体的改变，还是文化性身体的改变，又或是二者均有着不同程度的改变，这一系列问题的解答，必须回归对地方地理特征的解读。另一方面，如前文所述，拳种是武术的基本文化单元。故此，对拳种内身体主要考察拳理、拳技中所彰显和隐藏的身体文化；对拳种外身体主要考察传承人的个体经验，以及与所处的历史环境、社会环境中发生的身体关联。

第一节 河北孟村开门八极拳的个案考察

“文有太极安天下，武有八极定乾坤”。某种程度而言，此言语表征出八极拳的一种权力象征。值得注意的是，此处的“太极”“八极”原本属于哲学术语，在武术界被引用可谓之一种诗性的表达。

回族武术开门八极拳是“武有八极定乾坤”的现实写照。开门八极拳，又称“八极拳”“孟村八极拳”“吴氏开门八极拳”，是中国传统优秀十大拳种之一，被列入国家级非物质文化遗产项目。对回族武术八极拳的源流，众说纷纭，莫衷一是。据《孟村回族自治县志》记载“孟村被誉为八极拳的故乡”。因此，在研究回族武术身体叙事中以孟村开门八极拳为个案考察。河北孟村为回族武术身体的孕育提供了生发土壤，对孟村的地方性知识进行深描，有助于认识回族武术——孟村开门八极拳身体的生发环境，捕捉其身体的地方感；对孟村开门八极拳身体历史的梳理，有助于理解回族武术——孟村开门八极拳身体的文化意义结构，探寻其身体的实践感；对孟村开门八极拳的拳理技法中的身体进行解读，有助于明晰回族武术——孟村开门八极拳身体的内涵架构，揭示其身体的力道感。

一、身体的地方感：河北孟村开门八极拳的生态环境

（一）河北孟村的地理区位

孟村回族自治县，是河北省 6 个少数民族自治县之一，是武术之乡沧州所辖之县。孟村镇被称为“八极拳的故乡”。就孟村回族自治县县域来看，“地处华北平原黑龙港流域东部。县域东西横 31.1 公里，南北纵 32.5 公里，面积 386.73 平方公里。地势由西南向东北缓倾，犹如一把闪烁的强弓镶嵌在渤海湾西岸。靠近京津，东、南与盐山县毗连，西与南皮、沧县接壤，北和

渤海岸边的黄骅市、海兴县为邻”[1]。

就孟村回族自治县的气候总体情况来看，地处温带，属大陆性季风气候，四季分明[2]，降水量年际变化大，5—9月份降水量占全年降水量的90%[3]。就其气候特征而言，“春季由于气温回升快，降水稀少，多风，致使土壤上层水分短缺，形成害旱，对农业生产不利。冰雹及短时大风等强对流性天气常发生，危害农作物。夏季，天气闷热，降水高度集中，高温高湿，气温日差较小，强对流天气常发生冰雹及短时大风，危害农作物”[4]。这一自然状况在一定程度上造就了孟村人吃苦耐劳，艰苦奋斗的精神，同时也为孟村习武之身体奠定了自然基础。

就孟村回族自治县交通来看，以县城为中心，沿泊盐公路（泊头市—盐山）西达泊头市，东至盐山；沿沧盐公路（沧州市—盐山）西北至沧州市；沿津盐公路（天津市—盐山）北达天津市160千米，县城西北距北京280千米，西距省会石家庄231千米，西北至沧州市40千米，东至渤海65千米[5]。党的十一届三中全会召开以后，为适应民族经济的发展，先后拓展公路交通网络，其总长达至57千米。“如今以县城为中心的公跨网络，纵横交错，干支相连，通达四邻，连接八方。已形成便捷的公路交通网。为农村人流、物流、信息流、产业化的升级提速起到积极的推动作用”[6]。从一定意义上讲，这一便捷的交通网络为孟村开门八极拳的身体走出孟村提供了便利的交通条件。

就调查点孟村的归属来看，本研究的开门八极拳根植于孟村土壤，确切地讲，是孟村回族自治县孟村镇下所辖的一个自然村—孟村。因镇政府驻地孟村，所以以“孟村回族自治县”而命名。就孟村镇而言，孟村镇位于县城

---

[1] 孟村回族自治县地方志编纂委员会．孟村回族自治县志（1989-2009）[M]．郑州：中州古籍出版社，2015：1.

[2] 孟村回族自治县概况编写组．孟村回族自治县概况 [M]．河北：河北人民出版社，1983：1.

[3] 孟村回族自治县概况编写组，孟村回族自治县概况修订本编写组．河北孟村回族自治县概况[M]．北京：民族出版社，2009：1-2.

[4] 孟村回族自治县概况编写组，孟村回族自治县概况修订本编写组．河北孟村回族自治县概况[M]．北京：民族出版社，2009：2.

[5] 孟村回族自治县概况编写组，孟村回族自治县概况修订本编写组．河北孟村回族自治县概况[M]．北京：民族出版社，2009：1.

[6] 孟村回族自治县概况编写组，孟村回族自治县概况修订本编写组．河北孟村回族自治县概况[M]．北京：民族出版社，2009：173-174.

中部，全镇南北长 7.4 公里，东西宽 3.2 公里，面积 22.73 平方公里。耕地面积 21106 亩（90%呈沙性），其中水浇地 16427 亩，果园 1944 亩。孟村镇东西两面有沙地 1500 亩，北面约有 1000 亩盐碱地。孟村镇辖 6 个自然村：孟村、丁庄子、前涨沙、后涨沙、西涨沙、中涨沙[1]。开门八极拳便在孟村发展起来。孟村的自然地理环境特征与孟村回族自治县的自然地理属同一类型。从某种程度上讲，孟村紧邻县城，交通也较为方便，这为开门八极拳在当地的传播与发展提供了有力的支撑，也为开门八极拳的身体叙事提供了多元化的空间。

综上所述，我们所研究的孟村开门八极拳的身体，依托于孟村，在其自然地理环境变化之中，逐步向前发展。具体来说，一方面，其所处的自然地理环境条件，为孟村开门八极拳的身体发展铸就了坚实的基础；另一方面，在当今社会发展特别是在新型城镇化进程中，孟村具有便利的交通，同时融入现代化元素（图 2-1、图 2-2），使开门八极拳在当地的传播呈现出中心向周边辐射的模式，其身体必然在此模式下展现出一种多维度的身体图式。经过 2020 年河北省旅游产业发展大会后，开门八极拳的实体建设也焕然一新。

图 2-1　2020 年孟村一角　　　　**图 2-2　2021 年孟村一角**

（拍摄时间：2020-08-19，2021-04-30，地点：河北孟村）

[1] 孟村回族自治县志编纂委员会．孟村回族自治县志［M］．北京：科学出版社，1993：47.

（二）河北孟村的人文历史概貌

“十里不同风，百里不同俗。”此话亦折射出风俗与身体间具有紧密关联，其身体的表现，既有相似性，也有差异性。然而，不同的是从历史走来的地方性知识，嵌套在当地的特色中，必然对身体产生不一样的表达。诚然，如前所述，自然地理环境可能造成生物性身体的改变，而人文历史则更倾向于引发文化性身体的改变。

据查阅县志，孟村县境的隶属沿革，多在天津、沧州、盐山等地变动。这在一定程度上推进了开门八极拳在周边区域的传播。在孟村调研过程中，开门八极拳代表性传承人吴连枝曾提及：

> 孟村，宛乡城遗址，王莽河畔，黄河故道，武术故乡，隶属沧州[1]。

言语间折射出“孟村”这片土地从汉代至今演变的历史。对于“孟村”地名的由来，据《孟村回族自治县志》记载：“明永乐二年（公元 1404 年）孟氏应诏自山西洪洞县迁此定居，以姓氏命名孟村，沿用至今。后又有回民陆续迁来，使孟村一带逐渐形成回民较集中的聚居区，他们与汉族兄弟相濡以沫共建设家园。”[2] 毋庸置疑，以姓氏命名地方，在历史上已成为一种传统，属于众多地名命名法则之一，在此不做深究与赘述。据《孟村回族自治县志》载：“孟村的回族，是在国内回回民族形成之后，在永乐二年（公元 1404 年），九月，回族张、王、李、刘、丁、肖、金诸姓奉诏迁至今县境内，占产立庄成为当地回族第一代居民；1955 年以盐山西、北部 99 个村庄为主体，成立孟村回族自治县；至清代初叶，今县境域已渐形成我国北方回族人口聚居地区之一。”[3] 这为孟村开门八极拳的传播提供了地缘条件。

二、身体的实践感：河北孟村开门八极拳的历史演进

孟村开门八极拳，又被称为“八极拳”，是中国传统武术十大优秀拳种之

---

[1] 吴连枝，回族，男，河北孟村人，国家非物质文化遗产八极拳代表性传承人。访谈时间：2020-08-17.

[2] 孟村回族自治县志编纂委员会．孟村回族自治县志［M］．北京：科学出版社，1993：1.

[3] 孟村回族自治县地方志编纂委员会．孟村回族自治县志（1989—2009）［M］．郑州：中州古籍出版社，2015：125.

一，是回族武术的代表拳种之一，被列为国家非物质文化遗产。如前文所述，孟村的地方性知识为开门八极拳身体的生成与发展提供了自然地理与社会人文平台。从某种程度来讲，孟村因拳驰名而享誉海内外，成为开门八极拳身体的依托所在。那么，孟村开门八极拳的身体表达何以能让孟村因拳驰名？又何以能让孟村享誉海内外？要回答上述问题，首要便是梳理孟村开门八极拳身体的历史脉络。本研究试将孟村开门八极拳身体在历史中锻造发展归结为三个层面：由异术到拳术中的身体、由开门授徒到回汉齐练中的身体、由走出孟村到走向世界中的身体，旨在剖析回族武术孟村开门八极拳身体从历史中走来的实践表达。

（一）回族孟村开门八极拳由“异术”到“拳术”中的身体

回族孟村开门八极拳，可以说是孟村的一张文化名片。《孟村回族自治县志》上曾记载，“孟村镇被誉为八极拳的故乡”[1]。实际上，在八极拳的传承与传播中，“逐渐引起学术上的争鸣，争鸣主要集中于历史、文化和技术三个层面”[2]，对于八极拳历史这一方面的争论，学界主要聚焦于八极拳的起源问题上，关于八极拳的创始人也是众说纷纭、莫衷一是，在学界中大致有以下几种说法：吴钟创拳说[3]，癞魁元创拳说[4]，岳山寺和尚张岳山创拳说[5]。目前学界较为公认的为吴钟创拳说。因此，本研究立足于吴钟创拳说，剖析回族孟村开门八极拳由异术到拳术中的身体，主要聚焦于其创立期中的身体实践表达，即通过对吴钟所在的吴氏家族与吴钟的习武经历两个方面进行解读与阐释。

吴钟所在的吴氏家族为孟村开门八极拳的创立提供了基础。孟村中吴氏家族的渊源、吴钟与吴氏家族的关联是解读孟村开门八极拳创立期的重要内容。具体来说，其一，对孟村吴氏家族渊源进行考察，其渊源可追溯到明朝时期。“明永乐元年（1403）回族吴氏祖讳祚永公奉诏特授直隶河间府沧州盐

[1] 孟村回族自治县地方志编纂委员会．孟村回族自治县志（1989—2009）［M］．郑州：中州古籍出版社，2015：3.

[2] 韩红雨，张绰庵．由异术到拳术：沧州回族八极拳文化建构的历史人类学考察［J］．山东体育科技，2014，36（5）：26.

[3] 马剑．燕赵武术［M］．北京：人民体育出版社，2010：193-194.

[4] 朱宝德，吕甫琴．八极拳精英传奇［J］．中华武术，2004（2）：44.

[5] 海畔．八极拳与月山寺［J］．武林，1991（10）：4.

运司运判，由安徽省徽州府歙县阖家迁沧，落居沧州南关，先后购置今孟村县孟村镇、何吕店，海兴县小路村，南皮县鲍官屯，黄骅市吴庄子，山东庆云县后庄科（时属沧州）等地大量田产，分庄立户"[1]。由此，厘清了孟村回族吴氏家族的渊源与脉络。其二，吴钟与吴氏家族的关联解读上，必须回归到血缘关系。如前所述吴氏定居以后，"后庄科师孟祖后人中有一曾孙（十世）名钟，字弘声，襁褓中由其母怀抱投奔孟村族人，在其年长族侄（十一世）允明及本族众亲共帮之下，在孟村安家落户，长大成人"[2]。由此，厘清了吴钟与吴氏家族间的血缘脉络。

吴钟的习武经历为孟村开门八极拳的创立提供了必要条件，为孟村开门八极拳的身体成为权力载体奠定了根基。从习武的阶段来看，吴钟的习武经历分为青年学艺、中年游艺、晚年创艺[3]三个阶段，这三个阶段成为解读孟村开门八极拳创立期的核心内容所在，更是剖析孟村开门八极拳身体在习武经历中塑造的必由之路。

第一阶段，学艺。传统武术中的拜师学艺是求学的传统，吴钟的学艺也不例外。据《孟村回族自治县志》载："清雍正五年（公元 1727 年），吴钟先遇名叫'癞'之人，癞收其为徒，并传其艺，而后离去；雍正十年（公元 1732 年），又遇'奉师命访吴钟'的'癖'者，再授其艺；癞与癖，除留一字之名外，余无考。"[4] 由此可见吴钟的学艺经历，表明吴钟师承于"癞"与"癖"，而其中的"余无考"[5] 曾引起吴钟的师承关系探讨，焦点在于，是惯用武林界的"假托"[6]，还是其他缘由，此处不作深究。值得一提的是，过"癞"的社会身份出现了几种不同的说法："道士说""癞魁元说""苍公和尚说""南方云游高手说"等。不难看出，这些学说呈现的社会身份均属于"精英类"，正如有学者提出的"对沧州八极初祖文化的解码我们会发现：从社会阶层来看，初祖的身份多数为社会精英；立足文化传统分

[1] 吴丕清．回族武术八极拳考述 [J]．回族研究，2004（3）：83.

[2] 吴丕清．回族武术八极拳考述 [J]．回族研究，2004（3）：83.

[3] 韩红雨，张绰庵．由异术到拳术：沧州回族八极拳文化建构的历史人类学考察 [J]．山东体育科技，2014，36（5）：27.

[4] 孟村回族自治县志编纂委员会．孟村回族自治县志 [M]．北京：科学出版社，1993：676.

[5] 孟村回族自治县志编纂委员会．孟村回族自治县志 [M]．北京：科学出版社，1993：676.

[6] 韩红雨，张绰庵．由异术到拳术：沧州回族八极拳文化建构的历史人类学考察 [J]．山东体育科技，2014，36（5）：27.

析，初祖所指或为‘儒家’，或为‘道家’，或为‘佛家’”[1]。因此，再次凸显出传统武术的师承是武术界的一种不可或缺的、极为重要的身份象征。此外，在孟村做调研时，《吴氏开门八极拳传承大谱》所记载的“癞为一世，癖、吴钟为二世”从传承谱系上厘清了孟村开门八极拳身体中的身份传承来源与脉络。

第二阶段，游艺。为何要游艺？这似乎是传统武术约定成俗的一项身体活动，从这一意义来看，在当时的武术界，或唯有“切磋”方能“成名”；或唯有“交流拳技”方能“提升拳技”，吴钟的“中年游艺”[2] 便是这一约定俗成的身体表现。据史料载：“在雍正十三年（公元1735年），吴钟以一杆大枪三进三出少林寺，无一暗器着身，折服长老，震惊寺官。”[3] 由此事件成就了“神枪吴钟”的武林称号。在《沧州武术志》中记载：“吴结识李章、康大力两位武林高手为友，时歌谣云：‘神枪吴钟世无双，提柳单刀有李章；短打擒拿康大力，武林三杰威名扬’。”[4] 在孟村调研过程中，孟村开门八极拳代表性传承人吴连枝讲述了吴钟与康熙帝十四子恂勤郡王进行的比武事件，他提及：

十四贝勒王爷，爱新觉罗·胤禵，听说吴钟不得了，南京到燕京，大枪属吴钟，口气太大啦，召见吴钟，进京（燕京）比武。给王爷比武，得用殳。殳是一种兵刃，不能伤王爷，所以殳前面还得有保护，殳端涂白粉，刺中王眉，王未觉，王爷说：这一定是幻术，是戏法，是魔术，这不是功夫。用白粉改为面糊，又刺中王眉，王惊呼：哎呀，太神奇啦。随后，乾隆皇帝御笔亲书：文有太极安天下、武有八极定乾坤[5]。

从上述内容可知，与王爷比武，到王爷拜师，稳固了“南京到燕京，大

[1] 韩红雨，张绰庵．由异术到拳术：沧州回族八极拳文化建构的历史人类学考察［J］．山东体育科技，2014，36（5）：27.

[2] 韩红雨，张绰庵．由异术到拳术：沧州回族八极拳文化建构的历史人类学考察［J］．山东体育科技，2014，36（5）：27.

[3] 吴丕清．回族武术八极拳考述［J］．回族研究，2004（3）：83.

[4] 沧州武术志编纂委员会编．沧州武术志［M］．石家庄：河北人民出版社，1991.

[5] 吴连枝，回族，男，河北孟村人，国家非物质文化遗产八极拳代表性传承人。访谈时间：2020-08-15.

枪属吴钟"[1] 的社会认同。吴钟的"留教于王府"更突出了当时在国家与社会互动下，吴钟将自身的拳技作为资本，与国家进行互动，并由民间社会场域走向了官方国家场域，奠定了吴钟创拳的基础，为之后的八极拳传承拓展了空间。

第三阶段，创艺。从某种意义来说，武术家晚年是一个重要的时间节点，武术技艺类更能体现出集大成的特征。吴钟回乡创拳定名，便是真实写照。具体来说，在为八极拳定名之前，吴钟在京执教，开始授徒，所教拳法，"在史料中俱称其为'异术'"[2]。此"异术"是否就是之后的八极拳呢？据史料记载："乾隆四十年（1775 年）吴钟年逾六旬，返回孟村，侍母尽孝，并在吴氏家族中传授武艺（时称'吴家拳'）。当时族人习练者很多，成名传人主要有三位，即其独生女吴荣、世孙吴钟毓、世曾孙吴溁。"[3] 吴丕清学者以谱牒为史料，考证了八极拳的创立，在《武术·序》中载："后恐异术之终湮也，创为八极。"证明了在此之前，在中国武术史上从无"八极"之称，这是界定八极拳创立时间、创始人和称谓形成之缘由的依据[4]。因此，"异术"确为八极拳之前的称谓，为八极拳的创立奠定了坚实基础。

对吴钟所在的吴氏家族与吴钟的习武经历进行深度剖析，展现出吴钟生于孟村，终于孟村的乡土情怀，体现出吴钟所授之术由异术到吴家拳再到八极拳的习武情结。至此，建构出孟村开门八极拳的身体的一种姿态模式[5]。

（二）回族孟村开门八极拳由开门授徒到回汉齐练中的身体

按照事物的发展规律，孟村开门八极拳在创立期身体建构之后，必然走向发展期的身体演绎。"开门授徒，回汉齐练"[6] 便反映出当时孟村开门八极拳发展中的身体演绎图像。即是说，开门授徒使得孟村开门八极拳由家族空间拓展到了社会空间；回汉齐练使得在孟村以八极拳为载体搭建起了回族和汉族人民的交往交流平台。在这一发展图式背后，孟村开门八极拳历经技

[1] 吴丕清．回族武术八极拳考述［J］．回族研究，2004（3）：83.
[2] 吴丕清．回族武术八极拳考述［J］．回族研究，2004（3）：83.
[3] 吴丕清．回族武术八极拳考述［J］．回族研究，2004（3）：83.
[4] 吴丕清．回族武术八极拳考述［J］．回族研究，2004（3）：84.
[5] 汪民安，陈永国．后身体：文化、权力和生命政治学［M］．长春：吉林人民出版社，2010：23.
[6] 吴丕清．回族武术八极拳考述［J］．回族研究，2004（3）：84.

法融合、传拳修谱、革新套路等重大事件，使自身拳技体系愈趋完备，展现了发展中的开门八极拳的身体景观。

其一，技法融合描绘出武林界中因交融而发展的进阶模式。换句话说，武林之中，门派之间、门户之内，切磋技艺、互鉴互融，在一定程度上，推动了各门各派的拳法与技法向前发展。八极拳亦莫能外。早在吴钟时期“与李章、康大力换谱为表”[1] 便拉开了八极拳交流交融模式的序幕。之后，吴钟之女吴荣携“夫家拳技”返还孟村，吸收了夫家拳技之长，正如《孟村回族自治县志》中记载：“约1847年后，所传套路中有华拳、太祖拳、太宗拳、飞虎拳、桃花散等。”[2] 将其他拳种套路融入八极拳技法内容中，结合八极拳拳理，进行融合整理，丰富了八极拳拳理拳技。就八极拳文化层面而言，凸显出八极拳文化交融互鉴的重要表征。

其二，传拳修谱体现出武术门派传承人在武术传承中的守正意涵。一方面，就传拳而言，是传承武术技艺的核心要素，传承人在传承中占据引领位置。从孟村开门八极拳传承人来看，吴会清是孟村开门八极拳第五世传承人，在八极拳的这一发展时期发挥了关键作用，其在传承八极拳中破除观念、初授拳理的实践，在孟村开门八极拳传承与传播中具有里程碑的意义。据《孟村回族自治县志》中记载：“18世纪70年代始，吴钟设场授徒，八极拳由家传走向社会。初，仅限于孟村镇周围村庄，后，渐延伸至今县境内之罗潼、新县、杨村、堤东、挂甲林、姚庄以及沧县、南皮等地。但所授套路简单，且不讲拳理”[3]。这里的所授套路简单、不讲拳理的传拳现象，与当时武术门派之间、门户之内的“宁教一趟拳，不教一句言”文化有着紧密而直接的关系。从一定程度来讲，当时的武术界中“只授拳技，不传拳理”是有意为之形成的对自身门派门户“绝学”的保护机制。毋庸置疑，这种思想形成了传统武术传承与传播固有“窠臼”，设置拳种之间交流的持久壁垒。此类现象也出现在孟村开门八极拳传授过程之中。为进一步推进孟村开门八极拳的发展，吴会清在“晚年破除传统观念，授徒始讲初级拳理”[4] 的实践行为，一

---

[1] 韩红雨，张绰庵．由异术到拳术：沧州回族八极拳文化建构的历史人类学考察［J］．山东体育科技，2014，36（5）：28.

[2] 孟村回族自治县志编纂委员会．孟村回族自治县志［M］．北京：科学出版社，1993：678.

[3] 孟村回族自治县志编纂委员会．孟村回族自治县志［M］．北京：科学出版社，1993：679.

[4] 孟村回族自治县地方志编纂委员会．孟村回族自治县志（1989—2009）［M］．北京：科学出版社，1993：677.

方面，从孟村开门八极拳的传承与发展意义上来讲，拓展了孟村开门八极拳在当地的空间范围；另一方面，就修谱而言，孟村开门八极拳传承大谱的编撰与修谱活动在八极拳文化中展现出深刻的意涵和翔实的内容，生动而鲜明地反映出八极拳门人的身份构建。在这一发展阶段，自第一部《八极拳谱·武术》始，八极拳第五世传承人吴会清在1930年、1936年，两次主持修谱。在1930年修谱的序言中，他提到：

只恐年湮代远，桃李门下，四方人众差缪辈名，故不可无谱也。至于武术成名惟资乎！博学得道须籍夫专修，潜心正道，领受真传，盖潜德无不发之光，立志无不成之事。矧八极精微，非好学深思无有罄其底蕴斯八极奥妙；非殚心竭虑以究其本源，研究功深，艺贯天下。此所武术之序，以表原情之至意[1]。

上述文字中是传承人对八极拳修谱活动重要性的认知。其中“只恐年湮代远，桃李门下，四方人众差缪辈名”表露出修谱的必要性；同时以“修谱”之事激励八极门人的“潜心正道，领受真传，盖潜德无不发之光，立志无不成之事”；进而逐渐接近“非殚心竭虑以究其本源，研究功深，艺贯天下”的旨向。由此看来，对八极拳传承之谱的编撰与修善，为八极拳的发展奠定了坚实基础。

与1930年修谱的序言相较，1936年修谱的序言中叙述了开门八极拳的身体处在“民国肇造国家于武术一途提倡之”背景下，八极门人“惟恐不力武学发达方兴未艾”，凸显出再次修谱的重要性与必要性。正如文本提及的“窃恐人事难知，倘再经兵燹水火，则我祖绝技流传逾二百余年者，将自此而损清之罪无可逭矣！”从武术身体表现程度而言，此“绝技”便是开门八极拳的一种技术化的身体表达，抑或是身体的一种技术化演绎。因此，一定意义来看，修谱开门八极拳的身体延续了生命。

其三，革新套路展现出武术门派传承人在传承武术中的创新精神。革新与创新虽是一字之差，但均彰显出当时八极拳传承人为八极拳谋发展的意愿。以八极拳第六世传承人吴秀峰的主体实践为起点，开启了八极拳的革新之程。

[1] 孟村回族自治县地方志编纂委员会．孟村回族自治县志（1989-2009）[M]．北京：科学出版社，1993：681.

首先，八极拳传习传承空间的变动革新。据《孟村回族自治县志》中记载："吴秀峰17岁即设场授徒，一生授徒众多，30年代，在天津授徒数百人。南游江西时，曾任工农红军某部武术教师数月。新中国成立后，曾两次参加全国武术表演赛。1956年，获七项第一名。"[1] 由此可知，孟村开门八极拳从传统的把式房空间，走向军旅空间，再到比赛空间，这一系列的空间变动，在一定程度上，创新与拓展了八极拳的传习、传承空间。其次，八极拳套路内容的革新。如前文所述，立足于吴钟时期的与李章、康大力换谱为表[2]，吴荣时期的融夫家拳技的基础上，据《孟村回族自治县志》记载，吴会清"新增黑虎拳、六合刀、四门刀、双刀、刀进枪、三节棍进枪、棍对棍、剑对剑、八棍头对打、双进枪、九宫纯阳剑；吴秀峰勇于吸收诸家拳术之长，创新十数个套路，并加以理论的说明。20世纪20年代，他借用八种劳动工具和器械，即锤、瓦（刀）、斧、杆、刺、叉、锛和镰，通俗比作八大手型，并通过云、掳、提、按、刁、扣、缠、战八种运动方式表现手型之变化，为基本手型。在练功或竞技时，还可变通为三锤手（锤）、三起手（杆）、三把手（斧）、三按手（镰）、三刺手（刺）、三钗手（叉）、三扑手（锛）等"[3]。之后，"吴秀峰再创开拳、廿四连手拳、十二形抱拳、单形拳、扶手、四封四闭、八棍头（1—8路）、罗汉功、青龙剑等，而且他的"捏耳看手"诊断法堪称一绝"[4]。在此看来，从吴钟时期到吴秀峰时期，套路内容的革新，显示了其创新，八极拳套路内容的创新多样化，也进一步推动了八极拳发展。

总而言之，技法融合、传拳修谱、革新套路三大重要事件均以传承人为核心发生，技法上的互融互鉴，传拳修谱与革新套路上的守正创新在一定程度上，引领着八极门派技术的完善，推进了当时八极拳的发展，演绎出开门八极拳的身体发展线路。

（三）回族孟村开门八极拳由走出孟村到走向世界中的身体

"自1978年党的十一届三中全会开启我国的改革进程以来，历经计划经

[1] 孟村回族自治县志编纂委员会．孟村回族自治县志［M］．北京：科学出版社，1993：677.

[2] 韩红雨，张绰庵．由异术到拳术：沧州回族八极拳文化建构的历史人类学考察［J］．山东体育科技，2014，36（5）：28.

[3] 孟村回族自治县志编纂委员会．孟村回族自治县志［M］．北京：科学出版社，1993：678.

[4] 吴丕清．回族武术八极拳考述［J］．回族研究，2004（3）：85.

济到商品经济再到市场经济的探索，从无到有构建了中国的社会主义市场经济体系并不断进行完善”[1]。改革开放开启了孟村开门八极拳身体走出孟村之程。此处，有必要回顾一下孟村开门八极拳在走出孟村之前的身体轨迹，主要归结为迎访与外访、建构组织体系两个方面。

其一，改革开放下的迎访与外访。孟村开门八极拳为何要采取外访与迎访方式？为何开启走出孟村的开门八极拳身体模式？对当时八极门内部来讲，因八极拳六世传承人吴秀峰的离世，对当时的八极门、八极拳发展带来了一定影响。吴连枝回忆这一段，说道：

1976年，父亲（吴秀峰）因车祸去世，我非常悲痛，我父亲去世以后，我有将近3年不想练八极拳，一想到练武术，心里难受。到1979年，改革开放的时候，我有一个徒弟叫刘秀萍，她80年（1980年）在全国武术观摩赛上得了个金牌。这两件事唤醒了我对八极拳继承发扬的信心。所以从1979年开始，一直到现在，我一直在奋进中。[2]

从上述的语句中，我们可以发现，如“改革开放”“徒弟夺冠”“唤醒”“继承发扬”“一直奋进”等关键字眼，从某种程度上来说，是吴连枝当时对八极拳身体走出孟村的一种心路写照。据《孟村回族自治县志》记载：“1982年，日本东京‘泛亚细亚文化交流中心’松田隆智率团到孟村参观八极拳。次年率学习团第二次来华请孟村拳师教授拳术一个月。他回国以后在福昌堂《武术》杂志上发表介绍八极拳的文章，在日本引起轰动。”[3] 泛亚细亚文化交流中心到孟村参观交流是孟村开门八极拳迎访的起点。与此同时，开启了孟村开门八极拳的外访之程。《孟村回族自治县志》所载：“1982年以来，本县已11次接待国外来访和习艺者，吴连枝多次被邀出国授艺讲学。[4]” 反映出当时孟村开门八极拳的身体走出孟村留下了重要的历史记忆。

---

[1] 高尚全. 中国改革开放四十年回顾与思考（上）[M]. 北京：人民出版社，2018：3.

[2] 吴连枝，回族，男，河北孟村人，国家非物质文化遗产八极拳代表性传承人。访谈时间：2020-08-16.

[3] 孟村回族自治县地方志编纂委员会. 孟村回族自治县志（1989-2009）[M]. 北京：科学出版社，1993：680.

[4] 孟村回族自治县志编纂委员会. 孟村回族自治县 [M]. 北京：科学出版社，1993：680.

其二，改革开放下的建构组织体系。1985 年 1 月 22 日，县开门八极拳研究会成立，为孟村开门八极拳的身体画上了浓墨重彩的一笔。在改革开放的潮流下，孟村开门八极拳身体依托开门八极拳研究会，开启了规范化运行，合理化管理，为八极拳在孟村，乃至孟村以外地区的传承与传播夯实了基础。

至此，在上述回顾孟村开门八极拳的身体走出孟村前的轨迹基础上，1988 年，八极拳被列为中国传统武术十大优秀拳种之一，为孟村开门八极拳身体注入了核心动力。改革开放以来，“十年来，我国从农村到城市，从微观机制到宏观管理，从经济基础到上层建筑，从对内搞活到对外开放，都进行了一系列的改革”[1]。同样，在社会大改革思潮的涌动下，孟村开门八极拳也进行了改革，从孟村内走向孟村外，从国内迈向国外，实现八极拳自身的对外开放，响应国家非物质文化遗产保护政策，八极拳拳种实现内容创新，描绘出当下孟村开门八极拳身体由走出孟村到走向世界的图案。

八极拳自身的对外开放，成为八极拳走出孟村的关键点。据《孟村回族自治县志》记载：“至 1988 年底，全国 26 个省、市、自治区有八极门人数万之众，并远传至日、美、新加坡等数个国家和地区。”[2] 再如，1993 年，日本世嘉公司以吴连枝为原型制作的八极拳游戏《VR 战士》风靡世界。在国家社会力量的作用下，全面打开了孟村开门八极拳的对外开放之窗，建构起八极拳发展格局。

国家非物质文化遗产保护政策成为八极拳走出孟村的转折点。2004 年中国成为联合国教科文组织《保护非物质文化遗产公约》的缔约国后，非物质文化遗产这一概念随之进入中国[3]，随后在中国形成一股热潮，确切地说，“民间文化转向非物质文化遗产话语不仅仅是字眼的更替，而是中国对‘非物质性’‘精神性’遗产予以认定的一种现代文明观”[4]。在这一现代文明观的认定下，孟村开门八极拳于 2008 年 6 月，被国务院非物质文化遗产司列入国家级非物质文化遗产。至此，在国家官方话语体系保护框架中，拓展了孟村开门八极拳的发展空间。

---

[1] 高尚全．中国改革开放四十年回顾与思考（上）［M］．北京：人民出版社，2018：169.

[2] 孟村回族自治县志编纂委员会．孟村回族自治县志［M］．北京：科学出版社，1993： .

[3] 牛光夏．“非遗后时代”传统民俗的生存语境与整合传播［J］．民俗研究，2020（2）：109.

[4] 牛光夏．“非遗后时代”传统民俗的生存语境与整合传播［J］．民俗研究，2020（2）：110.

八极拳拳种的内容创新，成了八极拳走出孟村的基础点。八极拳本身的传承与发展，需要有丰富的内涵与实质的体系，核心技术便是技法的传承，八极拳拳种内容创新正是核心技术的基础建设所需。吴连枝在继承发扬前人技法套路的基础上，将现代力学、人体科学运用于八极拳研究，并根据比赛要求，在传统套路基础上编排了许多新的套路，使八极拳理论与技法不断升华和完善[1]，进一步丰富了八极拳的现代技法体系。

在国家与社会力量的支持下，以八极拳国际培训中心为依托，在八极拳门人的共同奋进下，推动了八极拳走出孟村，走向世界。总体来说，孟村开门八极拳通过自身的对外开放，国家非物质文化遗产保护政策，拳种的内容创新等方法，在以八极拳研究会为依托的基础上，2006 年成立八极拳国际培训中心，2020 年八极拳展演馆建立，实现了多维并举，进一步推进了孟村开门八极拳身体由走出孟村到“走向世界”的稳步发展。

三、身体的力道感：河北孟村开门八极拳的技理呈现

“文有太极安天下，武有八极定乾坤”，映射出孟村开门八极拳的身体技理之道。一般而言，“‘击必中、中必摧’（蔡龙云语）的八极拳，因‘极远式’的技击理念，‘动如绷弓，发若炸雷’（拳谚）式的发力技术而在武林中独树一帜”[2]。那么，孟村开门八极拳其拳理在其“极远式”的身体技法理念中处于什么位置？“动如绷弓，发若炸雷”的技法特征又何以在身体中体现？

为此，回归八极拳拳种本身，以其基本技理体系（图 2-3）为起点，从拳理与拳技入手，深刻分析其表征与内容，致力于进一步认知与理解“文有太极安天下，武有八极定乾坤”的身体技理呈现，以期准确把握孟村开门八极拳的身体之力道感。

[1] 吴丕清．回族武术八极拳考述［J］．回族研究，2004（3）：85.

[2] 韩红雨，张绰庵．由异术到拳术：沧州回族八极拳文化建构的历史人类学考察［J］．山东体育科技，2014，36（5）：26.

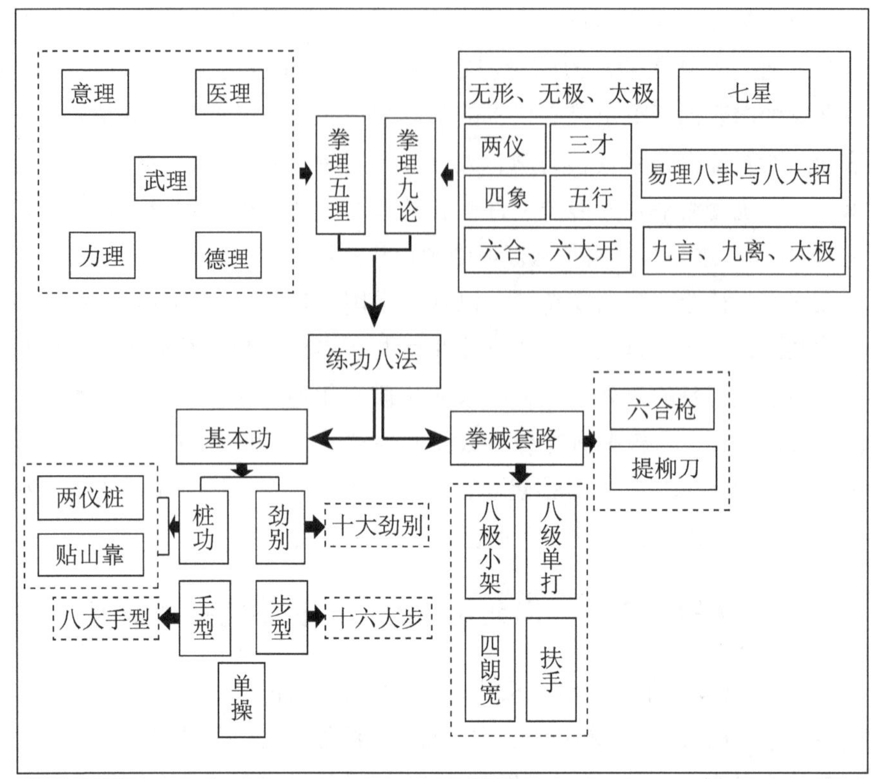

图 2-3　孟村开门八极拳基本技理体系图

注：根据研究所需，选取开门八极拳的部分技理，结合孟村调研资料而绘制。

（一）回族孟村开门八极拳拳理中的身体

拳理的文化基础是拳技技法丰厚的营养场，拳技的套路展现是拳理内蕴含的直观演绎。二者互为表里，相互促进，丰富了拳种体系的内涵与外延，进一步型塑了拳种的身体。因此，对孟村开门八极拳拳理的解读，是认识与理解孟村开门八极拳身体的基点所在。在解读孟村开门八极拳的拳理之前，必然要对开门八极拳命名的文化基础进行剖析，再对其拳理予以阐释。

拳种名称的由来，是拳种文化的坐标点之一。一般说来，拳种植根于传统社会土壤，是其技术经验的升华与创造，是国人文化实践的成果菁华[1]。

[1] 陈新萌，吕韶钧，李根．中国武术拳种的文化形塑、演变规律与发展逻辑［J］．中国体育科技，2018，54（3）：45.

由此体现出拳种里技术经验与文化实践的重要性。按照武术拳种的命名法则，某一拳种的名称必然蕴含着拳种的文化底蕴，彰显着拳种的文化精神。据此，对于开门八极拳的准确认知与表达，势必要明晰开门、八极两个坐标点之意。

就“开门”而论，包含了四层意思。其一，“门者”，始也，即始立门户，独树一帜；其二，技法变化讲究“六开”，巧也，猛也，开门无阻也；其三，开门入窍，慧入心脑，晓理、悟性、明德，以一理生万变，以万变为自然；其四，开门不闭门，独立不独存，提倡外传内引，开门交流，取长补短，永无止境。[1] 从这四层意思可以解读出，开门八极拳的一种开门思想，且将这种开门思想融进其拳理之中。正如在访谈吴连枝时，他曾提及（访谈日期：2021-05-01）：

八极拳又叫“开门八极拳”，什么叫“开门”，（比如）这个水呀，流水给堵住啦，这个水呀，将来就臭啦。在宇宙中，如果这个水呀，老是流动的，它生生不息。所以，八极拳从历史上就讲“迎进来，推出去”。“开门”有四个意思，（其中）开门立户，成立八极拳；开门，欢迎门人，开开门，推出去；所以八极拳在300来年不断地发展，就是有着开门的思想[2]。

就“八极”而论，在上述提到的“文有太极安天下，武有八极定乾坤”时，指出“八极”一词源于《易经》，《八极拳谱》记载，太极变化作为八八六十四卦……八极变化作为八八六十四手，有扶弱敌强之能，通俗的说法即“八”为阴阳变化，“极”为巧妙变化趋于极远[3]。此即“八极拳”名称之由来。此外，《淮南子・坠形训》卷四中的“天地之间，九州八极”之说，在不同程度上体现出“八极拳”名称的内蕴具有趋于八方极远之地之意。因此，对“开门”“八极”所含内蕴的解读，对开门八极拳有了直观的认知。

拳理，是拳种文化的重要内容。笔者在孟村调研时，通过访谈得知孟村开门八极拳的拳理与《易经》存在着紧密的关联。在查阅《孟村回族自治县志》时，其拳谱中讲，宇宙初生“混沌无极”（无边缘、无尽头），无极动（变化）生太极，太极生两仪（乾坤、天地之意），两仪生四象（春夏秋冬或

[1] 吴丕清．回族武术八极拳考述［J］．回族研究，2004（3）：85.

[2] 吴连枝，回族，男，河北孟村人，国家非物质文化遗产八极拳代表性传承人。访谈时间：2021-05-01.

[3] 刘汉杰．沧州回族武术文化初探［J］．西北民族研究，1997（1）：177-209.

东西南北），四象生八卦。八卦取象于八种自然现象，八种现象可概括为阴、阳，二者相生相克，无穷变化，即为八极拳理之源。[1] 鉴于此，开门八极拳的拳理在其发展过程形成了“拳理五理”与“拳理九论”之说。吴丕清学者依据八极拳的谱牒将八极拳的“拳理五理”归纳为五个方面，即“意理、武理、力理、医理、德理”。“拳理九论”是源自孟村《县志》中的记载，即“无形、无极、太极”“两仪”“三才”“四象”“五行”“六合、六大开暗合《易经》”“七星”“易理八卦与八大招”“九言、九离、太极”。“拳理五理”所提及的“意理”是“拳理九论”的一个总概念，“拳理九论”则更加细化了《易经》之理对八极拳拳理的指导。

总而言之，孟村开门八极拳无论是拳种的命名，还是其拳理之内涵，均为八极拳身体厚植了文化基础。在孟村开门八极拳的拳理身体中，既体现出“德理”的道德标准，又体现出“力理”的行为方式。

（二）回族孟村开门八极拳技法中的身体

“武术技法原理是普遍存在于各种拳械技法中的共性规律，它从宏观上反映武术技法特征，把握武术动作准绳，指导武术训练实践”[2]。动作准绳实则是以身体为根本出发点的现实写照。对孟村开门八极拳的技法原理解读，势必以身体为起点，主要从技法特色、技术方法、基本功体系三个方面入手来深度分析孟村开门八极拳身体的体现。

其一，就孟村开门八极拳的技法特色而言，其是反映身体技术个性的标志，由此形成了中华武林中的一种独特的风格。质言之，八极拳的技法特色，“讲究‘崩撼突击’，进而‘贴身迸发’。其动作‘动似崩弓，发似炸雷，势如神随，疾似闪电’”[3]。可以看出八极拳火烈、刚猛的独特风格。形成这一独特风格的缘由或许是受八极拳的“‘极远式’的技击理念”[4] 影响，或许是持“武有八极定乾坤”的文化符号写照，或许是八极拳创立形成的社会

[1] 孟村回族自治县地方志编纂委员会．孟村回族自治县志（1989-2009）［M］．北京：科学出版社，1993：629.

[2] 康戈武．中国武术实用大全［M］．北京：中华书局，1990：72.

[3] 孟村回族自治县地方志编纂委员会．孟村回族自治县志（1989-2009）［M］．北京：科学出版社，1993：679.

[4] 韩红雨，张绰庵．由异术到拳术：沧州回族八极拳文化建构的历史人类学考察［J］．山东体育科技，2014，36（5）：26.

环境所致。总之，八极门中八极拳的技术风格特征在当时的武林门派中独具一格，形成了自己的门派、门户标识。换句话说，门派、门户与技术的关系紧密。正如，“门户差异化生产，首先是技术的差异，表现为对立面的探索”[1] 一样，对于“对立面”的探寻，当时武林界中的“文有太极安天下，武有八极定乾坤”，在某种程度上来看，其外在表征便是一种“柔”与“刚”的写照，技术的差异化表达，再次凸显出技术风格的核心位置。

其二，就孟村开门八极拳的技术方法而言，其在一定程度上是延续彰显孟村开门八极拳技术特色的一种身体体现的策略或方式。如何在身体实践中体现出开门八极拳“动似崩弓，发似炸雷”的技法风格，其突破口便是以身体为突破点，对开门八极拳技术方法的运用。简而言之，也就是“如何练”的问题。当然，每一门派的技术习练方法，都烙下了该门派核心技术的印记，开门八极拳也不例外。“练功八法”便是其方法之一（表 2-1）。

表 2-1　开门八极拳“练功八法”内容解析表

练功八法内容	练功八法解析
一练拙力入疯魔	指练八极拳的执着之心，通过练习将“拙力”释放，转化为八极拳的“功夫力”
二练软绵封闭拨	指八极拳外在表象是刚，但实则是特别柔，要刚柔相济，且不能“犯顶”，要和顺自然
三练寸接寸拿寸出入	指八极拳的寸劲，巧劲，是一种巧接巧拿巧出入的技法体现。即出拳时，要有意行远方之象，更须注重取胜就在“一寸间”的法则。正如“拳到百步不算远，取胜就在一寸间”
四练懒龙与卧虎	指八极拳的技法特点是含而不露，招式讲究沉着、稳健，像龙虎之卧，不急不躁，而发力瞬间注重快、猛、狠
五练五藏气攻到	指八极拳注重内力和外力的统一，此处的“气攻到”，攻，是特指进攻的攻，而非常言的“气功”
六练筋骨皮肉合	指八极拳讲究五形周身合，既是外在的筋骨皮肉和，也是内在五脏六腑和，内外合一
七练尊师与仁义	指八极拳所具备的练武品德，是一种尊师重道，仁义之心的武德表征
八练动手需留德	指在八极拳实战时，两两较技，需点到即止，德技相合

注：表内容根据访谈资料整理而成。

[1] 戴国斌. 门户对拳种、流派的生产 [J]. 上海体育学院学报，2013，37（4）：77.

从以上练功八法的解释上来看，均彰显出“技缘形生，法依攻防；意气劲形，内外合一”[1] 的武术技法原理，更凸显出开门八极拳自身拳种“极致远”的技法特色；同时也一定程度上反映出当时的社会环境及对身体的观照。值得一提的是，从“练功六法”拓展至“练功八法”，最后二法着重体现出中国传统的礼仪文化。即是说，开门八极拳的传承人在当时已经将门规中的武德注入实际的练功方法，以便更进一步规范身体行为，诠释功在日常的一种实际身体表达。

其三，就孟村开门八极拳的基本功体系而言，其既是开门八极拳技术特色的身体展示，更是技术方法运用的根基所在。“练拳不练功，到老一场空”，其中的“功”，某种程度上来说，便是指基本功。质言之，“武术基本功具有一套自成体系的锻炼内容，包括提高体能为主的功法部分和提高技能为主的单操部分”[2]。在孟村开门八极拳中，也形成了一套自成体系的基本功。其包含桩功、手型手法、步型步法、劲法等内容，是孟村开门八极拳身体的一种语言。

就开门八极拳的桩功而视，既是开门八极拳的入门功夫，更是其必修功夫。练习桩功，主要在于提升自身的稳定性，正如“武林中有‘撼山易，动八极式（即桩功）不易’之说”[3]。开门八极拳的桩功分为动桩功与静桩功，“动（桩）功主要有‘贴山靠’‘三靠臂’‘踢桩功’和‘铁沙掌功’等”[4]；静桩功包括“两仪桩功”与“悬指桩功”。此处以静桩功中的两仪桩功为例来解读。根据吴连枝访谈内容（访谈日期：2020-08-18/2020-05-20），可知其口诀如下：

头顶蓝天，足踏清泉；
怀抱婴儿，两肘顶山。

由这口诀所知，每一句都指向了练习两仪桩功的要领所在。且“八极架子”与“两仪桩”之间有着深刻的关系：

八极架子，由16个动作组成，老辈子叫八极架子，叫蹲架子，为什么叫

[1] 康戈武．中国武术实用大全［M］．北京：中华书局，1990：72.
[2] 康戈武．中国武术实用大全［M］．北京：中华书局，1990：113.
[3] 孟村回族自治县志编纂委员会．孟村回族自治县志［M］．北京：科学出版社，1993：677.
[4] 孟村回族自治县地方志编纂委员会．孟村回族自治县志［M］．北京：科学出版社，1993：677.

蹲架子，就是从这个动作（两仪桩）开始的，这个套路的核心，就是这个（两仪桩）两仪的变化。八极拳所有的拳法变化，都是从这个动作开始。过去蹲桩，蹲的就是这个第一桩，两仪桩。

言语间发现，两仪桩是孟村回族开门八极拳的“第一桩”，承载着其身体的变化原点，且指出“吴”字篆书与两仪桩功的关系，进一步说明，开门八极拳的拳术套路，“皆以‘两仪顶’即‘吴’字篆书象形为根式（起式）”（图 2-4）[1] 来进行衍化。凸显了两仪桩功的身体演绎在回族孟村开门八极拳中的重要地位。

图 2-4 “吴”字篆书与开门八极拳两仪桩对比示意图

（拍摄时间：2020-08-15，地点：河北孟村）

就开门八极拳的手型手法、步型步法而视，其是表达开门八极拳基本技术的重要单位。手型手法一定程度上映射出中国农耕时代的生产生活方式，更是一种朴实的身体生活写照表（2-2）。

表 2-2 开门八极拳“八大手型”生活形态阐释表

八大手型的名称	八大手型的生活形态阐释
锤	手型形似当时的生活工具“锤”
瓦	手型形似当时盖房砌砖所用的工具“瓦刀”，并取其向下砍之力为该手法的运动技法

[1] 吴丕清．回族武术八极拳考述［J］．回族研究，2004（3）：83.

续表

八大手型的名称	八大手型的生活形态阐释
斧	手型形似当时劈柴木工所用的工具“斧子”，并采用斧子的分开之力，进而形成拳法中的“斧力”
杆	指人体的“手臂”，源于生活中所用工具“棍”
刺	手型形似“刺”，因其刺的受力面积最小，穿透能力最强形成了八极拳中“宁挨一拳，不挨一掌；宁挨一掌，不挨一刺”的技击特点
叉	手型形似当时扬麦子所用的生活工具“三股叉”“五股叉”
锛	手型形似当时木匠所用的“锛”，形成了八极拳中的手法“挠”
镰	手型形似当时的生活工具“镰刀”

注：表内容根据访谈资料整理而成。

《孟村回族自治县志》文献中也有类似的记载。通过访谈得知，开门八极拳第六世传承人吴秀峰“借用八种劳动工具和器械，即锤、瓦（刀）、斧、杆、刺、叉、锛和镰，通俗比作八大手型，并通过云、掳、提、按、刁、扣、缠、战八种运动方式表现手型之变化，称为基本手型”，均是当时社会的一种生产生活方式的真实写照，在这些日常生活的劳动工具中，以身体为载体，贯以八极拳拳理与拳法，使得其八极拳技术“得其形”，而“述其意”，这里的“意”，便是蕴含了武术技术原理在内的一种身体表述。依步型步法来看，一定程度上反映出“武有八极定乾坤”中“定乾坤”的中身体表达的缩影。具体来说，开门八极拳步法以十六大步为主。关于这十六大步，八极拳代表传承人吴连枝曾言（访谈日期：2021-05-01）：

将活动的步法加上弓马仆虚歇五种步型，统称为十六大步，为什么叫十六大步？不是十六个，16，是个吉祥数，我们练的最老的八极拳架子，就是16式，16个动作，所以，16是两个八，一阴一阳，八极架子，由16个式组成，所以说，从步法（来讲），也叫十六大步，他为什么叫活动步法，就是调节人的中心和重心稳定。

在调研过程中，笔者亲身参与并体验了孟村开门八极拳的十六大步，体会到传统武术功法与竞技武术功法中的身体差异表现，其差异化的焦点在于对身体关节的观照。诸如，“练马步桩时，注重劳宫穴（掌心）的对应；练弓步桩时，除注重劳宫穴的对应外，还强调手指中指与鼻尖的对应；练虚步桩时，也叫‘拉弓式’，注重拳头与肘尖在一条直线，一个平面上。除马步、弓步、仆步、虚步和盘步五种步型外，还有闯步、击步、盘提步、白马翻提步、套步、跟提步等活步型。竞技中，又有‘半步’（前腿跨出，后腿不动，以稳定自身中心）、‘一步’（后腿前迈）和‘三步半’（泛指远距离进攻步法）的区别等”[1]。正如孟村开门八极拳研究会会长吴大伟所言：“（白马翻提步）八极拳的每一个抬腿，都是一个‘盘’，是摔人的动作”。在此基础上，形成了“‘提击拨闯’是八极拳的步法特点”[2] 这一重要身体表征；其中八极拳的“半步”步法，从某一层面说明了八极拳也可以归为“半步拳法”（访谈日期：2021-05-02）。

“这个八极拳叫半步拳，轻易不上步，一上步，容易失去重心，技击当中大部分是半步，什么情况上步，除非对方失去重心了，很多都是半步在运动”。

从八极拳的演练角度来看，“震脚”“跨步”“沉坠”等步法的一招一式，均能体现出八极拳的半步拳法的表征。同时在震脚闯步之间，也彰显出“武有八极定乾坤”的刚猛骤变之象。因此，凸显出开门八极拳中手型手法与步型步法成为其基本功中最小且最重要的单位，也是身体部位的一种静态与动态的书写。

就开门八极拳的劲法而视，“劲法是武术中各种运用劲力的方法和技巧的总称”[3]。劲法的体现，在某种程度上来说更能体现拳种的技术特色，以及身体的独特标识。一般来讲，“按照劲法的基本运动形态，可分为蓄劲、发劲”[4]。就孟村开门八极拳的劲法而言，十大形意与十大劲别是必谈的主题（访谈日期：2021-05-01）。

“十大形意”怎么体现，就是“抖、缩、愣、含、惊、崩、撑、挺、竖、横”。愣，硬着顶；含，不是缩，往下吞；惊，一上战场，眼睛定住了，叫惊，时刻都要惊，是一种形象的劲，内在的劲；崩，像爆炸一样，八极拳本

[1] 孟村回族自治县地方志编纂委员会．孟村回族自治县志（1989-2009）［M］．北京：科学出版社，1993：678.

[2] 吴丕清．回族武术八极拳考述［J］．回族研究，2004（3）：86.

[3] 康戈武．中国武术实用大全［M］．北京：中华书局，1990：397.

[4] 康戈武．中国武术实用大全［M］．中华书局，1990：397.

身就像爆炸一样；竖，打竖的；横，打横的。所以，“抖、缩、愣、含、惊、崩、撑、挺、竖、横”非常形象地说出了“十大形意”的用法。十大劲别和十大形意，也不是绝对的。

由言语得知，“十大劲别”是开门八极拳基本功范畴，其劲之源便是来自于十大形意。从上述“十大劲别和十大形意，也不是绝对的”可知，劲别的练习和发放，虽与自然界的形意相关，但又不拘泥于形意所指，并非绝对地一一对应。在其劲别的体现中，其力讲究“始于闾尾，发于项颈，源泉于腰，发力于脚跟，分沉力、弹力、十字力、缠丝力、抖力等；发力时，一般为三力合一，即由跺、碾、闯三力合成”[1]。确切地说，开门八极拳劲法的运用，劲力的练习，是展现其身体“劲出刚猛，暴烈骤变”[2]的根本所在。

总的来说，孟村开门八极拳的技法原理，通过从技法特色、技术方法基本功体系三个方面的身体体现，形成了门户以差异化竞争策略[3]的方式。从某种意义而言，孟村开门八极拳的开门，也是一种追求身体开发，由此，在中华武林中树立了开门不闭门，独立不独存的思想。

(三) 回族孟村开门八极拳套路中的身体

传统武术中的套路，是一种既成的相对稳定的经典习武路径与程式规范[4]，是彰显本门派的独有范式，是一种身体的规范表达。从某种程度上来说，传统武术套路，是一种文化身体的生产。因而，开门八极拳的套路，便是一种特殊的、创造性的、文化的身体生产活动。譬如，吴钟之艺成于“癫”，精于“癖”，游艺期间与李章、康大力换谱为表，其女吴荣更是提炼融入夫家拳改进吴家拳等[5]，均显示出身体规范的序列图谱。据此，当下的孟村回族开门八极拳套路便是经历代传承人的身体文化积累而成的程式化图像，其中蕴含着孟村回族开门八极拳身体的基本图式。

---

[1] 孟村回族自治县志编纂委员会．孟村回族自治县志［M］．北京：科学出版社，1993：678.

[2] 吴丕清．回族武术八极拳考述［J］．回族研究，2004（3）：86.

[3] 戴国斌．门户对拳种、流派的生产［J］．上海体育学院学报，2013，37（4）：77.

[4] 李富刚．武术套路“程式之美”的解读［J］．武汉体育学院学报，2016，50（11）：60.

[5] 韩红雨，张绰庵．由异术到拳术：沧州回族八极拳文化建构的历史人类学考察［J］．山东体育科技，2014，36（5）：28.

八极小架，又称“八极架子”，是八极拳基本套路。正如吴连枝所言（访谈日期：2021-05-2）：

八极架子，八极拳的小架就是八极拳的母系套路。这个“母”表明，八极拳的一切拳法、一切器械，都派生于八极架子。劈出来的单打、对打，又劈出四朗宽拳，刀枪剑戟器械。所以，别看我们学的内容简单，实际学的是最复杂、最难的一个套路，咱们学的内容看上去容易，可是很难精的套路。

由上可知，孟村开门八极拳套路源于八极架子，遵循“道生一，一生二，二生三，三生万物”的自然规律，衍生出八极门的拳法。通过身体的展演，将16式动作，外化于形，内化于心，表征出“八极架子”规范的身体图式。“身体图式是一种表示我的身体在世界存在的方式”[1]，此处的八极架子的身体图式，必然也是表示八极拳身体在世界中的存在方式之一。又因“人们最初把‘身体图式’理解为我们的身体体验的概括”[2]。为此，笔者曾参加了开门八极拳培训班，亲身体验了八极架子的运动路线与劲力发放。

无论是八极小架一路，还是二路，均通过身体的展演，使其起势动作中的礼仪得以彰显。一般而言，传统武术套路的起势动作是套路内容的生命力表现，是一种身体在场的书写，也是一种独特的身体标识。此处八极拳套路起势中的身体是一种以生物身体为基础，试图表达出八极拳身体文化内涵的一种图像。在身体的体验过程中，通过日积月累的练习，达到身体体验的一种概括，从而建构起八极拳套路的身体图式。

在孟村开门八极拳套路身体图式的建构中，两仪桩是一个关键图像，是“第一桩”。关键在于八极小架中均反映出以两仪为核心，衍化其拳路，彰显其拳势。八极小架，作为开门八极拳的基础套路，呈现出以两仪为主的基本样态，是开门八极拳套路的最基本文化单元。八极小架的16个招式，已经成为开门八极拳的拳种标识（表2-3）。

---

[1] 莫里斯·梅洛-庞蒂．知觉现象学［M］．姜志辉，译．北京：商务印书馆，2001：138.

[2] 莫里斯·梅洛-庞蒂．知觉现象学［M］．姜志辉，译．北京：商务印书馆，2001：136.

表 2-3 回族孟村开门八极拳八极小架动作

1. 万将无敌式	2. 马步冲拳	3. 两仪式	4. 狮子抱球
5. 霸王硬开弓	6. 通天掌	7. 闭地肘	8. 合子手
9. 托枪式	10. 炮提式	11. 二郎担山	12. 砸跪膝
13. 滚臂	14. 左右打摞手	15. 通背式	16. 单仪顶

由表中可知，八极小架的套路始于两仪，终于两仪，经两仪变化，衍生出的套路姿态，组成了孟村开门八极拳身体的原始编码。此身体的原始编码总共 16 式，无论是左右、上下，还是前后的身体表现，均体现了两仪的内在变化。譬如，“闭地肘”“合子手”“二郎担山”“砸跪膝”等动作的身体展演，便是一种外显的两仪变化图式。笔者在参与体验过程中，尤其体会了开合的两仪变化，进一步体认了孟村开门八极拳的身体编码。该套路演练之时蕴含着驰骋沙场之威武，显露出仿生象形之灵动，正如其歌诀所述：

抱拳施礼气沉丹，拉马开弓箭满弦。肋下暗走流星钟，怀抱婴儿手托天。狮子怀中抱绣球，霸王开弓力撑山。左顾右盼龙现爪，蛟龙出水掌冲天。金鸡上架独立势，捋马勒缰倒坐关。横摧泰山力有余，左右叠手上下翻。两手左右分天地，驰马抖缰力坐鞍。金丝缠腕怀中带，凤凰展翅顾两边。猛虎坐卧入洞势，黑虎打裆往里钻。翻身盘肘支千斤，关公背刀往前赶。金鸡上架莫失中，探囊取物两肋插。渔翁撑舟仙人掌，野马奔槽往回返。托枪纫镫燕抄水，回头望月向后转。海底捞月人不识，十字挂塌倒蹬耙。将军披甲中堂立，白虎出洞声震天。

通过歌诀与自己的亲身体验，八极小架，其套路突出了八极拳动静分明、一招一式朴素无华、刚猛暴烈[1]的风格特点。其动作朴实、内涵深奥、初学易练、老死难精，实为八极门人必修拳和永修拳[2]。这展现出八极小架在开门八极拳套路中的一种权力关系，突出了其根性地位，为孟村开门八极拳的身体图式描画了浓墨重彩的一笔。

八极单打，是在八极小架上衍生的套路之一，注重两仪四象之变化，运

[1] 中国武术系列规定套路编写组编写．八极拳［M］．北京：人民体育出版社，1999：16.
[2] 吴丕清．回族武术八极拳考述［J］．回族研究，2004（3）：85.

用六开八招之化法，是二者变化之总表现。一般而言，单练称之为“单打”“单摘”，双练称之为“对打”“对接”[1]。此套路以八极小架为基础，两仪生四象为原理，突出了八极拳的打练结合。根据《孟村回族自治县志》载，八极单打套路由58式动作组成（表2-4）。

表2-4　回族孟村开门八极拳八极单打动作

1. 中堂式（起式）	2. 二郎担山	3. 擢打顶肘	4. 拉弓式
5. 上步冲拳	6. 绕步冲拳	7. 翻身掖提	8. 撩阴弹踢
9. 斜身膀胯	10. 绕步拉弓	11. 献胯打开	12. 凤凰缩窝
13. 推窗望月	14. 拉马式	15. 白蟒翻身	16. 猛虎爬山
17. 捆身大缠	18. 猛虎爬山	19. 捆身大缠	20. 闭地肘
21. 托枪式	22. 上步撑掌	23. 斜步挂塔	24. 翻胯
25. 一步顶肘	26. 砸跪膝	27. 金鸡落架	28. 转身挖眉
29. 通天掌	30. 闭肘式	31. 云抄架打	32. 献胯打开
33. 戳脚撩阴	34. 托枪式	35. 上步撑掌	36. 撤步掌
37. 抽别子挂塌	38. 跳山闭肘	39. 托枪式	40. 撤步砸
41. 点踢	42. 掖提	43. 翻身缠肘	44. 云手弹踢
45. 斜身拽胯	46. 绕步拉弓	47. 献胯打开	48. 撩阴掌
49. 上步托枪	50. 单手	51. 打罗手	52. 朝阳手
53. 穿袖	54. 钩撑缠	55. 通背式	56. 盘提
57. 反提顶肘	58. 闭肘中堂立		

由表2-4可知，八极单打动作名称既蕴含着象形仿生的意涵，也彰显出攻防技击的要义。譬如，“凤凰缩窝”“白蟒翻身”“猛虎爬山”等拳式动作，突出了八极单打中“仿生制拳，借形显艺，神形兼备”的拳式内涵；“撤步砸”“点踢”“云手弹踢”等动作，显现出攻防技击的核心。就八极对打来说，其套路演练显示了“两仪生四象”的纵向变化与“六开八打”的技法融汇。如在八极单练熟练后，进行八极对打练习，由表中第31式“云抄架打”为对打节点，分上下两路。上路习练者动作特点表现出“一攻一防”，下路习

[1] 吴丕清．回族武术八极拳考述［J］．回族研究，2004（3）：85.

练者动作特点表现出“一防一攻”，在练习过程中，开始阶段“始为你一招，我一式，慢慢入门，称之‘喂手’；熟练后体知‘六开’之方，初掌拆招应变之术，称之‘拆手’；‘拆手’由慢而快，由粗而精，‘六开八打’运用自如，称之‘抢手’；最后由‘抢手’之必然变化进入条件反射之自然变化，称之‘无招无式’即入‘无形’之境”[1]。其中“喂手”“拆手”“抢手”均是传统武术的习练方法，借助于身体对拳式的练习，上升至拳势的身体演绎，进而突出八极单打的招法特色。

总的来说，“各家拳术，都是先有了技术体系的基本雏形，才在其技术特征的基础上，借助哲理来阐发拳理，借助哲理化的拳理来规范拳技，指导实践，并借用哲学名词命名于拳派和拳式，比附某些身体部位”[2]。正如孟村开门八极拳的拳理依托于《易经》，八极小架、八极单打、八极对打、六肘头的拳式借助于两仪、四象而衍生变化，通过身体的展演，将“六开八招”融会其中，凸显八极拳动如崩弓，发若炸雷的技法风格特点。

第二节 山东冠县查拳的个案考察

查拳，国家级非物质文化遗产项目。在《冠县回族志》中曾载：“冠县成了查拳的基地与故乡。[3]”因此，以冠县查拳为个案考察，对冠县的地方性知识进行研究，有助于认识回族武术冠县查拳身体的生发环境，发现其身体的地方感；对冠县查拳身体历史的爬梳，有助于理解历史事件中回族武术冠县查拳身体的历史表达，探寻其身体的演变；对冠县查拳身体拳理、技法、套路中的身体进行解读，有助于明晰回族武术冠县查拳身体的程式化框架，揭示其身体的标记。

一、身体的地方感：山东冠县查拳的生态环境

（一）山东冠县的区域背景

冠县，素有“中华梨乡”之称，更有“查拳故里”之说。就其区域来

[1] 吴丕清．回族武术八极拳考述［J］．回族研究，2004（3）：85.

[2] 彭芳，吕韶均，孙富强．武术拳种的理论阐释［J］．北京体育大学学报，2009，32（9）：30.

[3] 冠县民族宗教办公室编．冠县回族志［M］．北京：民族出版社，1987：54.

看，“位于鲁、冀、豫三省交界处，为山东省西部门户；地处北纬 36°22′～36°42′，东经 115°16′～115°47′之间，总面积 1152 平方公里”[1]。就其地貌来看，“冠县由于历史上黄河不断改道、决口，淤积、沉淀大量泥沙物质，境内形成了岗、坡、洼乡间的微地貌差异”[2]。由此，因冠县地处平原，地势开阔，冠县查拳风格特点中的大开大合的身体表达必然与其地理环境关系甚密。

从冠县的气候条件来看，“境内属暖湿带季风区域大陆性干旱气候，四季分明，光照充足，无霜期较长。春旱多风，雨热同步，盛夏、初秋多雨，晚秋易旱，冬季干冷为四季气候的主要特点”[3]。“境内能见度一年中以 5—9 月较好，10—4 月较差；一日之中中午前后较好，能见距离大于 10 公里的日数，各月 14 时均在 20 天以上，7—8 月 14 时可达 28 天以上；能见度小于 1 公里的日数，各月 14 时平均不足 1 天。使水平能见距离小于 1 公里的因素有雾和沙尘暴；使水平能见度距离大于 1 公里而小于 10 公里的因素有轻雾、扬沙、浮尘、霾等”[4]。

从选择调查点冠县的县城建设历程来看，“清代，县城大街有东升街、西城街、南城街、北城街，另有成贤、养正、显佑、和会 4 条小街和东、南、北 3 个关厢。1934 年，城区内 4 街分别更名为中山东大街、中山西大街、中山南大街、中山北大街，小街增至 31 条。中华人民共和国成立之初县城主要街道习惯以方位称东大街、南大街、西大街、北大街。之后，开辟了一些新的街道，如团结路、滨河路、东风路、振兴路、建设路、和平路、红旗路、兴贸路、市场街等”[5]。可以看出，从冠县城区街道名的分布，既保留了“十字街为中心”[6] 的布局，也融入了现代设计的规划（图 2-5、图 2-6）。毋庸置疑，在历史演变和现代化的建设之中，查拳的身体表达自然会受到外界不同力量的影响而处于动态变化之中。

[1] 山东省冠县地方史志编纂委员会．冠县志［M］．济南：齐鲁书社，2001：3.
[2] 山东省冠县地方史志编纂委员会．冠县志［M］．济南：齐鲁书社，2001：112.
[3] 山东省冠县地方史志编纂委员会．冠县志［M］．济南：齐鲁书社，2001：115.
[4] 山东省冠县地方史志编纂委员会．冠县志［M］．济南：齐鲁书社，2001：118.
[5] 山东省冠县地方史志编纂委员会．冠县志［M］．济南：齐鲁书社，2001：298.
[6] 山东省冠县地方史志编纂委员会．冠县志［M］．济南：齐鲁书社，2001：297.

图 2-5 冠县"县貌一角"　　图 2-6 冠县"武训公园"

（拍摄时间：2021-04-06，地点：山东冠县）

从冠县的区域地理来讲，其地处平原，地貌差异，为冠县查拳身体的生成提供了地域性的场域背景；其四季分明，能见度有别，为冠县查拳身体的生成提供了自然性的气候背景；其县城街道更替，为冠县查拳身体的生成提供了现代性的社会背景。

（二）山东冠县回族的人文历史风貌

司马迁曾言"东郡鲧堤古，向来烟火疏"。从历史景观来看，该诗句所描写的便是冠县境内鲧堤春柳[1]的景色。

就冠县回族的源流而论，据《冠县回族志》所载："大食人从唐朝开始进入冠县，大食人（即后来的回族）在晋冀鲁豫 4 个省部分地区安家落户。"[2]值得一提的是，"大食国将领查元义、滑宗奇留居冠县，传授查拳，冠县不仅是大食国人来得较早的县份之一，而且也是中国著名拳术查拳的发源地"[3]。大食国将领的留居冠县，为冠县查拳身体生成背景奠定了基础。依冠县回族人口的分布而视，《冠县回族志》记载："冠县的回族人民聚居的特点是：大分散，小集中，全县 22 个乡镇中，回民分布到 17 个乡镇，44 个村庄。千人

[1] 山东省冠县地方史志编纂委员会．冠县志［M］．济南：齐鲁书社，2001：7.

[2] 冠县民族宗教办公室．冠县回族志［M］．北京：民族出版社，1987：2.

[3] 冠县民族宗教办公室．冠县回族志［M］．北京：民族出版社，1987：2.

以上的村庄有张尹庄、城内西街、南街、里固七甲、里固八甲；其次是后十里铺、高庄、沙庄、四个阎村、蒋寨、南关。”[1] 在这些回族村庄中，有必要提及张尹庄，冠县是查拳的发源地，而确切地讲，其发源地的原点始于张尹庄。笔者在调研过程中，走访了张尹庄村委会、中国查拳故里传承馆等。村庄是身体的借居空间，村庄的村情必然影响身体的生成，查拳作为张尹庄的特色，其身体的生成必然也会烙有张尹庄的印记。

二、身体的演变：山东冠县查拳的历史塑造

冠县查拳，是回族武术拳种的代表之一，被评为国家级非物质文化遗产。如前文所述，冠县的地方性知识为查拳身体提供了自然基础。冠县，在中华梨园的美誉下，又因查拳而驰名海内外，成为查拳身体的依托所在。查拳的身体表达何以让冠县因拳驰名海内外？爬梳查拳身体的历史脉络成为其突破点。梳理其历史脉络，从历史上所发生的禁武运动与在国术运动框架下，来探讨回族武术冠县查拳身体的塑造之径。

（一）禁武运动与回族冠县查拳身体

禁武一直是历朝历代维护集权统治的重要手段[2]。“在中国古代社会中，内部矛盾解决是在国家以武器的控制为其制度设计而将暴力国有化之后，自然带来的民间‘禁武’之风”。“暴力国有的民间禁武，不仅规定民间不得收藏武器，而且历朝历代的‘禁兵器’还规定不得持有、制造武器”[3]。至此，各朝各代的禁武运动对彼时的武术产生不同程度的影响与制约，促使了武术身体的多层面发展。如同“拳之身体化与拳之亮藏还体现我国先秦时期关于‘武’字‘持戈/止戈’的双向理解与辩证统一，既以身体化的藏而‘止戈’，也以身体化的亮而‘持戈’”[4] 的内涵表达，进一步推动了武术身体的多元化发展。对于回族冠县查拳身体在禁武运动，同样致使其身体转向多维度的

[1] 冠县民族宗教办公室．冠县回族志［M］．北京：民族出版社，1987：4.

[2] 张震，李亮．清代“禁武令”背景下武举人才的来源及武术二元发展趋向［J］．成都体育学院学报，2021，47（6）：48-54.

[3] 戴国斌，岳涛．中国传统社会暴力治理的文武之道——武术“德、智、力”文化基因及其表现［J］．民俗研究，2021（5）：39-45.

[4] 戴国斌，岳涛．中国传统社会暴力治理的文武之道——武术“德、智、力”文化基因及其表现［J］．民俗研究，2021（5）：39-45.

发展趋势，本节主要聚焦元代、清代的禁武运动影响下，予以扼要描述其身体之样态。

在元朝禁武运动时期，被称之为“色目人”的回族先民，因其身份缘故，使查拳身体受禁武影响程度较轻。正是在此社会身份庇护下，“元朝正式纪元，元世祖敕令，禁习武和持拿兵器”[1] 的禁武运动对回族武术中查拳身体的打压程度较小。查拳门传承人白作义，“在冠洲收徒传查拳，未受‘禁武’‘禁持兵器’禁令的影响”[2]。在传承查拳过程中，其整理拳谱使查拳身体得到有力规训。笔者在冠县田野调查过程中，从冠县查拳的历代拳师传承谱系来看，白作义为查拳门第二代传承人。“白公为了使查拳更好地传承，把宋时传下来的拳谱统一编排梳理，并邀请武举人、武秀才参与拳谱口诀的编写。‘四路查拳’也称‘升平拳’有查拳母拳之称，俗称‘不会四路查，不算会查滑’。白公在整理拳谱时，倾注心血，对该套路的一招一式进行斟酌并厘清了此拳的编排和其他套路的关系，成为查拳门最有影响力的套路，是查拳弟子必学的套路之一”[3]。在元文宗顺元年间，掀起了冠洲武术热。“尤其在回民村庄，村村有教场，人人习武，达到俗语所说‘十个回回，九个会‘架子’”[4] 的习武景观。由此可见，元代的禁武运动对冠县回族武术查拳身体的束缚程度较小。

就清朝“禁武运动”而言，查拳身体受禁武之影响颇为严重。史料载：

> 1727 年，冠县是禁武的重灾区。查拳的传承岌岌可危。沙将军不避风险，借省亲返乡，鼓励查拳习练者不要惧怕，秘密坚持传承[5]。

此处提及的“沙将军”，便是在查拳身体塑形过程中具有影响力的“沙亮”。笔者在冠县田野调查过程中，从冠县查拳的历代拳师传承谱系表中得知，“沙亮”为查拳门第七代传承人。“飞腿沙亮”是蕴含查拳身体知识的创新标识，也是当时武林对查拳门沙亮的一种认同。“飞腿”表明了沙亮的腿法技术娴熟，造诣颇深。不难看出，这与查拳门中的弹腿功夫息息相关。进一

[1] 山东省冠县文化和旅游局．查拳考略［M］．济南：齐鲁电子音像出版社，2019：90.
[2] 山东省冠县文化和旅游局．查拳考略［M］．济南：齐鲁电子音像出版社，2019：90.
[3] 山东省冠县文化和旅游局．查拳考略［M］．济南：齐鲁电子音像出版社，2019：244.
[4] 山东省冠县文化和旅游局．查拳考略［M］．济南：齐鲁电子音像出版社，2019：90.
[5] 山东省冠县文化和旅游局．查拳考略［M］．济南：齐鲁电子音像出版社，2019：244.

步说，此处的弹腿与查拳，之前是各属其派，在沙亮时期融入了查拳，并成为查拳基本功，后经改进，称为二十八路弹腿[1]。而对于弹腿和查拳的关系，笔者之前产生过疑问：二者间关系究竟为何？在田野调查中，与冠县查拳第十四代传承人沙宗朝访谈时，他提及（访问日期：2021-04-10）：

弹腿是查拳的入门功夫，当时习练时，要先练三年弹腿。

元朝的禁武运动使回族冠县的查拳拳路形成了最具代表性的四路查拳，清朝的禁武运动使回族冠县的查拳内容更趋充实与彰显。二者在不同程度上形塑了彼时查拳之身体。然而，自上而下的禁武运动对查拳背后所隐含的身体政治值得关注。

（二）国术运动与回族冠县查拳身体

国术运动是在民国时期的社会思潮影响下融合了传统武术与西方竞技体育元素的体育现象。“国术运动并不仅仅以达到强种强国为目标，而是与彼时多色社会思潮具有同一的方向，本身即构成了国族想象与国族主义建构的重要内容”[2]。国术运动会兴起的本质缘由在于“由‘东亚病夫’自我意象的自辱为手段，以期唤起国民的自我认同，激起国民的自强、自立意识，借助尚武精神的培养，达到强种强国之鹄的目的”，更是在“国家意识与民族观念增强条件下，中华民族本位思想在体育领域中的反映”[3]。在此社会背景下，自中央国术馆成立，一场旨在“普及全国而蔚为国民一个锻炼之基本运动，借以提高国民尚武精神，充实国民战斗能力，磨砺其体肤，激发其志气，以达到强国强种之目的”[4] 的近代中国国术运动拉开了序幕。这一时期的回族武术，可谓人才辈出，一大批回族武术家均投身于中央国术馆，展开了查拳的身体叙事。史料载“民国十六年（公元 1927 年），南京中央国术馆成立，国术设两门，其中王子平为少林门门长；民国十七年（公元 1928 年），10 月，中央国术馆举办第一届国术考试，国考后，查拳弟子马裕甫任国术馆摔跤科长，张英振（冠县张尹庄人）、杨法武、杨松山被聘为一级教授；民国十

[1] 冯涛，杨红伟．国族主义与近代中国国术运动［J］．青海民族研究，2018，29（1）：112-118.
[2] 冯涛，杨红伟．国族主义与近代中国国术运动［J］．青海民族研究，2018，29（1）：112-118.
[3] 冯涛，杨红伟．国族主义与近代中国国术运动［J］．青海民族研究，2018，29（1）：112-118.
[4] 万籁声．国术教本［M］．北京：中华书局，1943：1.

九年（公元1930年），常振芳以‘教练级学员’入中央国术馆深造；民国二十二年（公元1933年），10月，中央国术馆举行第二次国术考试，张文广、张英健、张英亮、张学振、张登魁、何占元等10名查拳弟子入选中央国术馆深造”[1]。为此，立足于国术运动视角，对冠县查拳身体的叙说，有必要进行历史回溯，扼要梳理中央国术馆内的查拳门人之查拳身体的生成来源。将视线推至清末民初时期，张其维、杨鸿修、李恩聚三位查拳传承人，便是国术运动中成就查拳门人身体的关键人物，更是查拳身体的践行者与塑造者。

张其维（1850—1934），有资料载：“张公其维，冠县一里庄人，出身于查拳世家。张公对古老的‘身法势’‘腿法势’‘十八般兵器’都练到极致，并悟透招法中的内涵，提升了查拳的攻防实用性、健身功能和观赏性。其拳风招法严谨，寸力进击；灵活多变，快脆敏捷。为弘扬回族文化，设场授徒。其徒张西彦、张凤岭、张英翰、张锡泰、常振芳、何振江、张英振、张英亮、常振华、李建刚、何振全、张英健、张连科、张子俊等数十弟子个个是名冠武林的查拳名家”。[2] 笔者在冠县做调研时，张尹庄张其维之墓的碑石上记载：“张公讳其维，回族，生于一八五零年三月，归真于一九三四年七月，享年八十四岁，查拳发源地山东省冠县张尹庄著名查拳大师，是查拳近代影响最大，流传最广，最具有代表性的‘张式查拳’的创始人。张公系查拳嫡派传人，自幼随冠县著名查拳名师张乾学艺，终日苦练，常年不辍，二十岁时武功已炉火纯青，技艺超群，查滑拳法、器械无不精通，功法纯熟，练就铁掌钢指，断砖切石如泥，手指能力穿牛腹，尤善使虎头凤尾镗，如游龙飞凤，勇如猛虎，世称绝技，毕生致力于查滑拳法、技击功法、拳经研究，在继承和实践的基础上，去伪存真，创新发展，逐步形成独具风格特点的‘张式查拳’，该功法快脆敏捷，长短结合，招法严谨，拳法多用寸力近击极强。张公中年后开始设场传徒，传艺严谨，德艺并举，四十余载，门人弟子成名者众多，为查拳在全国的传播和发展做出了极大贡献；张公六旬受济南镇守使马良，礼请济南演艺，铁掌钢指，技惊四座，欲评为卫队教习，张公以老力辞；张公一生为人正直，忠厚善良，见义勇为，思想开明，技艺绝妙，堪称‘一代宗师’，为后辈之楷模”[3]。

---

[1] 山东省冠县文化和旅游局．查拳考略［M］．济南：齐鲁电子音像出版社，2019：116-121.

[2] 山东省冠县文化和旅游局．查拳考略［M］．济南：齐鲁电子音像出版社，2019：258.

[3] 根据调研中张其维的“碑文”整理。

由此可见，张其维在查拳的传承与传播中，身体力行，钻研拳意，提升查拳的攻防实用性、健身性及观赏性，进而开发了查拳身体之功能；而从“设场授徒，传艺严谨”的身体行为，形成了代表性的张式查拳，使查拳身体的文化属性得以延续。此处查拳身体的文化属性，是针对查拳身体的自然属性而言。查拳身体的自然属性是自然身体的特有，具有生老病死的表征；查拳身体的文化属性是文化身体的特有，具有可持续性的表征。作为查拳传承人的身体，正如约翰·奥尼尔所论证的“政治身体”，即“国王拥有两种能力，因为他有两种身体，一是自然身体，和其他所有人一样，这一身体是由一系列自然成分所组成，处于这种身体状态之中时，他和其他人一样也有激情，也面临着死亡；另一种是政治身体，处于这一身体状态中的国王永远不会死亡，只是国王的政治身体从一个自然身体移向另一个自然身体”[1]。因此，查拳身体的文化属性如同其国王的政治身体一样，在张其维传艺之中，传承人与传承人之间便构成了文化身体的链条，如同从一个自然身体移向另一个自然身体，延续着查拳身体的文化属性。

杨鸿修（1864—1944），有资料载：“杨公鸿修，字奉真，他虽然身材高大，但身手灵活，打起拳来‘舒展刚劲、势正招圆、快如疾风’，人颂‘快拳侠’，江湖人尊‘杨式查拳’。民国三年（公元 1914 年），中国近代武术的倡导者、济南镇守使马良在济南成立‘山东武术传习所’；1915 年，杨鸿修在济南北大寺任教长兼任回、汉名家云集的‘山东武术传习所’总教习，对‘查拳只传教门中人’陈规有破冰之先，主编《中华新武术》；1919 年，任‘上海中华武士会’总教习，称为上海弘扬查拳文化、维护民族利益的一面旗帜，孙中山先生为‘中华武士会’题词‘尚武楼’以示褒奖。杨公的弟子遍布齐鲁、江淮、岭南等中华大地，名扬国内外的著名武术家王子平、于振生、何振江、杨发武、马裕甫等均为其弟子。”[2] 可见在民国时期政府为国术运动所营造的环境为当时查拳身体的形塑与拓展提供了有力、有利的条件。

李恩聚（1857—1932），李式查拳第四代传承人，晚年先后执教于上海精武会和济宁，以传授查拳为主。在 1928 年的国考中名列前茅，曾有词云：“本会国操教员李恩亭先生，山东济宁人，去年国考名列前茅。先生年逾耳

[1] 约翰·奥尼尔、身体形态：现代社会的五种身体［M］. 张旭春，译 . 沈阳：春风文艺出版社，1999：67-68.

[2] 山东省冠县文化和旅游局 . 查拳考略［M］. 济南：齐鲁电子音像出版社，2019：259.

顺，犹顾盼自雄，可谓老当益壮，一般蒲柳之姿，为秋先搞者，曷不致力于拳术。"[1] 其风格以"势整力顺、节奏鲜明、刚柔相济"为主，形成具有代表性的"李式查拳"。从而在国术运动的前后，查拳身体形成了"张式""杨式""李式"三分天下的身体样态，一定程度上展现出查拳的多维度身体。

因此，在国术运动的社会思潮下，由查拳传承人为主体，查拳门人为群体，在民国时期展开了查拳传承与传播的高速发展。笔者在冠县调研中，了解到"巅峰时期就是民国时候"。民国时期包括查拳，是一个武术高速发展期。查拳在民国时期的发展之所以有如此态势，查拳身体背后的政治编码的变化应是在国术运动的影响下产生的。

综上，从禁武运动、国术运动两大历史事件中，洞悉回族冠县查拳的身体样态，印证了"身体刻写了历史的印记，而历史则在摧毁和塑造身体"的"身体与权力"的关系[2]。值得关注的是，在禁武运动背后查拳身体所涵括的政治征候，在国术运动背后查拳身体所形成的政治编码，应呈现的景观势必要从查拳身体所蕴含的身体政治中去探寻。

三、身体的标记：山东冠县查拳的技法管理

"手似两扇门，全凭腿赢人"折射出回族冠县查拳的技理之法，更是一种身体功能的表达与开发。一般而言，招正劲速的攻防技击理念，以及"形神兼备，结构严谨；工架整齐，虚实分明；动作舒展，脆快有力；攻防有序，清晰连贯"[3] 的风格特征，在中华武林中独树一帜。查拳之拳理、技法、套路在查拳身体中的史标记，使之展现出其自身的独特风格特征。

（一）回族冠县查拳拳理中的身体

"拳理技法是任何传统拳种得以形成和存在的重要文化基础"[4]。其中，拳理可谓是传统拳种文化基础的本质所在。冠县查拳亦不例外。对于冠县查

[1] 山东省冠县文化和旅游局．查拳考略［M］．济南：齐鲁电子音像出版社，2019：260.

[2] 汪民安，陈永国．身体转向［J］．外国文学，2004（1）：36-44.

[3] 山东省冠县文化和旅游局．查拳考略［M］．济南：齐鲁电子音像出版社，2019：178.

[4] 周伟良．试论明清浙东内家拳的拳理技法及文化价值［J］．北京体育大学学报，2009，32（12）：100-104.

拳的拳理解析，主要以查拳《拳理说》[1] 为蓝本予以解读，以期探析存在于查拳拳理中的身体之法。《拳理说》全文如下：

行我浩然气，周身是弹力；
行动不见影，神龙游云际；
进退勿露形，快慢全由己；
变化宜守静，静中则防攻；
调整招数进，上下意相随；
守静如座钟，动起似蛟龙；
时隐又忽现，即又起离势；
任其自然好，切勿造作意。

由上可知，在其拳理中书写出习练查拳时的身体样态。

其一，正义身体样态。“行我浩然气，周身是弹力”作为首句，开门见山提出了查拳身体应具备“浩然之气”。换言之，查拳的身体生成应以正义为中心。“就身体的生成而言，它自然包括一个生物性的存有以及一个文化性的成分在内”[2]。这种正义之感便是属于查拳身体生成中的文化性成分。在其正义的身体之下，作为回族武术的身体，应是刚柔并存的身体，即“周身是弹力”的文本写照。

其二，共有的身体样态。“进退勿露形，快慢全由己”反映出“我在一种共有中拥有我的整个身体”[3] 的画面，这种“共有”正如梅洛-庞蒂认为：“我的整个身体不是在空间并列的各个器官的组合”[4]，置于查拳身体中的共有，应是身体各个器官有序、有法的组合而产生的身体图式。诸如，“进退”是手法、步法的有序组合而描绘出查拳身体在空间中的移动轨迹；“勿露形”以“身法”为中心带动“八法”而描绘出查拳身体在空间中所处的一种状态；“快慢全由己”在一定程度诠释了我与我身体同在、我是我的身体[5]的

[1] 山东省冠县文化和旅游局．查拳考略［M］．济南：齐鲁电子音像出版社，2019：166.

[2] 黄金麟．历史、身体、国家：近代中国的身体形成（1895—1937）［M］．北京：新星出版社，2006：4.

[3] 莫里斯·梅洛-庞蒂．知觉现象学［M］．姜志辉，译．北京：商务印书馆，2001：135.

[4] 莫里斯·梅洛-庞蒂．知觉现象学［M］．姜志辉，译．北京：商务印书馆，2001：135.

[5] 莫里斯·梅洛-庞蒂．知觉现象学［M］．姜志辉，译．北京：商务印书馆，2001：257.

现象。

其三，变化的身体样态。“变化宜守静，静中则防攻”，此处的“变化”，原指置于实战场域下彼方的一种招式变化，我们可以看作查拳身体外部世界的常态现象。“宜守静”“静中则防攻”是查拳身体根据身体外部世界变化做出的一种及时反应，正如“当身体理解了运动，也就是当身体把运动并入它的‘世界’时，运动才能被习得，运动身体，就是通过身体指向物体，就是让身体对不以表象施加在它上面的物体的作用做出反应”[1]。此处的“守静”“防攻”均是查拳身体理解了彼方的运动，而做出的系列反应，包括后续的“调整招数进，上下意相随”“守静如座钟，动起似蛟龙”“时隐又忽现，即又起离势”等语句的表达，均是查拳身体把彼方的“运动”纳入到自己的“世界”中，使自己的身体得以习得之后所表达出的一种身体能力。从某种意义来看，查拳招式是一种动作，查拳招式的意义是一个世界。如同“对被感知的世界而言，我的身体是我的‘理解力’的一般工具”[2]一样，查拳身体对于其外围的感知世界，必然也是自身“理解力”的工具，从而表达出“任其自然好，切勿造作意”的意义。

因此，立足于《拳理说》文本的查拳身体，使查拳身体的形塑“有可依傍的文本参照，有可依托的文本积累，有可依循的文本权威”[3]，文本参照系列查拳拳规的制定，文本积累在于查拳拳谱、谱诀的梳理，文本权威在于查拳门中传承人的躬行书写。从《拳理说》的文本中，从伦理维度来看查拳身体，又会是另一番景致，亦是值得思忖之地。

（二）回族冠县查拳技法中的身体

在尼采的“一切以身体为准绳”的基础上，回族冠县查拳的技法同样显现出以身体动作为准绳的技术表征，进而书写着冠县查拳技法体系中的各种“文本”。对于此“文本”的解读，势必以“身体”为媒介，以“技法特色”“技术方法”为二维支点，展开对冠县查拳技法的身体分析。

就冠县查拳的技法特色来看，是反映查拳身体技术的显性标识，形成了

[1] 莫里斯·梅洛-庞蒂．知觉现象学［M］．姜志辉，译．北京：商务印书馆，2001：184.

[2] 莫里斯·梅洛-庞蒂．知觉现象学［M］．姜志辉，译．北京：商务印书馆，2001：300.

[3] 王广虎，冉学东．体育的历史生成——“体育基本原理”基于教材文本的学科反思［J］．成都体育学院学报，2022，48（1）：29-38.

自身独有的风格特色。一般而言，查拳拳势之风格具有“招法严谨整齐，拳法潇洒舒展，身法灵活多变”[1] 的身体表征，其中的“招法”“拳法” “身法”勾勒出查拳身体之轮廓，彰显出查拳身体之神韵。言及查拳的神韵，表现在“工整、流畅、轻灵、飘逸、纵逴、雄浑、缜密、端严”[2] 16 字之中，从某种程度而言，这是对查拳动作提出的习练方法，更是查拳身体追求的理想形态。具体来讲，工整是查拳身体工架整齐的外显框架，通过招式特征、套路特征两个层次来表达，其中招式讲究法之严谨，套路注重结构之严谨，这必然会对查拳身体之工整有明显的影响，这一影响是剔除查拳身体之杂质，达到查拳身体之工整的一种动作铭刻。这种铭刻体现在：“上肢动作形态——‘斜插一杆旗’，使查拳动作在舒展中有圆润的特色；下肢动作形态——注重腿法，形成‘手似两扇门，全凭足打人’的特色；完整动作形态——体现出开合相间、长中有短的特色”[3]。为此，依据查拳身体所呈现的招式形态，形成了其独有的技术风格特色。

就冠县查拳的技术方法而言，是一种身体体现的策略、方式、意象。正如《查拳拳法纲》[4] 所提及：

查拳心意本无法，行气舒展随心意；
行势得自然，旋转适化机；
放之上下随，缩则藏于密；
但学心意切，要从八法起；
遇事可应变，有法术方奇；
法术二合一，缺一不能立。

此为查拳拳法之总纲，是指导查拳技术方法的纲领所在，更是形塑查拳身体的技术策略的本纲所指。具体而言：

“查拳心意本无法，行气舒展随心意”作为第一句，开宗明义建构出查拳身体是一种随心意之形的理想身体；“行势得自然，旋转适化机”则进一步说明查拳身体追求自然的一种状态，即查拳身体在演练之时，招式之间要自然

[1] 山东省冠县文化和旅游局．查拳考略［M］．济南：齐鲁电子音像出版社，2019：141.
[2] 山东省冠县文化和旅游局．查拳考略［M］．济南：齐鲁电子音像出版社，2019：141.
[3] 康戈武．中国武术实用大全［M］．北京：中华书局，1990：197.
[4] 山东省冠县文化和旅游局．查拳考略［M］．济南：齐鲁电子音像出版社，2019：166.

而然，是一种百炼钢化为绕指柔的自然表达；“适化机”从某种程度而言，更是一种哲理性的意境表达，即通过招式的旋转适化机，表征出查拳身体的适应周围世界的能力。

“放之上下随，缩则藏于密”是查拳身体一种收放之时的准则要求；“但学心意切，要从八法起”是查拳身体的一种具象训练的表达。“八法”在现代长拳语境中诠释为“手眼身法步，精神气力功”。根据现代长拳与查拳的内在逻辑关系，此处的“要从八法起”的“八法”，意指要从“调身”开始学练其查拳。“法术二合一，缺一不能立”是一种对查拳身体提出高要求、高标准的文本写照，是一种将查拳之功法与查拳本身之术融于查拳身体之中的回归，是书写一种缺一不能立的安身立命的向往，更是一种深化查拳身体之理论体系和实践范式的期望。

在其纲领的指引下，衍生出查拳相关的法则，有讲究查拳功法的法则：“站如钉—精足神满，气沉丹田；行如风—拳似流星，眼如闪电；腰如钻、步要粘、招式正、力劲速。”[1] 有讲究身法势劲路的准则：“蓄力似弓圆，发劲如箭直；欲松似非松，欲紧未着力；运动求平衡，旋转循环气；悟通阴阳理，刚柔互参计；奇正两相生，动静随心意。”[2] 也有讲究查拳的五势法则：“似龙一上下盘绕，隐现自如，变化万千，取之奇；如虎一勇扑纵跃，目如闪电，不动自威，显之威；形蛇一曲伸自然，逢空即入，折叠盘旋，仿之活；猴姿一闪展跳跃，机警敏捷，灵活轻便，学之灵；鹤势一静中有动，独立稳健，动静交互，模之稳。”[3] 诸如此类，形成了查拳身体的一种文本，诠释着查拳身体的理想状态，反映出现实中查拳身体的一种意象。

“意象”一词，源自《周易》“立象以尽意”，由汉代王充的“礼贵意象，示义取名也”合而并用[4]。所谓的“礼贵意象，示义取名”，已经接触到仪式表象之中，蕴含着文化意义，具有表象和意义的双构性[5]。如同“叙事作品之有意象，犹如地脉之有矿藏，一种蕴藏着丰富的文化密码之矿藏”[6]。作为文本的查拳身体，似可看作一部叙事作品，必然也有之意象所在。

---

[1] 山东省冠县文化和旅游局．查拳考略［M］．济南：齐鲁电子音像出版社，2019：175.

[2] 山东省冠县文化和旅游局．查拳考略［M］．济南：齐鲁电子音像出版社，2019：1167.

[3] 山东省冠县文化和旅游局．查拳考略［M］．济南：齐鲁电子音像出版社，2019：177.

[4] 曾大兴．文学地理学的六个研究方法［J］．中文论坛，2017（1）：21.

[5] 杨义．中国叙事学［M］．北京：人民出版社，1997：268-270.

[6] 杨义．中国叙事学［M］．北京：人民出版社，1997：267.

在中国叙事文学中的象内含意，意为象心，二者有若灵魂和躯壳，结合而成的生命体，便是一种叙事意象或意象叙事[1]。值得一提的是，“意象经过作者的选择和组合，达到象与意互相蕴含和融合的状态，它自然成为一种社会文化的审美载体，一种人文精神的现象”[2]。查拳套路中所蕴含的意象，同样经过了作者—传承人的选择与组合，达到了象—套路外显与意—拳法意涵互相蕴含和融合之状态。

从意象类型来看，其中“自然意象，中国人遵循天人合一的思想模式，很早就养成对自然景物的敏感，常常体验着自然物象的人间意义和诗学情趣”[3]。譬如，前文所述的“查拳五势”之中，将“龙、虎、蛇、猴、鹤”之形态与其本性贯注于查拳套路之中，组合在查拳身体之内，这种“意象组合是化合，是升华，而不是原有道理、事物的简单叠加。在这种意义上所得到的公式，应该是：意象≠而且>意+象”[4]。据此，在查拳身体中，正是由于意象汇聚将自然界的物象、套路的招式、传承人的情结互为融渗，使之升华出来的“自然之理，招式之法，武术之情”能够在查拳身体之中获得新的样态和意义。由此可见，在意象的参与下，对查拳身体技术方法的解析也愈发内在化。

因此，从技法特色、技术方法两个维度来审视查拳技法中的身体，某种程度而言，是一种查拳身体的体验与体悟。而这种体验、体悟的肉身性意味着立象尽意地把世界当作一种普遍蒙太奇的身体，也即一种普遍象征的体系，对其予以具体的描述[5]。然而，此类描述，若以身体为媒介，如何能达到文本中的查拳身体，却是值得深入研究的基本问题。

（三）回族冠县查拳套路中的身体

“热拉尔用钢铁和纸浆来创作，有时用之以力，有时待之以柔：一肉搏，一揉捏。……在钢铁和厚纸浆上，一律有切割：尖锐的利器或刨光器，留下规则的标记。它们只有默默承受着狂暴的标记。……这标记的暴力将使变动

---

[1] 杨义．中国叙事学［M］．北京：人民出版社，1997：268.

[2] 杨义．中国叙事学［M］．北京：人民出版社，1997：268.

[3] 杨义．中国叙事学［M］．北京：人民出版社，1997：290.

[4] 杨义．中国叙事学［M］．北京：人民出版社，1997：274.

[5] 张再林．作为“身体哲学”的中国古代哲学［J］．人文杂志，2005（2）：28-31.

的事物转为身体即将划痕的象征。[1]” 武术中的套路身体，或者说动作身体，同样可以看成是一种具有规则标记的身体所在，这些标记的行为在武术套路身体中成为一次武术抽象[2]的象征。如同“标记在未定形的材质里造就了一具可以丈量和命名为身体的身体”一样，武术套路身体的标记成为“武术技击不同流派的‘徽记’”[3] 所指。

“四路查拳”，便是查拳门的一种被标记的套路身体。“雕塑指出的是一具暴力下的身体。只有经由狂喜或痛苦的效应，我的身体才能再度回复于我；每一次如此，我便烙印下一次的标记”。由此看来，查拳门中“四路查拳”套路动作的编排与表现，必须经由一定的效应，才能有真实的身体表达。因此，“四路查拳”也可以作为一种被标记的身体管理。如何来对四路查拳的被标记的身体进行管理，势必从四路查拳中留下规则的标记来进行检查，以期达到查拳身体的规训目的。

“检查，是一种追求规范化的目光，兼容权力、实验、力量、真理为一体，在规训程序的核心，检查显示了被视为客体对象的人的被征服和被征服的对象化”[4]。据此，检查文牍的技术使个人成为个案，此种个案同时既成为知识的对象，又成为权力的支点[5]。对于检查查拳身体的文牍而言，四路查拳的拳谱可视为其中一种。此处的拳谱，便可以看待为一种“留下规则的标记”，由此来对照检查查拳身体。如《四路查拳谱》所载（图 2-7）：

变化无穷四路拳，扶按撩阴腿当先；穿袖撤步按正跨，偷（透）步冲拳右足弹；上步夜叉探海式，削掌提腿跨正鞍；开步箭起黄莺架，倒退二步手托天；入伤迎门三不顾，撤步屈膝汤瓶势；转身接打骑马式，撤步叠掌把腿悬；引手劈掌挨身靠，雁子烘拳合两肩；金龙合口盖世奇，败势诱敌回头观；转身接打回马腿，撩阴反跨稳如山；二虎登山迎面掌，对面挑打不容宽；偷步鹞子势环肩，开手提腿崩其拳；上步单臂擒方拿，撤步五子按双拳；开步托掌顶心肘，迎面按掌不容宽；偷步点肋多勇猛，抱拳踢腿双手展；卸步溶挣拦正面，穿袖扶膝

[1] 勒伯．身体意象［M］．汤皇珍，译．沈阳：春风文艺出版社，1999：111.
[2] 戴国斌．武术技击观的“解咒”［J］．体育与科学，2002，23（1）：14.
[3] 戴国斌．武术技击观的“解咒”［J］．体育与科学，2002，23（1）：14.
[4] 福柯．规训与惩罚［M］．刘北成，杨远婴，译，北京：生活·读书·新知三联书店，2010：208.
[5] 福柯．规训与惩罚［M］．刘北成，杨远婴，译，北京：生活·读书·新知三联书店，2010：215.

把腿悬；上步接打顺步腿，侧身左踩右足弹；穿盖面伏肩掌进，败势趸打势冲前；袖梁玉柱急跟步，定步穿心十字拳；手按七星忙撤步，顺风摆旗势法全[1]。

由此可见，四路查拳拳谱凭借文字对查拳身体的练习方式来行使一种检查的权力，是规范查拳身体技术的书写权力[2]的表达。此拳谱既包括对查拳身体内在的审视，也包含对查拳身体外在的检查。

就查拳身体内在的检查而论，拳谱开宗明义便道出身体之内的关键性。从出势歌诀中首句提及的“会神静立稳如碑”，便折射出查拳身体检查的标准起点所在。诸如“会神”用以检查精神的贯注，“静立”用以检查内心的平静，“稳如碑”用以检查由内导外的一种固的张力。

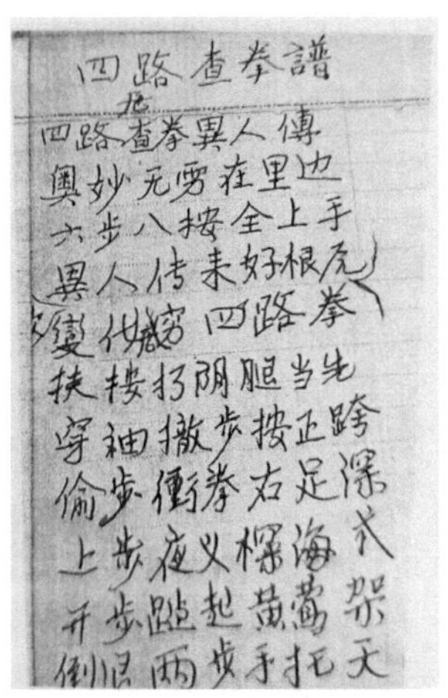

四路查拳譜
四路查拳異人傳
奧妙无穷在里边
六步八按全上手
異人传来好根底
變化[illegible]四路拳
扶接打阴腿当先
穿袖撤步按正跨
偷步衝拳右足踩
上步夜叉探海式
开步跐起黄鹰架
倒退两步手托天

图 2-7　20 世纪 40 年代《四路查拳谱》手稿（来源：《查拳考略》）

就查拳身体外在的检查而论，拳谱将四路查拳中的手眼身法步检查明示其中。譬如，“扶按擦阴腿当先”是对四路查拳身体中手法、腿法的检查，突出“腿当先”的身体技术，印证了“弹腿是查拳入门功夫”的话语。此处“腿当先”，必然蕴含着弹腿的检查标准，正如《十路弹腿谱》中所载“头路顺步单鞭势，二路十字奔脚尖，三路劈盖夜行势；四路撑扎左右盘；五路栽锤步要斜；六路盘势是单砍；七路双坎十字腿；八路桩踩有转还；九路棒锁

[1] 山东省冠县文化和旅游局．查拳考略［M］．济南：齐鲁电子音像出版社，2019：204-205.

[2] 福柯．规训与惩罚［M］．刘北成，杨远婴，译．北京：生活·读书·新知三联书店，2010：213.

阴阳手；十路箭弹贵常盘"[1]，对十路弹腿的检查细则进行了文牍的集合，促使四路查拳中腿当先的身体技术表现。拳谱中"开步箭起黄莺架"之"开步"时身体的姿态；"偷（透）步冲拳右足弹"之"偷步"时，强调"手与足"的合一；"手按七星忙撤步"之"撤步"时身体中"七星"（此处的"七星"，可理解为"肩、肘、腕、髋、膝、踝、头"）的呼应；"定步穿心十字拳"之"定步"时手法的表现，均是动作招式的身体检查。

此外，"败势诱敌回头观""败势踅打势冲前"是四路查拳对查拳身体模拟的一种攻防情境的假设而进行的检查，突出"败势"之时，表现出查拳身体的"诱敌"之计，所采取的"回头观"，进而"踅打势冲前"的身体技击叙事策略，正如武术动作"是武术作者在武术技击情境预设后对彼方（虚拟对手）攻防动作的设定及我方攻防应答的理性编排"[2] 一样，是规训查拳身体临敌时武术知识的一种表达。因此，四路查拳拳谱规则的标记，既留在了拳谱的文牍之中，也成为刻在查拳身体上的划痕的象征。如同查拳门所言"不会四路查，不算会查滑"的话语，四路查拳成为了查拳门最具有被标记的身体管理的再现。

第三节 河南邓州心意六合拳的个案考察

"将枪法化为拳法，会其理于一本，通其形于万殊，名其拳曰六合。"从某种程度而言，此言语表征出心意六合拳身体的一种六合特性。一般而言，心意六合拳，是明末清初山西姬龙峰以枪法化拳法，以六艺作身法，每一出手必含十大真形之灵性，以及扎大枪时螺旋划圈、圆中求直、三角发力，与枪法相吻合的内外兼修、擅长爆发整体内劲的优秀内家拳种。[3] 枪法化拳法成为心意六合拳的独特标识。因此，本节以邓州心意六合拳为案例，其独特之处在于保留着古传心意拳的古典练法和原始体系。邓州心意六合拳是河南心意六合拳的重要组成部分，邓州现虽有传承脉络二支，但实为一脉，师承都为南阳张志诚所传。[4] 为此，以邓州心意六合拳为个案考察，对邓州的地

[1] 范春和，孙锡铭．查拳［M］．北京：人民体育出版社，1993：10.
[2] 戴国斌．武术技击观的"解咒"［J］．体育与科学，2002，23（1）：14.
[3] 马雷石．邓州心意六合拳［M］．太原：山西科学技术出版社，2005：1.
[4] 马雷石．邓州心意六合拳［M］．太原：山西科学技术出版社，2005：2.

方性知识进行深描，有助于认识回族武术邓州心意六合拳身体的生发环境，理解其身体的地方感；对邓州心意六合拳拳理中身体的梳理，有助于理解回族武术邓州心意六合拳身体的文化意义结构，探寻其身体的书写章法；对邓州心意六合拳拳技中身体的解读，有助于明晰回族武术邓州心意六合拳身体的图像，揭示其身体的形成图式。

一、身体的地方感：河南邓州心意六合拳的生态环境

（一）河南邓州的地理环境

张衡在《南都赋》中“尔其地势，则武阙关其西，桐柏揭其东。流沧浪而为隍，廓方城而为墉。汤谷涌其后，淯水荡其胸。推淮引湍，三方是通。”寥寥数语，道出邓州在历史上地理位置的重要性。正如《邓州市志》所载：“前列荆山，后峙熊耳，宛叶障其左，郧谷拱其右，据江汉之上游，处秦楚之扼塞”。乃“历代兵家必争之地。”[1] 邓州，素有“山少岗多平原广”[2] 的地貌表征。从某种程度而言，平原广成为邓州区域回族武术习武者的身体生成与对习武者通过身体的叙事呈现出平原性的特点的原点所在。其中，邓州心意六合拳的身体生成与叙事，与之具有紧密而直接的关联。就其区位来看，“位于河南省西南部南襄盆地中部偏西，地理坐标介于北纬 32°22′～32°59′，东经 111°37′～111°20′，城区距南阳行政公署驻地南阳市 60 公里，距省会郑州市 270 公里”[3]。值得一提的是，邓州心意六合拳，始传于南阳系的张志诚一脉，南阳距邓州不过几十公里，交通也较为便利，因此这也为邓州心意六合拳的身体生成奠定了区位空间基础。

从邓州的气候条件来看，“属亚热带季风型大陆性气候，四季分明。春季冷暖多变，时伴雨水，夏季高温高湿，常有干旱洪涝发生。秋季气候凉爽，多数年份秋雨连绵。冬季气温低，湿度小，雨水稀少”[4]。

从邓州的城区分布来看，其城区“位于市域中部，南至钟营，北至湍河，东至赵营，西至黄庄；城区分老城区和新城区。外城（土城）以内为老城区，

[1] 邓州市地方史志编纂委员会．邓州市志［M］．郑州：中州古籍出版社，1996：2.
[2] 邓州市地方史志编纂委员会．邓州市志［M］．郑州：中州古籍出版社，1996：1.
[3] 邓州市地方史志编纂委员会．邓州市志［M］．郑州：中州古籍出版社，1996：61.
[4] 邓州市地方史志编纂委员会．邓州市志［M］．郑州：中州古籍出版社，1996：64.

老城区以‘大十字’为中心，地势隆起，逐渐向四周散缓。以古城路、团结路、三贤路、新华路为主街道，其他街道纵横交错，形成城区（图2-8）。外城以外为新城区，以外城为界，向西、南、东、北发展，将城郊乡的黄庄、三里桥、解放、姚巷、水车、三里河、赵营、陈湾、张白9个行政村划入了新城区（图2-9）。外城西部围绕汽车站、火车站，形成商业区、服务区”[1]。

图2-8 邓州老城区街景　　图2-9 邓州新城区街景

（拍摄时间：2021-04-25，地点：河南邓州）

综上而言，邓州具有的山少岗多平原广[2]的地理特征为邓州心意六合拳的身体生成奠定了区位基础；四季分明的气候特征为邓州心意六合拳的身体生成奠定了气候基础；古城气息的城区特征为邓州心意六合拳的身体生成添加了古朴元素。

（二）河南邓州的人文历史背景

在范仲淹《览秀亭》：“南阳有绝胜，城下百花洲。”“百花洲”可谓是落居邓州的“花洲书院”。以花洲书院为代表的名胜，勾勒出历史底蕴丰厚的邓州古城。值得一提的是，邓州，“虽经人间沧桑，政权屡易，但其‘邓州’之名，以及州治却从未变动，实为邓州之一胜”[3]。具体来说，邓州，“建置较

[1] 邓州市地方史志编纂委员会．邓州市志［M］．郑州：中州古籍出版社，1996：91.

[2] 邓州市地方史志编纂委员会．邓州市志［M］．郑州：中州古籍出版社，1996：1.

[3] 邓州市地方史志编纂委员会．邓州市志［M］．郑州：中州古籍出版社，1996：799.

早，历史悠久。出土文物表明，人类在此定居，距今至少有六千多年，文字记载也有四千多年”[1]。从历史的长时段来看，邓州的建置隶属几经沿革。

就邓州境内的民族构成而言，回族是邓州境内的第二大民族。关于邓州市回族的源流，据《邓州市志》载：“元世祖至元六年（1269），元军西域主力军‘探马赤军’一部至邓驻屯，之后，由于战争、移民等原因，其他地方的回民先后进入邓州居住”[2]。关于邓州回族人口的由来，主要以移民为主，其中不乏商人、义军等人士。由此我们能捕捉到与回族武术身体的相关信息，从探马赤军的驻屯，到马守应起义军的隐姓埋名，无一不折射出回族习武事的身影，且显露出与当时回族武术身体生成的历史背景具有直接而紧密的关联。

总而言之，邓州建置隶属的沿革，为邓州心意六合拳的身体形塑奠定了长时段的历史基础；邓州回族构成的源流，为邓州心意六合拳的身体生成提供了习武事的直接条件；邓州回族人口的组成，为邓州心意六合拳的身体生成提供了历史背景；邓州的习俗信仰，为邓州心意六合拳的身体生成培育了人文环境。

二、身体的章法：河南邓州心意六合拳的文本书写

关于河南邓州心意六合拳的文本书写，此处着重是以拳理为文本，借身体来书写，进而来表征其身体的章法。拳理，一定意义而言，是拳种生成发展的文化基础。解读拳理中的身体是理解拳种所蕴含的文化基础的现实载体。因拳而名，是武术拳种立足武林界的传统范式。因此，解读拳理中的身体，对拳名的认知，应是第一步。本节以剥洋葱的方式，将邓州心意六合拳拳谱作为解读的抓手，逐渐理解邓州心意六合拳拳理中的身体。

拳理是拳种的文化基础，拳种名称是拳种蕴含文化的一个标识。心意六合拳拳种命名有其自身的规律与法则。心意、六合便成为了解读其命名背后所蕴藏的文化的基点所在。

就心意而论。其中的“心”是根本，正如《状元马氏心意六合拳一心口诀》所撰：“万物皆有心，心在心中，负阴抱阳，中气为和，心中找心，心中

[1] 邓州市地方史志编纂委员会．邓州市志［M］．郑州：中州古籍出版社，1996：1.

[2] 邓州市地方史志编纂委员会．邓州市志［M］．郑州：中州古籍出版社，1996：657.

摸心，心中看心，心中听心，心中开心，心中合心，心中定心，心中识心，心中放心，心中明心，心根中机，心去机息，气根气立，气止化绝，绵绵若存，心中无心，方为真心，无中生有心，一心大象也，其大无外，其小无内，天德一心清，地德一心宁，神德一心灵，候德一心正，谷德一心盈，东德一心风和，南德一心火显，西德一心燥凉，北德一心水寒，中德一心土濡，上德不德，是以有德，下德持德，是以无德，上德无为而无以为，德为道之舍，舍离绝方为觉，心外无物方为悟，尊天时守古法，万物之本，生生不息，天地之根。”由上述口诀可知，“心”乃心意六合拳之关键。对于“心”的理解，在访谈心意六合拳传承人马雷石时，他提及：“父亲说心意六合拳的心是持住六合大枪的浩然正气，始终如一勇往直前行正道为之（枪心、拳心）心。”[1] 由此看来，其心贯穿于此拳始终。其中的“意”，“《内经》曰：‘所以任物者谓之心，心之所忆谓之意’，即是说跟随分辨事物的为心，潜在的心理活动为意。《心意六合拳谱》曰：‘拳无拳，意无意，无意之中是真艺’，即练习到了意的境界，这才是心意六合拳的高级目标”。心与意之间的融合，是在把握和理解何为心、何为意的基础上，来进行针对性的习练。如同“心意，即心似猿猴意似马，四班合在一处要，有人解开心意理，气死猿猴卧死马；心为本身意为功，一身之意盖为中，拳为身法之宗”[2] 所描述的一样，对“心意”有了真正的认知与理解，在练拳的过程中便会去体悟有一定变化之规律，无一定变化之姿势的变化之法。为此，心意成为心意六合拳中的重要基础。

就六合而论。心意六合拳中的“六合”有着概念的差异，一般的“六合”，指的是“外三合”“内三合”，即手与脚合，肩与胯合，肘与膝合，心与意合，意与气合，气与力合。心意六合拳中的“六合”还有另外一层含义，马雷石认为：“六合，在心意六合拳中讲究脊柱的合。顶，是上下合；领，是前后的合；踘（河南方言，即将跌倒的意思）是左右的合。”这反映出六合的根本之理。

由此，重心意，明六合，为心意六合拳的命名奠定了有力基础。心意六合拳的身体，其范畴是在中国古代身体哲学视野下，“其‘身体’则体现了我

[1] 马雷石，回族，男，河南邓州人，省级非物质文化遗产心意六合拳传承人，访谈日期：2021-04-24.

[2] 马雷石．心意六合拳秘传内功心法（上）——循经导气内养功［J］．搏击，2009（7）：2.

与非我 、灵魂与肉体 、内在世界与外在世界的‘混然中处’的原始统一，它乃为哲学的现象学意义上的‘身体’”[1]。即是说，本节是以心意六合拳的身体涵括了心意与六合为研究起点，以其拳理为抓手，展开对邓州心意六合拳的身体叙事。因此，本节主要聚焦邓州心意六合拳的《拳谱》[2]，以张志诚传《心意六合拳拳谱》《十法摘要》《十法》为主要分析文本，窥探《拳谱》中所呈现的心意六合拳之身体。

（一）张志诚传《心意六合拳拳谱》中的身体

张志诚传《心意六合拳拳谱》，是其弟子记录“武夫子”（姬龙凤）对心意六合拳的认知、理解与体悟过程中的言谈举止而汇编的“语录文集”。此拳谱是开启邓州心意六合拳拳理“大门”的“金钥匙”，是理解邓州心意六合拳拳理的总纲，更是指导邓州心意六合拳拳技的理论支柱。拳种的身体是拳谱现实性的媒介，从身体的视角来阅读张志诚传《心意六合拳拳谱》，由此而产生的张志诚传《心意六合拳拳谱》中的身体生成要素，是解读的重点所在。

其一，张志诚传《心意六合拳拳谱》中身体生成要素之善于思索。在其拳谱开篇论及：

山西平阳府，蒲州人，居住均村，姓姬名宏，字龙凤。老先生留下谱论，传于习武君子，潜心玩味，以思其理[3]。

其中“以思其理”，更是一种“善于思索”的身体实践所指。笔者在邓州调研时，初次见到邓州心意六合拳传承人马雷石，便从此拳谱拉开对邓州心意六合拳考察的序幕。其弟子在访谈中提及：“心意六合拳，是一个体系”。笔者所理解的体系，其高屋建瓴的理论基础便是以此拳谱为框架而铺陈。“潜心玩味，以思其理”一定程度上，反映出“乐于其中，善于思索”的习拳的身体体验、体悟的基调。

其二，张志诚传《心意六合拳拳谱》中身体生成要素之法于自然。在其拳谱中有论及效法自然之法：

[1] 张再林．作为“身体哲学”的中国古代哲学［J］．人文杂志，2005（2）：28-31.

[2] 注：本研究所提及的邓州心意六合拳《拳谱》资料，均源于马雷石提供。

[3] 河南省武术运动管理中心．河南省武术拳械录［M］．北京：人民体育出版社，2019：707.

不动如山岳，难各如阴阳，无穷如四海，眩耀如三光。……武夫子曰：鸡腿、龙身、熊膀、鹰捉、虎抱头、雷声吼，以此做身法。内实精神，外示安逸，见之如妇，动之如猛虎，步行猴气，与神俱往，捷如腾兔，终横往来，迢形随影，目不及瞬[1]。

不难发现，此拳谱在“效法自然”中既包括了自然现象如“山岳”“四海”“三光”“风”“雷”“火”等元素，也有“树林”“山林”植物，还包含“鸡”“龙”“熊”“鹰”“虎”等动物，无一不折射出心意六合拳的拳理中呈现的自然景观，拳法中展现的自然之法。

其三，张志诚传《心意六合拳拳谱》中身体生成要素之求于中和。在其拳谱中多处论及中和之法：

则尽乎其智，备乎其勇，全乎其和，以此而较艺，无不善焉。心与眼合多一明，心与肝合多一灵，心与气合多一力，心与意合多一精。十连紧追，随高打高，随低打底，随起为横，落为顺，盖世一字是中身，起落二字自身平，为其方正[2]。

从拳谱可知，中和是心意六合拳所要表达的实质所在。毋庸置疑，中和在传统武术中是追求的一种理想化的身体范式。心意六合拳在其身体追求中和的程度上，更为系统与全面。值得一提的是，邓州心意六合拳将六合与中医之六合进行了有机连接。其中，内三合便是重要表征。正如，邓州心意六合拳传承人马雷石所言（访谈日期：2021-04-24）：

心意六合拳的内三合，心肝魂神机与意肺魄合，意肺魄与气合，气与力合。（注：劲力，甲为筋稍，四稍齐内劲出，肝主筋，炼筋即炼心魂肝阳，筋力合肝）。此即心意六合拳之内三合也。心与意合，即肝魂心与肺魄意，肾水与心火既济称和。

如此一来，心意六合拳身体中所讲究的中和，某种程度来讲，是一种旨在从外三合而追求于内三合的身体范式的表达。从“拳起于易，理成于医”

[1] 河南省武术运动管理中心．河南省武术拳械录［M］．北京：人民体育出版社，2019：707.
[2] 河南省武术运动管理中心．河南省武术拳械录［M］．北京：人民体育出版社，2019：707.

的坐标来看，心意六合拳在拳理之中与中医产生了内在联系，通过内三合的描述，使之趋于可实践的身体，逐渐接近一种可见的身体，为传统武术身体的“祛魅”提供了一种可能性。

（二）《十法摘要》中的身体

《十法摘要》，源自“聊训吾子弟为序。河南新安县长礼沟人氏进士王自成，男王益恺校。清·雍正十三年正月”一谱。如果将张志诚传《心意六合拳拳谱》中的身体看作是邓州心意六合拳的总纲，《十法摘要》中的身体，则正如其摘要所示一样，可以称为邓州心意六合拳的一种摘要性身体。从身体的视角来阅读《十法摘要》，由此而产生的身体生成缘由成为解读的焦点所在。

《十法摘要》是对心意六合拳身体产生的一种“身体自白”。具体而言：一方面，《十法摘要》中描述了“消失的器械之技”，表征为心意六合拳身体叙事的“枪法改拳法”的冲动。譬如，《十法摘要》所载：“吾处乱世可操枪骑马，有万夫不当之勇，若太平之日，刀兵销伏，尚遇不测，将何以御之哉！于是即枪法改拳法，而会其理为一本，通其形于万殊，称其名为六合拳。”[1]在此文本深层的叙事结构逻辑中，蕴含着对比性的结构要素，“对比性要素有内在和外在两种形态：内在讲究情调的反差；外在讲究格局的比例”[2]。此处叙事手法将具有“万夫不当之勇”的乱世之中的身体，与“刀枪入鞘，尚遇不测，何以御之哉”的太平盛世中的身体进行情调的反差对比。即是说，太平盛世中若作为持戈的身体逐渐消退，在突发情况之时，势必会使自己的生命受到威胁，而“身体”是“生命”的现实载体，如何在“消解持戈”的身体上，求得自卫，必须要开发“以身为戈”的价值功能。因此，对比身体的叙事是心意六合拳身体的一种潜在“自白”，一定意义而言，是保护生命的冲动再现。为此，促成了“枪法改拳法”的身体冲动。另一方面，《十法摘要》中书写了“筋”的存在，表征为心意六合拳身体叙事的养生身体的写作。譬如，《十法摘要》所载的“约其前后六势，前六势筋硬后六势筋软”。此处的“前后六势”即为心意六合拳的十二大势。《水氏家传武术谱》中载：“十

---

[1] 马雷石．河南邓州秘传心意六合拳源流［J］．武当，2001（9）：2.

[2] 杨义．中国叙事学［M］．北京：人民出版社，1997：71.

二大势体贴打，年深日久妙自出，有钱难买警灵战；拳势虽有十二名色，细体只打五个禁（劲）力。"[1] 由此言明了十二大势在心意六合拳中的重要位置。笔者在邓州做调研时，得知十二大势与养生之间具有紧密的关联，如马雷石所言："心意六合拳有十二大势，练的就是十二筋经的对拉拔长，打开结和聚，从而达到阴阳互根互辅之效"。可见，十二大势与十二经脉之间相互对应（表2-5）。

表2-5　心意六合拳十二大势与十二经脉的对应关系

十二大势	十二经脉
起手	手少阴心筋经
领手	手厥阴心包筋经
扑手	手太阴肺筋经
截手	手太阳小肠筋经
十字手	手少阳大肠筋经
海底捞月	手少阳三焦筋经
七星脚	足厥阴肝筋经
括边炮	足太阴脾筋经
望眉钻	足少阴肾筋经
虎扑搓打	足太阳膀胱筋经
斩手	足少阳胆筋经
鹰捉虎扑	足阳明胃筋经

"《灵枢·经脉》说：'经脉十二者，伏行分肉之间，深而不见……诸脉之浮而常见者，皆络脉也'；《医学入门》也说：'经者，径也，经之支脉旁出者为络'，也即是说，经，即路径之意"[2]。"经脉是主干，多循行于深部，纵行于固定的路径"[3]。"十二经脉，是经络系统中的核心组成部分。对称地分布于人体的左右两侧，分别循行上肢或下肢的内侧或外侧，每一条经脉又分别属于一脏或一腑，因此，每一条经脉的名称，是依据阴阳、手足、脏腑

[1] 马雷石．邓州心意六合拳［M］．太原：山西科学技术出版社，2005：71.
[2] 韩文，王津慧．试论经络系统的层次特征［J］．青海医学院学报，1999（1）：36-37.
[3] 吴敦序．中医基础理论［M］．上海：上海科学技术出版社，2004：84.

三个方面而命定的”[1]。由此来看，十二经脉是经脉之循行路径，是血气循行之主要通道；十二大势，是练就心意六合拳的找劲之法。那么，十二大势与十二经脉之间是如何关联养生？笔者仅从十二大势的动作与十二经脉的循行做一个简要的分析。譬如，十二大势中的扑手，从上肢动作路线而言，“五指揸开，掌心内含，除拇指外，其余四指端微内扣，掌心含空，虎口撑圆，双手向下向上画圆，从腰经胸到口，至面前打出。来回盘练时，双手从前划圆到胸，有回如钩之说，再从胸到口发出”[2]；十二经脉中手太阴肺经的循行是“起于中焦，下行络大肠，复返向上循胃口（上口贲门），通过膈肌，直属于肺部，上至喉部，而后横行至胸部外上方（中府穴），出腋下，沿上肢内侧前缘下行，过肘窝入寸口上鱼际，直出拇指之端（少商穴）”[3]。二者对比，扑手的外在动作路线与“手太阴肺经”的运行路线相似，均是从胸、经口、走手的路线运行。从劲力发放而言，“双手前扑时，劲发丹田的滚动、前脚的踩劲和后脚的蹬力合为一个中节劲发出”[4]；“心意门有三口并一口之说，三口：双手虎口加上口并一口打；拳经云：‘当胸直出者谓之出手’”[5]。不难发现，扑手的劲力发放的内在路线亦与手太阴肺经的循行路线相似。因此，此处的相似规律即一种养生机制，同时回应了心意六合拳有十二大势，练的就是十二筋经的对拉拔长，打开结和聚，从而达到阴阳互根互辅之效。因此，从某种程度而言，十二大势的每一势动作间，大体均依循十二经脉的之“径”，以期追求心意六合拳身体的理想之劲，也建构出武术身体中的一种内劲景观。由此，达到养生之目的。

此外，“筋的存在”在《十法摘要》中进一步表述为“由浅而入深，由显而入微之意也。且又有刚柔之分。刚者在先，固征其翼，柔者在后，尤寄其妙。”短短数语，描绘出心意六合拳身体中的一种进阶式的身体图式。关于“身体图式”论说，是一种由体验到“体悟”的过程体现，即始于身体体验后而形成的单纯结果，到由我对我的身体姿态在知觉世界中的一种整体觉悟而形成的一种心理学意义上的完形[6]。从心理学家的认知来看，“身体图式

[1] 吴敦序．中医基础理论［M］．上海：上海科学技术出版社，2004：89.
[2] 马雷石．邓州心意六合拳［M］．太原：山西科学技术出版社，2005：77-78.
[3] 吴敦序．中医基础理论［M］．上海：上海科学技术出版社，2004：89.
[4] 马雷石．心意六合拳秘传十二大势四［J］．武当，2004（7）：25-28.
[5] 马雷石．邓州心意六合拳［M］．太原：山西科学技术出版社，2005：77-78.
[6] 莫里斯·梅洛-庞蒂．知觉现象学［M］．姜志辉，译．北京：商务印书馆，2001：137.

是动力的"[1]。"在确切的意义上，这个术语表示我的身体为了某个实际的或可能的任务而向我呈现的姿态"[2]。此处描述的"由浅而入深，由显而入微；刚者在先，固征其翼，柔者在后，尤寄其妙"便是为达到"某个实际的或可能的任务"——理想化的心意六合拳身体，而向习练者呈现出的刚柔姿态。

(三)《十法》中的身体

《十法》，一定意义而言，它是基于《十法摘要》身体之下的一种"具体化的身体"表达。正如《十法》所载"盖吾会通其理，摘其要而释之，以为后世者之习武者训"，其中的"会通其理"实则表达的是中国叙事原则深处的原则——致中和[3]。对于《十法》中心意六合拳的身体书写，解读其"致中和"的身体，成为关键点。在心意六合拳的身体中，对于其"习武者训"的解释，均是以身体为原型去架构起心意六合拳身体的面貌，旨在追求中和的身体形态。

就《十法》中"三节""四梢""身法""步法""手足法"而言，皆是以身体外在为坐标，来说明心意六合拳习练之法时的身体观照。譬如，《十法》中所载：

> 三节：举身而言，则手肘为梢节，腰腹为中节，足腿为根节。四梢：发为血梢，甲为筋梢，牙为骨梢，舌为肉梢，四梢齐，则内劲出矣。身法：身有八要，起落、进退、反侧、收纵而已[4]。

据上所载，在以身体为坐标的表达中，对于身体观照是将自然之物寓于其中为表达线索，诸如"如虎之狠，如龙之警""如鹞子钻林，燕子取水""敛如伏猫，放如纵虎""起如虎扑人，落如鹰之捉物"等寓物表达，映射出作者描述心意六合拳身体是通过物的寓意来勾勒出致中和的身体境界的。

就《十法》中"五行""三性调养""内劲"而言，皆是以"身体内外"为坐标，来说明心意六合拳习练之法时的身体的呼应。

---

[1] 莫里斯·梅洛-庞蒂．知觉现象学［M］．姜志辉，译．北京：商务印书馆，2001：137.
[2] 莫里斯·梅洛-庞蒂．知觉现象学［M］．姜志辉，译．北京：商务印书馆，2001：137.
[3] 杨义．中国叙事学［M］．北京：人民出版社，1997：21.
[4] 河南省武术运动管理中心．河南省武术拳械录［M］．北京：人民体育出版社，2019：711.

在以身体为坐标的书写中，对于“身体呼应”是以“身体表里”为“主要线索”，来书写心意六合拳身体的“内外相合”之法。其一，“五行”之说，在传统武术中已成为指导各家拳术的纲领。在心意六合拳《十法》所提及的“内对人五脏，外应人五官”[1] 话语，折射出武术界常说的“内五行”与“外五行”之言，从拳谱得知，心意六合拳讲究内外五行要相合，要相通。正如“手心通心属火，鼻尖通肺属金，火到金化，自然之理耳”[2] 的话语所指，也是一种身体内外呼应的表征。其二，“三性调养”之用，是对身体外在的“眼”“耳”与内在的“心”的功能开发与调节，从“见性”“灵性”“勇性”的三性为起点，追求“术中”之妙用，实则为心意六合拳身体内外呼应的又一表达。其三，“内劲”之法。“内劲”是传统武术建构出的一种“想象之力”的表达，是“力的文化建构”[3]。《十法》中所叙的“夫内劲者，寓于无形之中，接于有形之表，而难言传也”[4]。即书写出心意六合拳中“身体的体验”是感知其“内劲”最有效、最直接的方式。而这一“身体体验”需讲究“盖心者，气之帅也。志者，气之充也，心动而气即随之，气动而力即随之，此至理也”[5] 的原则，所强调的“心、志、气、力”间的“呼应”，也即是一种“致中和”的身体体验追求。

就《十法》中“上法”“顾法”而言，是一种“超越身体”的表现。具体而言，在以身体为坐标的描写中，对于“超越身体”是以“理想身体”为“根本线索”，来书写心意六合拳身体的“变化”之法。其一，就《十法》中的“上法”来看，其提及的“必三节明，四梢齐，五行闭，身法活，手足之法连”“工者，巧妙也。顺者，自然也。勇者，果快也。即者，迅速也。狠者，动不容情。真者，发起必中的见之真。”[6] 等描述，是一种模拟与想象的身体技艺表达，其目的所要展现的是一种对“中和”的“理想化身体”的追求。其二，就《十法》中的“顾法”来看，是以身体所处的周围世界的方位为坐标，从“单、双”“上、下、前、后、左、右”等对心意六合拳身体进行“调中”，致力于追求“眼观六路，耳听八方”之理想化

---

[1] 河南省武术运动管理中心．河南省武术拳械录［M］．北京：人民体育出版社，2019：712-713.
[2] 河南省武术运动管理中心．河南省武术拳械录［M］．北京：人民体育出版社，2019：712-713.
[3] 戴国斌．武术：身体的文化［M］．北京：人民体育出版社，2011：322.
[4] 河南省武术运动管理中心．河南省武术拳械录［M］．北京：人民体育出版社，2019：712-713.
[5] 河南省武术运动管理中心．河南省武术拳械录［M］．北京：人民体育出版社，2019：712-713.
[6] 河南省武术运动管理中心．河南省武术拳械录［M］．北京：人民体育出版社，2019：713.

的身体境界。

三、身体的形成：河南邓州心意六合拳的技艺推演

“枪化拳，拳化丹，丹催拳，拳催枪，……是一个循环”。寥寥数语，便道出心意六合拳的来龙去脉，也为解读心意六合拳中的身体形成提供了逻辑理路。以“枪法、身体、拳法”作为本节的叙事逻辑，将身体置于枪法与拳法之间，正是基于一个循环的思考，而非随意的选择。这一组合式的叙事逻辑，旨在一定程度上反映出身体在心意六合拳中的存在样态。这种前有枪法化拳法的规约，后有拳法催枪法的规训，正是心意六合拳身体形成的双重关键。这也是我们在观察心意六合拳身体形成时不可忽视之处。因此，本节着重从“圈枪为母”“脱枪为拳”“四把捶”三个部分，对心意六合拳中的身体形成做一个概括性的推演。

（一）圈枪为母：“枪法化拳法”中心意六合拳的身体

若将心意六合拳作为文本进行叙事的解读，其中，叙事载体便是以身体为体，其叙事语言便是以身体运动为主，以身行拳，展现出心意六合拳中“心意”的身体图式。为剖析其身体图式的展现，必须深刻理解“枪法化拳法”中心意六合拳的身体是如何形成的，而基于这一深刻理解，其落脚点便指向了要准确认知何谓“圈枪为母”，何为“枪法化拳法”的基本内涵，以期较为全面地体现其身体形成的概况。

就何谓“圈枪为母”而言，在心意六合拳中可以将传说与史料间的链接作为逻辑起点来展开解读，以此来体悟心意六合拳中身体的表征。具体来说，一方面，关于“圈枪为母”的传说，在邓州调研时，邓州心意六合拳传承人马雷石所言（访谈日期：2021-04-22）：

我老师给我讲，当年周通传给岳飞的梨花枪，梨花的花瓣儿，他是用枪扎这个花瓣儿，才叫梨花枪。扎个花瓣儿为智，只有扎中间的心（花蕊）才为勇，也就是说，周通传岳飞是智勇双全，外在条件是智，只有结这个果，才为勇。岳飞为什么叫梨泉枪呢，有个传说，（因为）梨树下边有个泉眼，泉眼里有个蟒，拿着这个蟒开始练，对打，蟒配着，等于枪。为什么心意拳有这个枪，你看，手上一杆枪，脚下一杆枪，脊椎一杆枪，三杆枪，枪始终在

旋转的。后来把蟒打败了，成为他的枪，叫梨泉枪。

由此推演，“圈枪为母”中的“枪”，与梨花枪的脉络具有关联甚密的可能性，“蟒”可以看作是枪身的一种符号化。关于“圈枪为母”的史料记载，“梨花枪”亦真实存在，在戚继光《纪效新书》中“枪法之传，始于杨氏，谓之曰‘梨花’，天下咸尚之”[1] 便可窥见一斑。对于“圈枪为母”之说，在戚继光的《纪效新书》中关于“八母枪的习法”里早已提及，“一合：先有圈枪为母，后有封闭捉拿。梨花摆头，救护要明”[2]。以此证明，心意六合拳的“圈枪为母”中的“枪”，与梨花枪颇有渊源，心意六合拳的拳理、拳技受《纪效新书》的影响颇浓。因此，无论是传说中对于梨花枪的解读，还是史料中对于梨花枪的阐释，均在心意六合拳中呈现出以梨花练枪为链接，暗含着“智勇双全”的身体表征，具象为心意六合拳中每一个动作都必须蕴含枪之法则，型构出“一体三枪”的身体样态。“一体三枪”即指手上一杆枪，脚下一杆枪，脊椎一杆枪，三杆枪合于身体之中。也为心意六合拳的每一动作都以枪法为底蕴奠定基础，故谓之“圈枪为母”。

就何为“枪法化拳法”而言，必须立足于“圈枪为母”的视角，来解读心意六合拳中枪法如何化拳法，以此来体证心意六合拳中身体的姿态。如前文所述，《纪效新书》中的“圈枪为母”，特指从一合到六合的六合枪法中的基本技法，确切来说，“‘六合枪法’是指枪法六组变化的常用技法，即‘秦王磨旗’‘凤点头’‘白蛇弄风’‘铁扫帚’‘拨草寻蛇’‘一截、二进、三拦、四缠、五拿、六直’”[3]。在心意六合拳中六合枪同样包括一合到六合的技法。譬如“第一合：圈枪为母、分臂捉拿、圈拦护膝、反枪进扎、束身进步、洪进白拿；第二合：里恍外扎、夕恍里扎、先扎穿指、后扎吞袖、跟进跟扎、悬（旋）枪要进；第三合：先有直枪、蜈蚣鑽势、叶里偷桃、抛手扶鸡、扯枪救护、先有拦枪；第四合：反枪迎扎、闪其里花、闪其外滑、里花里摆、里花外摆、鲤鱼叠脊；第五合：里合外扎、外合里扎、一接二进、三圈四拿、五伏六接、狸猫扑鼠；第六合：狸猫跟捉、鹞子提鹌、白蛇上峰、

[1] 戚继光．纪效新书：十四卷本［M］．范中义，校译．北京：中华书局，2001：94.

[2] 戚继光．纪效新书：十四卷本［M］．范中义，校译．北京：中华书局，2001：96.

[3] 戚继光．纪效新书：十四卷本［M］．范中义，校译．北京：中华书局，2001：96.

白蛇下峰、黄龙缠杆、乌龙入洞”[1] 六组枪法。

不难发现，六合枪成为形塑心意六合拳身体姿态的出发点。因六合枪有上中下四平枪，心意拳的起势其实就是六合枪持枪的架子，基于此，我们从心意六合拳之起势来窥其“圈枪为母”之一斑，如表 2-6 所示。

表 2-6　心意六合拳起势与圈枪为母的关联

心意六合拳传承脉系中的起势	与“圈枪为母”的关系
南阳姬可彪传姬氏家传心意六合拳	“圈枪为母”中四平枪
南阳张志诚阿訇传起势熊出洞 张聚家传心意六合拳起势熊出洞 张海洲一脉心意六合拳起势熊出洞 白氏家传心意六合起势熊出洞 马三元家传心意六合拳起势抱把 水氏心意拳的起势十字手	分臂捉拿、上四平枪
邓州状元马家传心意六合拳 起势汤瓶势 唐氏心意拳的起势猴缩蹲	“圈拦护膝”下四平枪

由表可知，心意六合拳的起势所蕴含的招式内容，是以身体作为媒介来书写其中的要义，进而串联了拳与枪之间的外在招式招法，从而展现出拳与枪之间的内在逻辑纹路。因在武术套路体现出程式化的表征，作为第一动起势的身体演绎，必然内蕴该拳种之特色，在心意六合拳中，亦然如此。其起势处在套路的“第一动”，从一定程度而言，使“圈枪为母”中“为母”之意涵通过身体的书写得以合理阐释。换言之，身体构成了枪法化拳法中心意六合拳动作的基本叙事单元。当然，“圈枪为母”视角下“枪法化拳法”并不止于心意六合拳的起势，而是充实在其每一招式之中，处在核心位置。“圈枪为母，至关重要，圈枪为母里面还有东西，缠枪，我们叫中平枪，还有上平枪，下是圈拦护膝，下平枪，上中下都还有名称”。话语之间，凸显出心意六合拳中“圈枪为母”“枪法化拳法”的重要性，以及“枪寓于身”“以身演

[1] 马雷石，李昌．姬氏枪法今何在？——也说心意六合枪［J］．搏击，2008（6）：3.

枪”的必要性。

因此，在六合枪法的规约下，使心意六合拳的身体形成表现在：一是，以“身体”为主体，书写其“圈枪为母”的规范性；二是，以身体为媒介，表达其“枪法化拳法”的基本范式。据此，对何谓“圈枪为母”，何为“枪法化拳法”的基本内涵的准确认知，是深刻把握和理解“枪法化拳法”中心意六合拳身体形成的关键。

（二）古典练法：“弓刀马石”中心意六合拳的身体

邓州心意六合拳，保留着古传心意拳的古典练法和原始体系。此处，将着重分析“古典练法”中的“身体”姿态，遂聚焦于心意六合拳中源于“武举制”的“弓刀马石”的古典练法。以期探究其间的身体形成，描绘其中的身体叙事，探寻心意六合拳身体叙事中一种“超越身体”叙事话语的可能性空间。

就“弓刀马石”古典练法而论，其源自古代武举制中的考试内容，深度掌握与运用“弓刀马石”，是邓州心意六合拳古典练法的核心范式，更是“安身立命”的中国古代哲学身体本体论的真实反映。如马雷石所言：“状元马家，它是科考为主，古代科举考试不是练套路，就是练弓、刀、马、石。弓、刀、马、石才是心意拳的核心，现在仍然在练。”具体而言，中国古代哲学是一种以身体为其根本的哲学，是一种身体本体论的哲学。“安身方可立命”应被视为中国哲学的重要结论。[1] 在王朝国家中，“武举制”为习武之人搭建了“以武入仕”的平台。显然，习武之人参与“武举”考试，是当时习武之人“安身方可立命”的一种现实写照。如何通过“武举制”，达到“安身立命”的目的。身体便成为具有标识性的载体，是“安身立命”的“在场”。因此，属于“武举制”考试内容的“弓刀马石”，便成为心意六合拳“身体”何以“在场”的指向，心意六合拳的身体形成，与之“武举制”考试内容具有直接而紧密的联系。“弓刀马石”何以使心意六合拳的身体在场，对此问题笔者在邓州调研时专访了马雷石，如表 2-7 所示。

[1] 张再林．作为“身体哲学”的中国古代哲学［J］．人文杂志，2005（2）：28-31.

表 2-7 “弓刀马石”古典练法中的身体在场[1]

古典练法内容	“身体在场”的解析
弓	拉弓射箭，就是个发力，蓄力如开弓，发力如放箭。扎枪、捞枪，有上、中、下（三枪），不同的方向可以射箭，发力的原理就是源于这个。开弓，我们这专有十三枪劲：撑、挪、盖、扎、合、拦、枝、秀、三古岔（前进，后退，左右中平）。撑，是往外的，就是拉这个弓；棚，是往上的，盖，往下的，还是上中下三枪，扎枪不用管，主要是开弓，开劲，相对应的，就是《纪效新书》上《射》，十三个枪劲，也牵扯到“智勇”，十三个枪劲叫智，射箭射出去才叫勇，这是智勇双全。
刀	是大刀，（主要练）背花儿、面花儿。（有）重刀六艺，（一是）鸡腿，拿刀由下向上撩；（二是）龙身，拿刀左右扫（上中下）；必须用身子来运转，拿着重刀，不用身，是不行的。（三是）熊膀，从下往上撩；（四是）鹰捉，往下斩（上中下）；（五是）虎抱头，刀举起来，往下按刀，刀是往下按，头起来；（六是）雷声推刀，丹田，肚脐找命门，发“咦”声，就是火烧肚脐。面花，背花，拿着重刀，刀背贴着人背，背贴背，这才是出劲的方法。古代科举考试贯穿到六艺做身法。
马	骑马。（所以）心意拳必须由这个马步开始，马步是怎么样呢，脚尖是往里边扣，脚打踩力，即踩马镫子，脚打踩力勿落空，是往里边裹，要裹住。膝打裹意人不明，还有就是胯，胯打中节并相连。这就是三个位置。（即）脚打踩力无落空，膝打裹意人不明，胯打中节并相连，是心意拳步步不离鸡腿。（心意拳的马步）到指甲，甲为筋之梢，形成了含胸拔背，这才是真正的马步，由马步往里裹，变成了鸡步，（就是）步步不离鸡腿。
石	就是掷石，古代练得掷石，真正是练脊椎的，势势不离虎扑。步步不离鸡腿，是髋膝踝三个关节，把把不离鹰捉，是肩肘腕三个关节，为下三节，上三节。势势不离虎扑，就是掷石，练中节的脊椎。做到脊椎是一条枪，手上一条枪，脚下一条枪。

“中国古老的身体哲学，将‘身体’（‘体’）与‘身体的作用’（‘用’）这一样一范畴始终被置于其哲学论域的中心地位”[2] 一样，“体用”成为中国古代身体哲学的内蕴与要义。由此可知，在体用的框架下，其习练过程是使心意六合拳的身体在场的一种体现。譬如，通过“开弓”达到身体的“开筋”“求劲”，是心意六合拳中“把把不离鹰捉”的身体张力之体现；借助“重刀”实现身体的“旋筋出劲”“六艺之法”，是心意六合拳中“枪筋劲柔

[1] 注：根据作者访谈资料整理。访谈信息：马雷石，回族，男，河南邓州人，省级非物质文化遗产心意六合拳传承人，访谈时间：2021-04-21，2021-04-23.

[2] 张再林．作为“身体哲学”的中国古代哲学［J］．人文杂志，2005（2）：28-31.

之变化”的身体巧柔之体现；依循“骑马”练就身体的“身形”，是心意六合拳中“步步不离鸡腿”的身体虚实之体现；根据“掷石”观照身体的“上下相合”，是心意六合拳中“势势不离虎扑”的身体合和之体现。据此，在心意六合拳的古典练法中“弓刀马石”的习练范式无一不折射出心意六合拳中的“身体”内蕴“体用”之要义，由此来建构起心意六合拳之身体。

因此，在“古典练法”范式的规训中，心意六合拳的身体形成主要体现在：其一，以中国古典身体哲学中体用之要义，来展现心意六合拳身体在场的作用；其二，在中国哲学凭借身体经验来把握世界的方式范畴中，以身体体验为道路，建构出心意六合拳的身体图式。据此，心意六合拳保留其古典练法，为现实语境下对心意六合拳身体叙事提供一种内在于身体而又超越身体研究的可能性空间。

（三）脱枪为拳：“四把捶”中心意六合拳的身体

脱枪为拳，简单4字，既包含着以枪解读心意六合拳的大视角，也概括了心意六合拳的拳之源视角。将心意六合拳视为一个文本，其叙事的视角，便是习练者用身体去看周遭世界的特殊角度；如同一部叙事作品的作者必然要创造性运用叙事规范来体现其叙事的世界，其间会使用某种语言的透视镜、某种文字的过滤网，以致力于将动态、立体的世界变化为以语言文字凝固化了的线性的认识行为序列；此处所谓语言的透视镜或文字的过滤网，便为视角，它是作者和文本的心灵结合点，是作者把体验到的世界转化为语言叙事世界的基本角度[1]。基于此，心意六合拳的身体叙事视角，便是历代传承人创造性地运用属于心意六合拳身体叙事规范和谋略，创编而成的经典套路，成为文本语言的透视镜、文字的过滤网。

因此，经典套路便是心意六合拳身体的叙事视角，是历代传承人所体验的武术世界转化为套路的身体叙事世界的基本角度，更是窥探心意六合拳身体形成的重要窗口。前文已对从枪的视角解读其拳，此处，主要聚焦在拳之源视角上来阐述为何会脱枪为拳。

拳之源是对何以创拳的源头进行探索。通过上文《十法摘要》的记载，可以看出，精于枪法的姬龙凤先生，由于对“太平之日，刀枪入鞘，尚遇不

---

[1] 杨义．中国叙事学［M］．北京：人民出版社，1997：191.

测，将何以御之哉!”的思虑，“何以御之哉”更是对“生命”的观照与保护，“生命的一切一切，皆源自生命的机体，身体是其标识，是生命机体的在场”[1]。因此，对生命的保护，一定程度来说，是对身体的呵护，故以“枪法改拳法，而会其理为一本，通其形于万殊”，勾勒出“脱枪为拳”是为“保护身体”为其中背景之一的画面。其中的“会其理为一本，通其形于万殊”，引申出“一本万殊贵在分，万殊一本贵在合”之要义，毋庸置疑，无论是“一本”“万殊”“分”“合”均是以身体来化拳的一种体现，是心意六合拳中拳之源的一种身体书写。

对传统武术套路的解读，是反观拳之源的重要视角。“四把捶，是心意六合门内之经典套路，历来被各代心意六合拳家所珍视”[2]。也是作为我们认知与理解心意六合拳身体的叙事视角，更是让我们进入心意六合拳身体叙事世界，解读其身体密码的钥匙之一。

对于这一身体叙事视角的认知，势必先回归到何谓四把捶，为何四把捶的文本解读中。就“何谓四把捶”而言，分别有四种说法：第一，该拳有四象之说，名为风、火、水、图，有名四源，其暗含十大真形，素有短拳之称；第二，该拳中含有四梢力（牙、甲、发、骨）之运用；第三，该拳内含有头拳、挑领、鹰捉、斩手四把固有拳式；第四，心意门中有七星打法，头、手、肘、肩为上四把，足、膝、胯为下三把，该拳明练四把，暗练三星，固有四把三星捶之说[3]。

由此可见，从“四象”“四梢”“四把”“七星”等字眼对何谓“四把捶”的透视镜观之，皆与身体息息相关，导致心意六合拳身体叙事进入了拳即身、身为拳的内在层面，突出了拳中有身、身中含拳、身拳合一的身体叙事表征。

就“为何四把捶”而言，在邓州调研时，得知，四把捶的衍变主要有两种叙述：

一是，四把是以古代士兵双手拿枪大兵团作战，硬打硬上，勇往直前无遮拦地过步，上、中、下连环扎枪，无法转身后退，有两军交战勇者胜，一仗打下来老兵战死，新兵补上，故有当时枪之说的四平枪法演变而成。四把

[1] 盖光．“道生”精神与文学叙事的“身体”[J]．山东社会科学，2019（3）：52-57.

[2] 马雷石．邓州心意六合拳［M］．太原：山西科学技术出版社，2005.

[3] 马雷石．邓州心意六合拳［M］．太远：山西科学技术出版社，2005.

中“四”指内含固有四平（肩平、枪平、脚平、顶平）枪势的“圈枪为母”，“分臂捉拿”（中平枪即横拳），“圈拦护膝”（上平即挑领），三枪扎出为“出把”（下平枪即斩手），每枪的拉回为“合把”，即“把把不离鹰捉”，故称四把。四把的“把”即扎大枪的扎出与拉回，又称“出把合把”。姬氏家传四把最能体现了心意六合拳是以古代战场四平枪法所化，故称“四把三枪”。

二是，枪法化拳法（心意六合拳），脱枪为拳，先有圈枪为母，这是一，一枪变上中下三枪；再内外，变六枪，这就是六合枪；再前进、后退，变为八母枪；八母枪，一阴一阳就为四把捶了。

由此而视，战场之枪演化为四把捶，成为心意六合拳的标志性产物；在古代战场上，身体成为演绎四把捶的标识性载体。据此，从“四把捶”的身体叙事视角来剖析心意六合拳身体的形成，是必由之径。

无疑，四把捶的创造者是解读心意六合拳文本的叙述者，透视出其叙事视角的原点所在，进而形成身体叙事的扇面，并在视角的周转与演变中形成身体叙事世界的圆；心意六合拳的身体便在这周转与演变中逐渐形成。

从“四把捶”的拳谱来看，“打头拳如挎篮，折身挑领，鹰捉拉绳绝断劲，抬手如轮斩黄沙”。其中蕴含着“横拳”“挑领”“鹰捉”“斩手”四种技法元素。据《拳经》云：“熊鹰智，法为拳，阴阳合，心意源。”四把捶每式皆含熊鹰两式，合阴阳之理，熊为阴为守，鹰为阳为攻，离此二式，心意四把捶真义失也[1]。基于此，在技法须上身指导下，四把捶经由身体的演绎，遵循守规矩，脱规矩，有一定变化的规律，无一定变化的姿势的习练法则，守住四把捶的核心技法，除去心意的双重羁绊。

由此，在以身体为媒介下，使得身体在拳中解放，随心而为，随意而发。正如马雷石提及的四把捶，每个人练的不一样。但中心思想不能变，脚上一杆枪，手上一杆枪，脊椎一杆枪。在四把捶的练习中，是以“六艺”作身法，螺旋划圆，圆中求直，三角发力。横拳挑领，是从下向上打一把钻艺，从下向上划半圆；鹰捉斩手，是从上向下打一把罩艺，从上向下划半圆，合为一个整圆[2]。由此观之，四把捶的一招一式之间均透露出圈枪为母的叙事表达。为此，从四把捶的叙事视角，也再次诠释了圈枪为母的深刻内蕴，同时

---

[1] 马雷石．邓州心意六合拳［M］．太原：山西科学技术出版社，2005：300.

[2] 马雷石．邓州心意六合拳［M］．太原：山西科学技术出版社，2005：301.

折射出枪不离身成为心意六合拳身体形成的关键元素。

因此，在脱枪为拳的框架下，演变而成的四把捶，从这一身体叙事视角观之，心意六合拳的身体形成主要表征在：第一，采取了以枪入身、身枪合一的身体叙事谋略，在枪法化拳法的范式中，呈现出身中有枪的姿态；第二，追求至身心一道、身心合一的身体叙事境界，通过身体而展现“会其理于一本，通其形于万殊的思想”。

综上所述，基于身体叙事视域下，以回族武术河北孟村开门八极拳、山东冠县查拳、河南邓州心意六合拳为三个个案，考察了其身体所处的自然环境，为拳种身体提供身体之人文知识；梳理了其身体所处的历史环境，为拳种身体形塑了其身体姿态；明晰了其身体所蕴含的拳理拳技，为拳种身体印刻了体用之法。

第三章 回族武术的身体叙事基本形态

身体叙事形态，是融合形态学、叙事学、文本细读和症候阅读等研究方法，通过对小说文本世界所敞开的政治、伦理、道德、文化、历史等话语空间与文本内部所蕴含的身体想象进行合乎逻辑的形态划分和类型排列，旨在发掘出身体想象对于文本叙事的情节描述、性格塑造、空间书写与意义建构的作用[1]。在将回族武术看作为文本的基础上，依循天人合一的中国古代身体观，借鉴尼采的力是身体的抽象的身体理论，福柯的身体规训，以及叙事学中"致中和"的原则，根据三个个案中拳种的特性，初步探究三种回族武术身体叙事的形态——力的身体、规训的身体、和的身体。立足于三种回族武术身体叙事形态，分析回族武术的身体书写，致力于从身体的角度来进一步认知与理解回族武术的风格与特色，以期探寻回族武术中身体在场的意义及打开其隐藏在回族武术中的身体表象、身体想象背后的价值立场与文化表征的探索提供一种可能性。

第一节　力的身体：河北孟村开门八极拳的身体叙事

尼采认为，力实际上就是身体的抽象，我们对身体有各种各样的描述，但是，尼采只是从力的角度来描述身体，或者说，他将身体抽象化为力。在此，身体和力相互表达。力只能是身体之力，而身体，只能是力的身体[2]。身体就是权力意志，在德勒兹这里便意味着，身体和力是一体的，它不是力的表现形式、场所、媒介或战场，而就是力本身，是力和力的冲突本身，是

[1] 齐林华．莫言小说身体叙事的基本形态探究［J］．中国文学研究，2020（4）：19.
[2] 汪民安．尼采与身体［M］．北京：北京大学出版社，2008：250.

竞技的力的关系本身[1]。为此，借鉴尼采的身体思想，“由于身体就是尼采的权力意志本身，因此，如果海德格尔是对的，他说尼采有一个权力意志的本体论，那么，同样地，这也是一个身体本体论：世界将总是从身体的角度获得它的各种各样的解释性意义，它是身体动态弃取的产物”。对于素有“武有八极定乾坤”之称的回族孟村开门八极拳中所隐含的力是否可以作为开门八极拳身体的权力意志，是否能从身体的角度去解剖其“武有八极定乾坤”的符码，以及作为回族武术身体中的开门八极拳的身体，何以可能是力的身体而言，此类问题域成为本小节需要研究和回答的基本问题。鉴于此，本小节以尼采的身体思想为出发点，从三个方面论述开门八极拳身体的叙事之道。一是以身写拳，开门八极拳身体的书写之力；二是以身演拳，开门八极拳身体的展演之力；三是以身行拳，开门八极拳身体的实践之力，旨在为探究作为一种权力意志的开门八极拳身体提供一种可能性。

一、以身写拳：开门八极拳身体的书写之力

以身写拳，置于文学叙事语境中，可以称为是以身体为文本，书写拳法之力道。此处以河北孟村开门八极拳《总论》为例（图3-1）。短短数语，内含门道，体现出孟村开门八极拳以身写拳的书写之力。在《总论》的“文化解释”中，呈现出一种身体在场的叙事方式，其中蕴含着开门八极拳多元的身体之力。

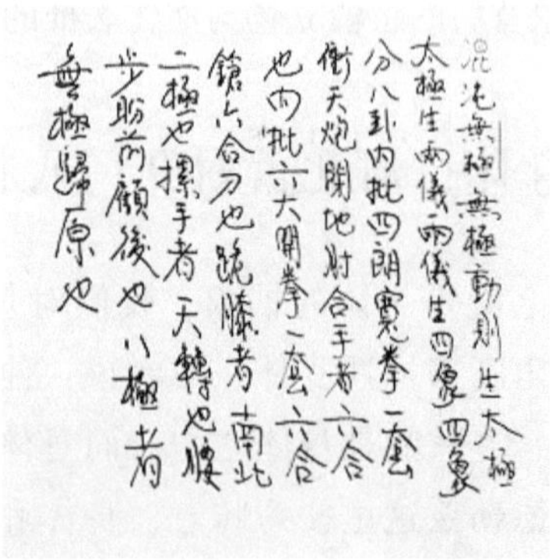
混沌無極 無極動則生太極
太極生兩儀 兩儀生四象 四象
分八卦 內批四門寬拳一套
衝天炮 開地肘 合手者 六合
也 內批六大開拳一套 六合
鎖六合刀也 跪膝者 南北
二極也 摞手者 天轉也 腰
步躬前顧後也 八極者
無極歸原也

图3-1 孟村开门八极拳《总论》

（拍摄时间：2021-05-02，拍摄地点：河北孟村）

[1] 汪民安，陈永国．身体转向［J］．外国文学，2004（1）：36-44.

其一，《总论》开篇提及“混沌无极，无极动则生太极，太极生两仪，两仪生四象，四象分八卦”的言语，是传统武术建构本门派拳论的一种传统的范式表达，更是一种文化之力的彰显。其中“无极”“太极”“两仪”“四象”“八卦”均源自中国古代哲学领域，孟村开门八极拳将其引用于总论之中，以身体为媒介，将此类形而上的概念，转化为形而下的身体表达，并转化为八极门的文化基础，而展开了其身体的叙事空间。正如吴连枝提道：“‘混沌无极’是易经八卦，八极拳的理论基础就是易经八卦。所以就用易经八卦来解释八极拳。”开门见山地指出易经作为孟村开门八极拳身体文化的理论阐释基础。在叙述“内批四朗宽拳一套”时，引入了“先天八卦分八八六十四手，后天八卦拆八八六十四招”，此处的“先天八卦”和“后天八卦”，是中国传统哲学词汇，大部分传统武术为增强自身拳种的解释力，都会将其引入其中，以增加拳种拳理自身的文化深度。在孟村调研时，吴连枝根据自己的身体经历与经验，提出了自己的见解。(访谈日期：2021-05-20)

用高等数学 limt 来解释八八六十四手，当有一个变量产生的时候，只有一个因变量和他对应，x 趋于无穷大，n 是正整数，当一个变量产生的时候，它有无数变量来应对，这就是解释，一式生八式，八八六十四招的最高级的解释。

因此，在上述系列讲解中，以“四朗宽”套路为例，并以“先天八卦分八八六十四手，后天八卦拆八八六十四招”为四朗宽套路内涵，通过引用《易经》之理对八极拳进行讲解，进而书写出开门八极拳的身体中所蕴含的传统文化之力。

其二，《总论》中言及“冲天炮、闭地肘、合手者六合也”是对开门八极拳身体趋于“六合”所提出的要求，呈现出开门八极拳身体的开合之力。其中，“冲天炮”“闭地肘”“合手”皆为八极拳母系套路八极小架中的内容，笔者在参与习练八极拳套路时，自身身体对这开合之力也有所体验。

“冲天炮”，是进攻的动作：“闭地肘”，是防御的动作；“合手者”，是攻守兼备，就是攻中有守，守中有攻。。由此可以看出，开门八极拳之身所具备的攻守之力，映射出八极门中以身为盾的技击思想，书写出开门八极拳的身体中所蕴藏的开合之力。

其三，《总论》中书写的“跪膝者，南北二极也。搿手者天转也。腰步盼前顾后也。”此处阐述了开门八极拳的力学原理，“天转也”是一种超越身体的想象的力量表现，更是一种与生俱来的火爆之力。在访谈中发现，“搿手者天转也”表现出的是纵横之力，人的转动之力，其中的“搿手”是开门八极拳的“小缠”动作，其核心是传统武术中的“以横破竖，以竖破横”攻防原理，亦是力学之理；“腰步盼前顾后也”，在开门八极拳中表现为：一回头，二回头，三回头，用以靠近对方身体的招式，仍然是一种攻防之力。笔者在参与体验中，确实能体会到“三回头”的一种突破身体之力，是以身为盾的延续表达。无论是“腰步盼前顾后”的“三回头”之进攻，还是“搿手者天转”的“小缠”之防守，都体现出一种超越身体的想象之力，从而再次书写出开门八极拳的身体中所蕴含的爆破之力。

因此，在以身写拳中，开门八极拳借助其《总论》书写了现实身体与理想身体的力量表征，突出了其身体的多元之力。

二、以身演拳：开门八极拳身体的展演之力

在武术动作中，总是充满着“看见”与“被看见”的现象，在“看见”与“被看见”的对象中，身体是第一位的。武术中的身体展演，便是将身体置于“看见”与“被看见”的中心视野下，借以身体演绎着武术之拳法。在此过程中，其实质是一种超越视觉的体验，更是一种权力景观的体现。从身体展演的角度来进行对孟村开门八极拳身体的叙事，用独特性的身体动作、象征性的身体标识来展演及诠释人们想象中“武有八极定乾坤”的力的身体形态。

孟村开门八极拳之所以能建构出“武有八极定乾坤”的武术权力景观，是因为其中涵括了独特性的身体动作。之所以说身体动作的“独特性”，原因在于孟村开门八极拳的身体动作遵循“六力合一”“三盘合击”的习练准则，从而使单一的身体动作表象转换成多元的身体动作景观。前文提及孟村开门八极拳的练功八法是一种身体进阶习练模式的表达，与此处“六力合一”“三盘合击”的习练准则是相辅相成的。

“六力合一”是开门八极拳六大开理论的一种身体之力独特性的演绎。开门八极拳的六大开，是六种力的身体呈现。开门八极拳的拳法有六大开，是六种力，即顶、抱、单、提、胯、缠，每一种力都有自身独特的发力方式与方向，如表 3-1 所示。

表 3-1　开门八极拳“六大开”发力解释

六大开	发力解释
顶	向外支撑的力
抱	与“顶”力量相等，方向相反的力
单	方向不定，一种抽着力
提	向上顶的力量
胯	以中枢为轴，左右旋转之力
缠	是横向的、前后的缠绕之力

六大开曾为开门八极拳不外传之核心技术，随着社会发展，作为开门八极拳传内不传外的技术，也随之公开，六大开便是其中之一。开门八极拳之所以具有火烈、刚猛的身体形象，与六大开息息相关，“六力合一”是其关键点。根据六大开的发力解释，在开门八极拳的拳理与拳技的发展过程中，勾勒出六种身体之力的形态，凝结为六种身体之力的文化符号。此六种身体之力的形态，是六种力发力解释的具象化展现，此六种身体之力的文化符号，是六种力存在于身体之中的技术符码体现。为进一步直观化表现六大开理论，演绎六力合一模式，故通过其六种力的形态、文化符号以及选取其代表性动作来展示，如图 3-2 所示。

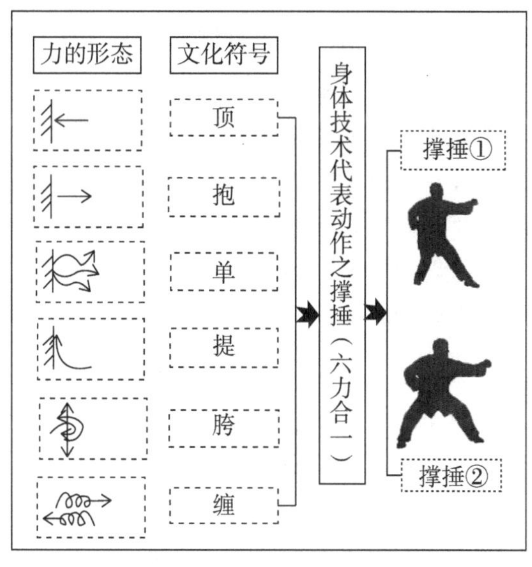

图 3-2　六大开理论身体技术动作解构

从上图中力的形态图谱来看，实则是对六大开中发力原理的直观呈现。譬如，单，其力的形态图谱（[illegible]），直观具象解释了一种没有方向、抽着之力，正如吴连枝曾将此力比喻为打牛的鞭子，是一种力的渗透，即是一种抽着之力；胯，其力的形态图谱，表现出以身体上百会穴和海底穴的为中枢的旋转之力，正如其身体技术代表动作中撑捶②的动作演练，便是其旋转之力的体现。从六大开发力的解释，到六大开理论的展现，是理论支撑技术的一种写照。“六力合一”构建出此理论与技术在开门八极拳身体中的技术回应，更是一种独特的身体反映。根据对吴连枝的访谈，基于六大开发力解释与六大开理论的架构，六大开中的“六”字，既非名词，也非动词，而是代表六种意思，是一种文化符号的建构。六大开的合力是开门八极拳最大的力，此谓“六力合一”。当然，关于“六力合一”的身体体现，吴连枝曾言（访谈日期：2020-08-18）：

这六种力，合而为一，六力合一，就是做八极拳的每个进攻动作和防守动作的时候，都是六个力，不一定是全部，起码得有四个力，它得合成，将爆发出无穷的力量。

由此可见，追求“六力合一”实则是一种理想式的身体之力的建构。开门八极拳在练功上，着重体会和钻研“六力合一”的六大开，以此为指导，来体现开门八极拳的火烈、刚猛的武术身体形象。当然，这里的六大开与前文拳理部分所述的八大招具有同等重要性，均是用于指导开门八极拳的技法原理的核心所在，进而呈现出开门八极拳特有的身体形象。

“三盘合击”是开门八极拳以身为盾的独特性技击体现。“三盘”是传统武术功法练习中代指“身体”部位的术语。“三盘合击”分别体现在孟村开门八极拳中“上使：云捋（摞）提按刁抱缠沾；中使：挨傍挤靠盘别肘胯；下使：吃根埋根毒蛇摆头”的技法之中，如图 3-3 所示。此类技击之法是基于对身体各部位的挪用，衍化为技击武器，某种程度而言，均是一种对身体功能的开发而产生的文化符号。图 3-3 中所选取的上使中“摞”，中使中“靠”，下使“吃根”（注：在人的身体中，两脚是根。从里边，叫吃根；从外边，叫埋根），通过日常基本功中“摞手”“贴山靠”“揉腿”的习练，到三盘合击的表现，均是对身体功能的开发，反映出“以身为盾”的孟村开门八极拳技法要义，最终使自然身体与交往身体[1]合成一个整体，如同吴连枝所提及的开门八极拳做每一个动作，就是三盘合成一个，用六大开的劲，来达到进攻和防守的目的，进而展现出孟村开门八极拳身体中“三盘”的“合击”与“六力”的“合一”的技击表征。

图 3–3　“三盘合击”身体技术示意图

如同“八极拳，刚柔相济，刚中求柔，它是瞬间爆炸”的话语一样，唯有遵循“三盘合击”“六力合一”的习练准则，才能去进一步理解与认知孟村开门八极拳的——“力”。在调研过程中，曾观摩了孟村八极拳早训，来自

[1] 此处的“交往身体”代指通过八极拳的习练而型塑的一种身体。

孟村中小学不同年龄段的学生进行八极拳套路的展演，一拳一脚之间，言说着八极拳的刚劲之力；也观摩了八极拳国际培训中心学员的晚训，其通过身体展演八极拳套路，一招一式之间，书写着八极拳的火爆之劲；同时，自己也参与了八极拳的习练，亲身体验了八极拳的劲力之法。

孟村开门八极拳之所以能获得“武有八极定乾坤”的武术权力符号，是因为其中蕴含着象征性的身体标识。之所以说身体动作的象征性，原因在于孟村开门八极拳的身体动作展演中往往是一种身体历史实践的再现，代表着一种八极门的文化认同。笔者初次到孟村调研时，刚进入八极拳国际培训中心，就被一块刻着“开门八极拳”的石碑所吸引，后来得知，此碑是以泰山之石为基石（图 3-4）（简称“泰山碑”），碑文言简意赅，是开门八极拳历史对身体的一种铭刻。

图 3-4　“泰山碑”（拍摄时间：2020-08-12，拍摄地点：河北孟村）

碑文内容如下：

天地之间，九州八极，术以八极而名，乃起于阴阳化于无形，功在六开八打，力达八方极远之意也，初出雍正隐侠自讳癞公，世称异术，实由吴公讳钟发扬光大，始传于世焉。

钟者，字弘声，孟村天方教人，康熙五十一年，三月初六辰时生，自幼聪慧过人，嗜武至痴，淳良忠厚，勤奋好学，初受经汉之教，十五岁月夜，习武得遇癞师，苦练五载，悉得异术真传，师去二载，又有癞徒讳癖者来访，赠以籍并授大枪奥妙，钟以真传为本，海纳百川，创成独绝之术。雍正十三年，公二十三岁于福建晋江以只身三破少林寺，名扬四海，时与擒拿高手康大力、提柳神刀李章，并称武林三杰。翌年，弘历登基，十四皇叔胤禵不服公术，邀于王府较量，公以殳点眉心，令王爷叩首拜师，从此执教王府，术定八极之称，乾隆御书：文有太极安天下，武有八极定乾坤。此八极拳开门授徒之始焉。

钟公开门立户，以癞为尊，自与癖公为二世。教授胤禵之后，又收徒。吴钟毓、吴溁、女吴荣为三世，毓、溁二公又有吴梅、吴连成、杨德元、吴坤、吴恺、焦文明、高明山、李大中、张克明、吴灵春、吴同云、吴凌云、丁孝五、王长锡、王世同十五大弟子为四世。从此，永传不替，代涌雄才，嘉庆七年，十月十五日，公享年九十岁，无疾归真，其所创八极神功，乃族之骄国之粹，天下之瑰宝也，其丰功伟绩如泰山之高，若泰山之重，唯以泰山之碑记之。

由碑文可知，从吴钟的“身体历史实践”角度来看，在吴钟的身体演绎开门八极拳的历史中，不仅被清王朝所认可，还具有一定的权威性，而且被武林界所广泛认同，并运用于切磋技艺、以武会友模式之中，具有了一定的江湖地位和话语性，进而被孟村村众逐渐熟悉，并运用于日常生活方式之中，具有了一定的地方社会地位和基层性。由此，泰山碑所印刻的文字，是孟村开门八极拳身体的一种象征，成为孟村开门八极拳在武林界的一种静态标识。

因此，孟村开门八极拳不但通过“练功八法”“三盘合击”“六力合一”灌注于八极拳套路之中的动态身体展演，而且以立“泰山碑”刻写八极拳身体史事的静态“身体展演”，进而建构起“武有八极定乾坤”的孟村开门八极拳身体的权力景观。

三、以身行拳：开门八极拳身体的实践之力

在武术界中，开门八极拳的权力不但寄居于身体书写与身体展演的身体叙事层面，还存在于身体实践的叙事之中。即呈现出开门八极拳身体的一种生产之力。此处的以身行拳的身体叙事，在以身写拳、以身演拳的二维叙事平面中，搭建起立体化的叙事框架，致使开门八极拳的身体叙事转化为立体

的三维景观叙事。

尼采的身体思想是“将身体看作是生产性的，身体具有一种强大的生产力，它生产了社会现实，生产了历史，身体的生产就是社会生产”[1]。由此可见，作为国家级非物质文化遗产的开门八极拳，在一定程度而言，其身体也具有一种强大的生产力，生产了孟村开门八极拳的现实，生产了孟村开门八极拳的历史。尼采的身体具有积极主动的生产性，孟村开门八极拳历代传承人在以身行拳的身体历史实践中显示出了这种积极性和主动性的特性。

就回族孟村开门八极拳由异术到拳术中的身体而言，聚焦吴钟身体中所经历的青年学艺、中年游艺、晚年创艺[2]的三个时间节点，是聚集孟村开门八极拳身体的生产之力的源泉所在。值得一提的是，前文所述的传统武术师承的重要性，侧面反映出传统武术身体的生产之力的实力所指，某种程度而言，也可以说是一种身份的象征。那么，此处的身体与身份之间又是怎样一种叙事逻辑？诚然，“身体与身份的关系：身体是自然的，一旦进入公共领域，必然受到社会的各种制约；正是在与其他社会要素的互动之中作为肉体的身体就产生了多种多样的身份”[3]。为此，将从身份的角度来审视孟村开门八极拳身体的叙事。

其一，就青年学艺中的吴钟身体来看，对于吴钟师承的“癞”，身份大多传说为社会精英类，这为吴钟身体厚实了“精英”的力量基础，为孟村开门八极拳身体提供了立身之基。

其二，就中年游艺中的吴钟身体来看，使身体随着不同层次的身份转变而变化，从神枪吴钟，到武林三杰，再从南京到燕京，大枪属吴钟的在武林中的称号，是一种由民间走向上层的武林身份变化，描绘出吴钟身体是由私人的身体逐渐转向公共化的身体的一种演变轨迹。显然，源自民间的私人的吴钟身体，到走向上层的公共化的吴钟身体，为开门八极拳的身体集结民间之力与上层之力提供了空间，正如“任何两种不平衡的力，只要形成关系，就构成了一个身体”[4] 一样，开门八极拳的身体在吴钟时期已被地方与国家

---

[1] 汪民安，陈永国．身体转向［J］．外国文学，2004（1）：36-44.

[2] 韩红雨，张绰庵．由异术到拳术：沧州回族八极拳文化建构的历史人类学考察［J］．山东体育科技，2014，36（5）：26-29.

[3] 许德金，王莲香．身体、身份与叙事［J］．江西社会科学，2008（4）：28-34.

[4] 汪民安，陈永国．身体转向［J］．外国文学，2004（1）：36-44.

或个人与公共之间的力所灌注。

其三，就晚年创艺中的吴钟身体来看，在《沧州武术志》中载："清乾隆四十年（1775），因老母多病，吴钟告别恂勤郡王返里侍母尽孝。"[1] 侍母尽孝表征出吴钟身份由王廷教官回归家中之子。正是出于吴钟此种身份的转变，将吴钟自身武艺作为一种权力的身体，带回孟村，使孟村开门八极拳的身体从异术之身向拳术之身转化，既是一种正名，也是一种正身，更是一种在当时武林界的安身体现。安身方可立命，历来是中国古代身体哲学的中心，因此，从青年吴钟的身体，到中年吴钟的身体，再到晚年吴钟的身体叙事中，为孟村开门八极拳身体集聚了生产之力的源动能。

就身体蕴含的生产之力而言，"在德勒兹这里，同尼采相似，身体基本上是一股活跃的升腾的积极性的生产力量，是一部永不停息的生产机器"[2]。开门授徒到回汉齐练的开门八极拳身体所表现出的生产力量恰恰印证了这一点。据此，就回族孟村开门八极拳由开门授徒到回汉齐练中的身体而论，其身体历经开门八极拳传承人所演绎的技法融合、传拳修谱、革新套路的主动积极的身体实践，成为激发孟村开门八极拳身体的生产之力的内生动力所在。

第一，吴荣的身体。从性别的身体角度来看，吴荣是吴钟之女，作为女性的身体，开门八极拳的身体中必然含有女性之身体动作，正如八极拳小架二路中的"作揖顶肘"动作便是吴荣身体所铭刻的印记，此动作由身体微转微降到迅速跟步顶肘的变化，既体现出女性的柔美，又暗含了八极拳的刚健，使得开门八极拳中的刚柔之力通过身体的转换得以呈现；以吴荣的"携拳返乡"为标志，融夫家拳技于开门八极拳拳法之中，通过吴荣的身体叙事，拓展了开门八极拳的拳技内容，初步丰富了其身体叙事的二元模式，此处的二元模式，即是开门八极拳的"对练"。孟村开门八极拳研究会会长吴大伟认为（访谈日期：2021-05-02）：

（开门八极拳）最初的对练套路，只有对打、桃花散，这个桃花散，是吴钟的女儿，吴荣，她嫁给沧县戴明，戴明是练长拳的，她学了好多东西，比如，桃花散、太宗拳、太祖拳、溜腿架，她从戴家长拳学来，她回娘家的时候，又传到了孟村，孟村把这些套路融入了八极拳的风格。

---

[1]《沧州武术志》编纂委员会．沧州武术志［M］．石家庄：河北人民出版社，1991：132.
[2] 汪民安，陈永国．身体转向［J］．外国文学，2004（1）：36-44.

言语中提及的“桃花散”便是最初开门八极拳的“对练套路”之一，是一种身体叙事的表达，更是一种二者身体“较劲”的体现。

第二，吴会清的身体。前文所述的传拳修谱，正是其身体的主动积极的写照。在吴会清传拳的身体叙事中，其初授拳理的身体叙事模式，成为开门八极拳由封闭身体走向开放身体的起点标志；在吴会清修谱的身体叙事中，其以表原情之至意的身体叙事策略，为开门八极拳的技术身体走向“文化身体”奠定了基础。

第三，吴秀峰的身体。革新套路是当时开门八极拳身体的“革命”表现，吴秀峰创造的开门八极拳的八大手型，颇具典型性。之所以说典型性，是因为基于当时的社会大环境下，传统武术身体受到了束缚。作为开门八极拳传承人的吴秀峰，通过身体模仿现实生活中的劳作工具，创出了八大手型。其缘由可能与吴秀峰对开门八极拳的理解程度有关，“因为人在理解时就展开他的心智，把事物吸收进来，而人在不理解时却凭自己来造出事物，而且通过把自己变形成事物，也就变成了那些事物”[1]。吴秀峰的“八大手型”，便可以理解为一种对劳作事物的身体变形，再融于开门八极拳的拳技之中。正是由于开门八极拳这样的典型性的身体革命事件，在一定程度上解除了开门八极拳在当地的身体束缚，助推了开门八极拳在孟村周边的传播之力，同时为开门八极拳身体倾注了“创新之力”。

因此，从开门授徒中历代开门八极拳传承人的身体叙事策略，到形塑开门八极拳回汉齐练的身体景观，映射出孟村开门八极拳身体中蕴含的积极性的生产力量，同时为孟村开门八极拳身体聚合生产之力的发展积蓄动能。

就回族孟村开门八极拳由走出孟村到走向世界中的身体而言，其身体的形态，在一定意义而言，是传统武术在改革开放环境下的一种经复苏到发展的身体缩影，具有流动之力的表征，如同“‘世界就是权力意志的世界，此外一切皆无’；而‘无处不在的力乃是忽而为一，忽而为众的力和力浪的嬉戏，此处聚集而彼处消减，像自身吞吐翻腾的大海，变幻不息，永恒的复归……作为变易，它不知更替，不知厌烦、不知疲倦’”[2]。孟村开门八极拳走向世界正是这一无处不在的力的现实写照，是作为其流动的身体，带动孟村开

[1] 约翰·奥尼尔．身体形态：现代社会的五种身体［M］．张旭春，译．沈阳：春风文艺出版社，1999：18-19.

[2] 汪民安，陈永国．身体转向［J］．外国文学，2004（1）：36-44.

门八极拳的现代化发展。谈到孟村开门八极拳的发展，吴连枝曾言（访谈日期：2021-05-03）：

“志在传承者，逝者如斯夫，奔流东到大海”这是自然规律，它是不能失本的，中华文化博大精深，要发展才是硬道理，不发展不行。八极拳也是一样，不断地升华，不断地发展，才有八极拳的今天。

为此，以不失本色为发展理念的孟村开门八极拳，随着改革开放，走上了发展的“快车道”。从“1982年，泛亚细亚文化交流中心”到孟村参观交流八极拳，到“1993年，日本世嘉公司以吴连枝为原型制作的八极拳游戏《VR战士》风靡世界”，促使了孟村开门八极拳身体的国外大循环，国际国内双循环的流动表征。值得一提的是，吴连枝的《VR战士》在当时之所以“风靡全球”，原因之一在于作为《VR战士》中由“吴连枝为原型”而建构出的八极拳身体，可以看作为一种虚拟的身体，更是一种消费的身体。如前文所言，吴秀峰在“文革”时期进行了一场孟村开门八极拳的身体革命，此处，吴连枝的《VR战士》抑或是孟村开门八极拳身体革命的一种延续。今天看来，吴连枝的《VR战士》，是在虚拟空间中，以“身体”为中心而展开的虚拟的身体实践，并将“八极拳身体”的直觉、感知、想象等元素作为体验内容，一时刺激了“八极拳身体”的消费，衍生出参与者、体验者对“八极拳身体”的一种想象。从而推动了孟村开门八极拳身体的流动之力。

值得一提是，开门八极拳的组织身体是一种力的积聚，其中蕴含着一种流动的力量。正如尼采所指“无处不在的力乃是忽而为一，忽而为众的力和力浪的嬉戏”[1]。忽而为众的力体现于孟村开门八极拳所成立的开门八极拳研究会，这一身体，所表征出的有组织、有纪律，为孟村开门八极拳的身体提供了现实骨架，八极门的门规与研究会的会规共同约束着孟村开门八极拳的自然身体和政治身体，如同约翰·福特斯库所表述的“将一群人组织成一国国民的法律类似于生理身体的神经系统；因为正如神经系统将身体组织起来一样，这种神秘身体也是由法律组织成一个统一的整体；这一身体的各部分及其骨架（它们象征着支撑一个社群的坚实的真理基础）通过法律维护自身的权力，这正如自然身体通过神经达到同样的目的一样。而且正如生理身

[1] 汪民安，陈永国．身体转向［J］．外国文学，2004（1）：36-44.

体之头不能改变其神经、不能剥夺身体各部分的力量及其所需血液一样，作为政治身体首脑的国王也不能任意更改法律，或者未经允许甚至完全违背人民的意志而剥夺人民的财产”[1]。此处约翰·福特斯库所阐述的可以说是一个放大了的身体，大至国家的身体；作为孟村开门八极拳身体，也可称为传统武术中的一个缩小了的身体，小至一个传统武术门派的身体。进一步而言，八极门的“门规”“会规”如同孟村开门八极拳生理身体的神经系统一样，在社会准则之内，将其八极门人组织起来，形成一个有秩序的、统一的整体（身体），从而聚合成开门八极拳的为众之力，助力着孟村开门八极拳身体的流动。诸如，以开门八极拳研究会始，到八极拳国际培训中心的成立，以及“省级非遗”“国家级非遗”的评定，无论是在时间上，还是在空间中，均增强了其身体的流动性。因此，从走出孟村中历代开门八极拳传承人及八极门人在社会语境下的身体叙事方式，到建构开门八极拳走向世界的身体格局，均折射出孟村开门八极拳身体中的内隐的流动之力，同时为孟村开门八极拳身体集结了生产之力的发展势能。

总而言之，从“以身写拳”“以身演拳”“以身行拳”三个维度，对开门八极拳身体叙事进行了梳理分析，基于爬梳分析基础上，以探寻作为一种权力意志的开门八极拳身体的可能性，可归结为：其一，在开门八极拳《总论》中表征出的身体技术从“无形—有形—无形”的一种乌托邦式力量追求，可以看作为是一种开门八极拳身体的意志表现；其二，在开门八极拳技术的看见与被看见的场域中，从多元的身体动态景观到静态的历史铭刻如“泰山碑”，可以看作为是一种开门八极拳身体的权力标识；其三，在开门八极拳历代传承人以身体为主体实践的过程中，持续的生产力，使开门八极拳“走出孟村，走向世界”，可以看作为是一种开门八极拳身体的意志力体现。由此，也回应本小节提出的两个基本问题，作为回族武术身体中的开门八极拳身体是否可以作为一种身体的权力意志，以及何以可能是力的身体。但是，作为回族武术身体而言，每一拳种均有力之表征，此处仅是选取一种代表性和典型性的开门八极拳身体为个案展开的叙事。

[1] 约翰·奥尼尔．身体形态：现代社会的五种身体［M］．张旭春，译．沈阳：春风文艺出版社，1999：72.

第二节 规训的身体：山东冠县查拳的身体叙事

在福柯的“规训思想”中认为“古典时代的人发现人体是权力的对象和目标”[1]。福柯指出：身体基本上是作为一种生产力而受到权力和支配关系的干预……只有当它既是一种生产的身体又是一种被征服的身体的时候，这个身体才成为一种有用的力量。也就是说“规训”关心的并不是摧毁、破坏、阻碍等压迫性或否定性的力量，而是那些技术性、肯定性的积极力量[2]。对于查拳身体的规训，仍然是对技术性、肯定性的积极力量的关心。在查拳身体的规训中，遵循着一套精细的习武规范准则，通过身体的主体实践，以期提升查拳身体应有的知觉能力。不可否认，“规训”既不会等同于一种体制，也不会等同于一种机构；它是一种权力类型，一种行使权力的轨道[3]。“规训权力的主要功能是‘训练’，而不是挑选和征用，更确切地说，是为了更好地挑选和征用而训练”[4]。查拳身体的“训练”或“操练”，其目的也是挑选和征用。譬如，王朝国家时期，习武卫国的人才挑选与征用；民族国家时期，习武传承文化的人才挑选与征用，均有力彰显了规训权力在身体上的表现，更是展开查拳身体叙事的起点所在。作为回族武术身体中的查拳身体，何以可能是规训的身体？又何以可为对身体的规训？是本小节需要回答的两个基本问题。在此以福柯的规训思想为出发点，从三个方面铺叙查拳的身体叙事。一是权力维度中查拳身体的政治书写；二是伦理维度中查拳身体的道德表达；三是知识维度中查拳身体的规范监督，均旨在彰显查拳身体的规训之法。

一、权力的身体：查拳身体的政治书写

在《规训与惩罚》中，福柯直言：身体也直接卷入某种政治领域；权力关系直接控制它，干预它，给它打上标记，训练它，折磨它，强迫它完成某些任务、表现某些仪式和发出某些信号；这种对身体的政治干预，按照一种

[1] 福柯．规训与惩罚［M］．刘北成，杨远婴，译．北京：生活·读书·新知三联书店，2010：154.

[2] 戴军，于伟．身体规训及其合理性论析［J］．教育科学研究，2008（5）：4.

[3] 福柯．规训与惩罚［M］．刘北成，杨远婴，译．北京：生活·读书·新知三联书店，2010：241-242.

[4] 福柯．规训与惩罚［M］．刘北成，杨远婴，译．北京：生活·读书·新知三联书店，2010：193.

复杂的交互关系，与对身体的经济使用紧密相连；身体基本上是作为一种生产力而受到权力和支配关系的干预；但是另一方面，只有在它被某种征服体系所控制时，它才可能形成一种劳动力；只有在身体既具有生产能力又被驯服时，它才能变成一种有用的力量[1]。如同“拉·梅特里的《人是机器》既是对灵魂的唯物主义还原，又是一般的训练理论。这种著名的自动机器不仅是一种有机体的比喻，他们也是政治玩偶，是权力所能摆布的微缩模型”[2]。此类叙述道出了身体与权力，身体与政治间存在着千丝万缕般的关联。

身体政治，一定意义而言，是源自福柯的哲学范畴。“‘身体政治学’（body politics），是指以人的身体作为‘隐喻’（metaphor），所展开的针对诸如国家等政治组织之原理及其运作的论述；在这种‘身体政学’的论述中，‘身体’常常不仅是政治思想家用来承载意义的隐喻，而且更常是一个抽象的符号；思想家借以作为‘符号’的身体而注入大量的意义与价值”[3]。对于中国传统的身体而言，如同“中国传统政治思维是一个由‘生物血缘’向‘文化血缘’不断扩展的观念展开过程，‘身体’始终作为一个潜在的‘基因’而发挥着政治作用”[4]。为此，作为中华武术优秀传统拳种之一的查拳，既是国家级非物质文化遗产，又是回族武术拳种的代表之一。那么，查拳身体中又蕴含着何种政治症候学，又呈现出何样政治编码，均是查拳身体的政治书写解读的关注点。

（一）禁武运动：封建王朝时期查拳门人与查拳身体的政治症候学

“‘症候学’（Symptomatology）是通过表象对秩序的系统解读；不仅指涉‘失序’的现象，而且也更多地表达一种探求事物的普遍方法；其特质是不失去任何准则的随意流动，而是一种类似中医所谓‘辨证施治，随机问诊’的认知路径”[5]。基于此叙事视角，在封建王朝时期，身体俨然超越了生理有机体的范畴，成为王朝国家里政治表达的元素与基础所在。从某种程度来讲，

---

[1] 福柯．规训与惩罚［M］．刘北成，杨远婴，译．北京：生活·读书·新知三联书店，2010：29.

[2] 福柯．规训与惩罚［M］．刘北成，杨远婴，译．北京：生活·读书·新知三联书店，2010：154.

[3] 萧延中．“身体”：中国政治思想建构的认知基础［J］．中国人民大学学报，2005（6）：139.

[4] 萧延中．中国传统思维中的“身体政治症候学”［J］．华中师范大学学报（人文社会科学版），2006，45（3）：45.

[5] 萧延中．中国传统思维中的“身体政治症候学”［J］．华中师范大学学报（人文社会科学版），2006，45（3）：44.

“禁武运动”是王朝国家中国家对武术身体的一种政治表达。对于查拳身体的政治症候学而言，主要聚焦于在禁武运动的宏观框架下，针对些许武术身体的失序现象，探寻如何使武术身体回归正常秩序的一种系统解读。据此，在前文所述的元朝、清朝政治话语下禁武运动与查拳身体，探寻查拳习练者与查拳身体在禁武运动框架下所表征的政治症候学，由此，进一步来窥视具有规训身体的查拳身体叙事策略。

就元朝禁武运动中查拳门人与查拳身体的政治症候学而言，回族先民的身份决定了其身体表征。作为回族武术的冠县查拳，在元代所实行的禁武运动中，查拳身体的受压程度较小。但不容忽视的是，在元代禁武运动的施压下，民间武术呈现出失序现象，回族武术作为中华武术的重要组成部分，必然也会受其影响，但由于身份的关系，其失序程度较轻。譬如，冠县查拳第二代传承人白守义“邀请武举人、武秀才参与拳谱口诀的编写”，是元代政治格局下，政治关系在查拳身体塑形中的一种表达，也是元代禁武运动下其失序现象较轻的表象，进而通过查拳拳谱口诀的编撰便于习练者对查拳身体的理解与记忆。查拳拳谱内容的完善便于为传授者提供教学蓝本，使得查拳身体的规训有资可鉴，有据可依。诸如此类，无一不折射出元代禁武运动框架下，查拳身体“辨证施治，随机问诊”的叙事策略。

就清朝禁武运动中查拳习练者与查拳身体的政治症候学而言，使包括查拳身体在内的民间武术身体成为一种神秘身体的存在。在清代禁武的环境下，较元代的查拳身体出现了严重的失序。一方面，在禁武的禁令下，面临失序的查拳身体，竭力寻求一种新的秩序身体。在这一寻求过程中，沙亮是绕不开的重要人物。从冠县查拳谱系来看，作为查拳门第七代传承人，在清朝禁武禁令的背景下，为整合失序的查拳身体，规训其查拳身体，使之趋于正常秩序的查拳身体，其鼓励查拳习练者不要惧怕，秘密坚持传承的身体践行，形成了一种查拳神秘身体的传承。如约翰·奥尼尔所言神秘身体是一种神秘的自治社团[1]。当时的查拳身体便属于民间武术的自治社团之一。为在失序的查拳身体中寻求新的秩序身体，使查拳传承人转向了拓展查拳身体的知识维度，沙亮将弹腿技术吸收与融合到查拳习练中，是在失序中寻求秩序的一

[1] 约翰·奥尼尔．身体形态：现代社会的五种身体［M］．张旭春，译．沈阳：春风文艺出版社，1999：69.

种创新。另一方面，在除禁武令的背景下，清朝政府对回族的民族政策曾显露出高压态势，包括查拳身体在内的回族武术身体也受到了压制。当其查拳身体受到过度的压制时，加重了查拳身体的失序程度，必然会产生查拳身体的抗争，展现出一场身体革命。此时的“身体已经成为一种革命工具和政治象征，乃至一种社会阶级身份的符号系统”[1]，以至于会出现清朝是回族抗争最为频繁的时期，凭借武力而展开的身体革命，显现出以身体为工具，对拳脚、器械的身体开发与规范，进而在一定程度上拓展并规训了查拳身体的走向。

总而言之，在查拳身体所蕴含的政治身体中，其“身体一直为我们提供着一种语言和政治文本”[2]，查拳身体的政治症候学，便可通过身体语言来予以解读。立足元代、清代封建王朝禁武令作用于身体查拳所表现出的症候，是一种从制度上对查拳身体的管控与查拳门对查拳身体的规范，并同时反映出“自上而下”的国家逻辑与“自下而上”的地方逻辑对查拳身体的双重规训。由此对查拳身体的型塑，从某种程度而言，是基于封建王朝中查拳身体政治症候的一种治疗身体的叙事策略，也是一种对查拳身体的政治症候学阐释。

（二）国术运动：民族国家中查拳习练者与查拳身体的政治编码

回族武术身体，一经进入社会空间，便与社会和政治生活形成了千丝万缕的关联。作为回族武术身体之一的查拳身体亦莫能除外，其关联性在前文叙述的身体政治症候学中便已初见端倪。近代中国，武术身体受政治意识形态的影响，其身体表征被当时的政治编码为强国强种的符号。查拳身体同样也被赋予了此种符号。随即，近代中国的政治话语对查拳身体的系列编码与重塑拉开了序幕。

其一，在近代中国的政治环境下建构起国术即民族复兴的话语，由于当时的国术“不仅是国粹主义的表现，也体现在对国家、民族意义的征用”[3]的框架中。近代中国面对“三千年未有之大变局”，民族孱弱、国家危亡，社会精英

[1] 赵方杜．身体政治：现代国家双重建构的镜像表达［J］．学术论坛，2013，36（10）：75.

[2] 约翰·奥尼尔．身体形态：现代社会的五种身体［M］．张旭春，译．沈阳：春风文艺出版社，1999：61.

[3] 刘红军，花家涛．国术：一项基于近代中国语境的概念史考察［J］．山东体育学院学报，2020，36（2）：45-52.

挽救民族危亡成为时代主题[1]，并发出了救亡图存，提振民族精神的时代强音。

在国势衰微的大背景下，武术的身体被赋予了强国强种的政治内涵，尤其是在民国时期，社会精英知识分子将武术的身体提升到国术的身体，将提倡国术融入民族复兴进程中来。自 1927 年中央国术馆的成立，武术身体便以政治身体的形态出现。对于武术身体中自然身体与政治身体间的联系，“如亚里士多德所言，在自然身体中心脏是生命之源，因为心脏贮存着血液，并将血液输送到身体的各个部位，从而它们才能充满活力；在政治身体中，人民的意志是其生命之源，它贮存着作为血液的、以人民利益为出发点的政治思想，并将此思想（血液）传输给首脑及（政治）身体的各个部位，从而维持着该（政治）身体的活力”[2]。处在民族孱弱、国家危亡的大环境下，武术的政治身体必然是秉持以人民利益为出发点的政治思想，保持与提升武术政治身体的活力。正如“‘中央国术馆’的办馆口号即为‘自强强国，御侮图存’”[3] 所彰显的政治话语一样，激发了武术身体内在的尚武精神与强国之道的政治表达。中央国术馆所宣传的提倡国术足以洗除“东亚病夫”的奇耻、国考就是预备打倒侵略我们的帝国主义、国考是激发民众爱民族、爱国家的精神等铿锵有力的语言，是武术作为政治身体的一种觉醒表现。尤以孙中山先生的《精武本纪·序》一文最具影响力，其具体说道：

慨自火器输入中国之后，国人多弃体育之技击术而不讲，驯至社会个人积弱愈甚，不知最后五分钟之决胜，常在面前五尺地短兵相接之时。为今次欧战所屡见者，则谓技击术与枪炮、飞机有同等作用，亦奚不可，而我国人曩昔，仅袭得他人物质文明之粗末，遂自弃其本体固有之技能，以为无用，岂非大失计耶……盖振起从来体育之技击术为务，于强种保国有莫大之关系[4]。

---

[1] 刘启超，戴国斌，段丽梅．近代中国“武侠”再造与“武德”型塑之研究［J］．体育科学，2018，38（5）：81.

[2] 约翰·奥尼尔．身体形态：现代社会的五种身体［M］．张旭春，译．沈阳：春风文艺出版社，1999：71.

[3] 刘红军，花家涛．国术：一项基于近代中国语境的概念史考察［J］．山东体育学院学报，2020，36（2）：45-52.

[4] 冯涛，杨红伟．国族主义与近代中国国术运动［J］．青海民族研究，2018，29（1）：112-118.

因而，作为中华武术身体之一的回族武术的查拳身体，必然内嵌于大类武术身体的政治话语之中，在国势衰微与国术运动盛行的社会背景下，包括查拳身体在内的中华武术的身体表征被政治编码成为强国强种的鲜明符号。

其二，近代政治话语对查拳身体的规训，突出了政治规训框架下查拳身体的治理形塑。如前文所述，“近代中国的身体演变和国家存亡的发展有着唇齿相依的关联；在国势垂荡之际，‘改造人作为改造一切的基础’成为许多知识分子共同具有的基础理念”[1]。在此种改造理念的引领下，武术身体的治理与形塑自然也不例外。就查拳身体的治理型塑而论，清末民初时期，张其维、杨鸿修、李恩聚三位查拳传承人的身体实践建构出“一体三型”的查拳身体形态。

就张其维的身体实践而言，其主要致力于“古老的‘身法势’‘腿法势’‘十八般兵器’”[2] 的钻研之中。以身法势说为例，全文谱诀如下：

臂眷须圆抱，里外混元气；双腿似弯弓，放缩腰发力；看前四后六，发劲三与七；双单要分明，阴阳见虚实；默念要集神，方能临强敌；目光如闪电，精神四隅至；势势乎凌虚，若履云雾际；飘飘乎欲仙，如武鸿蒙里；意动如猛虎，气静如处子；欲动似非动，静中还有意；显隐有与无，形气默相契[3]。

如此来看，从身法势说中便能窥见查拳身体的控制法则。譬如，无论是谱诀中所讲究的“臂眷须圆抱”“双腿似弯弓”“放缩腰发力”“看前四后六”的身体法则，还是其所追求的“目光如闪电，精神四隅至”“显隐有与无，形气默相契”的身体想象，实则均是以“手臂”“双腿”“腰”“眼”等身体感官功能的改革为起点，进而实现对身体的深层控制。置于当时大社会背景中，对身体的改造运动，使尚武成为那个时代最具有号召力的符号[4]。显然，张其维专注于对身法势的深度研究，是当时一个特定时代的产物，由于当时查拳身体以强国强种，提振精神为根本，凸显出政治规训的结果。

---

[1] 黄金麟．历史、身体、国家：近代中国的身体形成（1895—1937）[M]．北京：新星出版社，2006：36.

[2] 山东省冠县文化和旅游局．查拳考略［M］．济南：齐鲁电子音像出版社，2019：258.

[3] 山东省冠县文化和旅游局．查拳考略［M］．济南：齐鲁电子音像出版社，2019：167.

[4] 黄金麟．历史、身体、国家：近代中国的身体形成（1895—1937）[M]．北京：新星出版社，2006：46.

就杨鸿修的身体实践而言，其致力于查拳的传习与传承。譬如，“1912年，在上海创办‘中华武士会’任总教练，孙中山先生为‘中华武士会’题词‘尚武楼’”[1]。不难发现，此类事件均是以国家存亡作为身体开发取向的[2]事实，政府官员对此的评价，其背后也隐含着政治对当时查拳身体的一种规训。

就李恩聚的身体实践而言，其致力于查拳的教习。晚年先后执教于上海精武体育总会和济宁，以传授查拳为主。在国术运动思潮下，通过李恩聚的查拳身体的表现，进一步深度开发与专注身体体能，并形成了一种制度化模式的缩影，是当时政治意涵的外显表达。

因此，在张其维、杨鸿修、李恩聚三位查拳传承人对查拳身体的控制与塑形中，其不同的风格特点与身体表达，建构出“一体三型”的查拳身体形态，即张氏查拳、杨氏查拳、李氏查拳。此处虽分之为三种查拳身体形态，但却均以查拳身体而存在，必然都属于查拳身体的叙事范畴。

综上，就查拳身体的政治解读而言，以禁武运动所带来的对查拳身体的症候，为在失序中寻找有序的秩序，是一种身体政治的体现；在国术运动思潮推动下，以尚武强国思想为核心要义，进行了系列查拳身体的政治编码，彰显出查拳身体的政治意涵。因此，解读查拳的身体政治，一定程度上突出了查拳身体是在国家需求下的一种政治的表达。

二、伦理的身体：查拳身体的道德表达

所谓武德，即是用武、从武之德性，泛指军旅生活中的一切道德现象及其与军旅生活相关的道德意识、道德活动、价值观念和道德品质的总和[3]。可见，此处的“武德”是指“军旅德性”[4]中的道德体系；而与军旅武艺息息相关的民间武术，其武德必然与前者有着内在的逻辑关联。本文无意探讨此二者的关联，此处不作赘述。

就传统武德而论，“是指长期以来在习武群落中形成的对习武者的行为规

[1] 山东省冠县文化和旅游局．查拳考略［M］．济南：齐鲁电子音像出版社，2019：259.

[2] 黄金麟．历史、身体、国家：近代中国的身体形成（1895—1937）［M］．北京：新星出版社，2006.

[3] 余源培．武德之光华　民族之神韵——《中华武德通史》评介［J］．社会科学，1999（6）：79.

[4] 余源培．武德之光华　民族之神韵——《中华武德通史》评介［J］．社会科学，1999（6）：79.

范要求；它协调着习武者之间的相互人际关系，影响着习武者的各类活动”[1]。基于此，在中华传统文化的范畴中，“武德文化是具有社会化意义和全民族特质的文化现象”[2]。一定意义来说，武德文化是武术身体的一部道德准则。

查拳武德《三字经》正是查拳身体的一部道德准则。在查拳武德《三字经》文本中，其身体管理的要义表现在，以影响与指导查拳门人的身体实践活动，规范与规约查拳门人的身体行为，协调与整合查拳门人间的人际关系为总纲，以道德自觉为基本起点，所进行的对查拳身体的约束。

其一，查拳武德《三字经》中所载“先修德，再学艺”，此六字的书写是影响与指导查拳门人的身体实践活动的起点所在。从某种意义来看，德是中华传统文化的核心表征，道德自觉是中华文化的基本起点[3]。“先修德，再学艺”是在武以德立的话语体系下，通过“先”与“再”的秩序表达，显示了德是武术身体的核心支点所在。“中华武德文化在其历史发展中，始终围绕着一个核心——武德之仁”[4] 而展开身体的约束，在中国传统文化的浸润下，武德之仁，必然内蕴着仁者爱人的身体管理。一般而言，观照人类社会的行为，有着性质截然相反的两种行为：一种是基于私我之上的生物行为，另一种是基于无我之上的道德行为。这两种行为实际体现了行为主体不同的存在状态和心性境界[5]。事实上，此两种行为均存在于身体之中，对于查拳身体管理而言，在武德文化的规约中，来体现仁者爱人的身体管理，必然要立足于道德自觉的视角下，在生物行为与道德行为的对话中，进行自我观照与约束，即道德自觉的身体管理，是对查拳身体实施德治的一种实践表达。如谱诀中所提及的“孝父母，重师道”“师厚恩，定要报”，均属于武德文化在中华传统文化德的话语下，查拳身体的一种适应性书写。因此，在这种道德自觉的身体管理下，凸显了生物性身体与道德性身体的合一，实现了武德之体的身体形象塑造。

其二，查拳武德《三字经》中所载“苦修练，莫怠慢”六字的表达便是

[1] 周伟良．析中华武术中的传统武德［J］. 上海体育学院学报，1998，22（3）：12.
[2] 余源培．武德之光华　民族之神韵——《中华武德通史》评介［J］. 社会科学，1999（6）：79.
[3] 劳承万．康德美学论［M］. 北京：中国社会科学出版社，2001：276.
[4] 余源培．武德之光华　民族之神韵——《中华武德通史》评介［J］. 社会科学，1999（6）：80.
[5] 劳承万．康德美学论［M］. 北京：中国社会科学出版社，2001：272.

规范与规约查拳门人身体行为的所指。其中，“苦”字是查拳身体受到规训而构成的一种训练语境，是查拳身体改革的一种表达范式。“苦修练”的组词结合，含有将查拳身体作为承载苦的媒介，并以修与练为规训方式，借此突出了以身体为象，内含规训之意的指涉所在。在冠县调研时，查拳传承人沙宗朝提及（访谈日期 2021-04-12）：

（当时练习查拳）每年 365 天，我没停过一天。那时（天气）也冷，能达到零下十六七度，我只是穿个小背心，哪有这（指着现在的场地）条件呀，地下是土地，一打扫堂腿，一溜（烟）土就起来啦，都是（尘土）。

言语之间，反映出“苦修练，莫怠慢”的身体管理所在。在参观国家级非遗项目查拳传承基地时，练武馆内贴着“练拳+不练功=0；练拳+不练劲=0；练拳+不用心=0；练拳+不听话=0”的字句（图 3-5）通俗的语言结构表达了一种练拳身体的约束，即练功、练劲、用心、听话。正如“欲学惊人艺，须下苦功夫”的武术谚语，表征出武术之身体必须历经“苦功夫”的路径，进而去追求惊人艺的理想化身体的境界。为此，“一日练一日功，一日不练十日空”成为“苦修练，莫怠慢”的另外一种话语表达。

图 3-5　国家级非遗项目查拳传承基地的练拳警语

（拍摄时间：2021-04-12，地点：山东冠县）

其三，查拳武德《三字经》中所载“武艺人，血方刚；万不能，互逞强”“各门派，皆有长；谦恭让，互磋商”“仁义敬，礼仪往”的话语表达，是协调与整合查拳门的人际关系的方法。不难看出，查拳门中的人际关系，呼应了道德自觉的身体管理，其中的“谦恭让”“仁义敬，礼仪往”，源自中华传统文化的范畴，是中华传统美德，属于德的话语体系。一定程度而言，传统武术之间的“门户之见”“门派之争”是对武术身体产生暴力的原因，成见、纷争的破坏力肢解了武术之身体。因此，为整合武术身体元素，必然要在生物身体的基础上，以道德自觉为方向，使生物身体与道德身体相融合，重绘武术之身体，方能体现作为一种生活方式的身体管理，最终趋于实现“武同根，不可分；同奋进，共兴邦”的武术身体之愿景。

由此来看，尚德是查拳武德《三字经》中身体管理的重要元素。从某种程度而言，查拳武德《三字经》文本在身体管理的解释中所呈现出的是查拳身体的规训景观，其特点可归结为：一方面，查拳武德《三字经》将查拳门人视为其规训的对象，是对其查拳身体的规训与潜能开发所形成的非正式制度，且最大程度上为将身体塑形为正义身体而作准备并参与其全程指导的纲要。另一方面，查拳武德《三字经》是查拳规范身体的要义缩影，是尚德外在的身体表现。查拳门人作为传承查拳武德《三字经》的主体，被师道权力规训，从习练拳脚之始，便使身体主动与被动接受武德文化的点滴内涵，潜移默化，融于生活，形成武术世界里独特的世界观与价值观，由此来审视自我及周围的世界。可见，查拳武德《三字经》为查拳的身体管理进行德治提供了可借鉴的蓝本。

三、知识的身体：查拳身体的规范监督

“武术知识并非杂乱无章的堆积物，而是经过人为组织的关于积极的身体规范性系统”[1]。因此，从武术身体知识本体出发，“势正招圆”不仅是查拳门人对查拳身体知识的一种身体规范的表征，更是对查拳拳势的一种身体监督的实践表达。“所谓拳势，在明清两代的武术理论中，不仅指技术成型定式，更是指一种生生变易的招术‘法势’。明代的唐顺之曾为‘拳势’作过一个经典性的诠释：‘拳有势者，所以有变化也，……可以守，可以攻，谓之势’”[2]。作为查拳之拳势，具有“招法严谨整齐，拳法潇洒舒展，身法灵活多变”的身

[1] 戴国斌．武术：身体的文化［M］．北京：人民体育出版社，2011：342.
[2] 周伟良．中华民族传统体育概论高级教程［M］．北京：高等教育出版社，2003：96.

体特征，为合理彰显这一查拳的身体特征，必然要进行对查拳身体知识的规范，其中，“势正招圆”的查拳身体规范便是必由之径。在对查拳身体行使规范与监督的职责，必然要回答势正招圆的身体知识维度命题（图 3–6）。

第一，“武术对身体知识的规范，首先通过不正常身体（异常动作）的确立，作为规范身体（正确动作）的路标，将武术规范性身体的形成与不正常身体的辨认与克服联系在一起”[1] 而进行的一项身体规约实践。同理，对查拳身体的规范，必须先明晰“不正常”的查拳身体表征，以其作为规范性查拳身体的“路标”，进而“对症”实施查拳身体的监督。“在以不正常身体作为规范化对象中，武术建立了各门各派的‘病历系统’”[2]。查拳也有其自身的“病历系统”或称为“病理现象”即动作不标准之处。

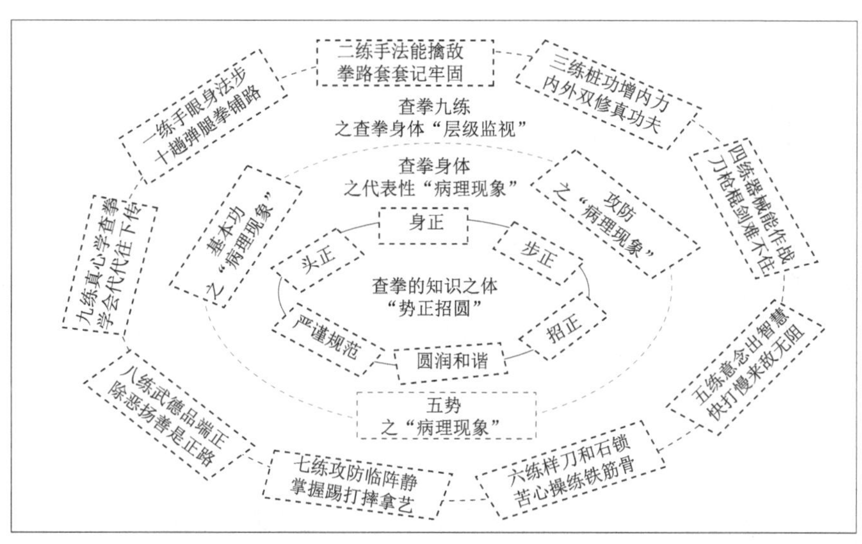

图 3–6 查拳身体行驶规范与监督职责示意图（节选）

就基本功“弹腿”而言，其“病理现象”包含有弹腿五忌“斜、晃、扭、拔、颤”[3] 的“病体”；就攻防技法而言，其“病理现象”包含有攻防四忌“散、狠、慢、毛”[4] 的“病态”；就查拳的五势而言，“要求习练者

[1] 戴国斌．武术：身体的文化［M］. 北京：人民体育出版社，2011：342.

[2] 戴国斌．武术：身体的文化［M］. 北京：人民体育出版社，2011：343.

[3] 山东省冠县文化和旅游局．查拳考略［M］. 济南：齐鲁电子音像出版社，2019：171.

[4] 山东省冠县文化和旅游局．查拳考略［M］. 济南：齐鲁电子音像出版社，2019：176.

忌一味机械模仿”[1] 的“病状”，要追求“感悟拳理，展现出查拳的‘精、气、神、韵、形’”[2] 的“正常”身体。在访谈沙宗朝时，他对查拳的“病症”提道想怎么练就怎么练，练着练着就变样了，（比如弹腿）支撑腿弯曲，弹出去的腿不平。由此，失去对自身身体的规范监督。

通过查拳的“病理现象”来看，习练查拳时身体的状态成为病症的表征，改拳便成为武术身体治病的法门，对于查拳的规范性身体的形成，与其说是改拳，不如说是一门改造身体的行为艺术。那么，查拳身体中改造的标准是什么？结合其“病理现象”而“对症施治”，诸如其弹腿五忌的“病体”是身体的走样所致；其攻防四忌的“病态”是身体在想象的空间中的一种模糊表达。即是说，是由于身体对面前无人似有人所形成的场的适应处于半在场的状态所引起；其五势的“病状”是“身体”中内与外不和谐而致。为此，讲究“头正、身正、步正、招正”的势正之法，追求严谨规范、圆润和谐的招圆之理，对上述的病症均能一一整治，势正招圆便成为查拳门“改造身体”的标准纲领，也是查拳门进行查拳身体规范的必经之径。

第二，通过“规训‘造就’个人，这是一种把个体既视为操练对象，又视为操练工具的权力的特殊技术”[3] 基础上，武术身体作为个体的身体，或集体的身体，也必然要由规训来造就；武术知识对其身体的规训，无疑是有效之径。换言之，更好地规训查拳身体，从而造就其理想的个体。

“势正招圆”成为查拳身体的规范标准，如何有效执行这一标准，必然要回到“练拳方式”中来，根据实地考察与资料搜集，《查拳练功歌》与《查拳上手歌》中所体现的练拳方式，使这一标准外显为一种身体实践的表达。据《查拳练功歌》所载：“一练手眼身法步，十趟弹腿拳铺路；二练手法能擒敌，拳路套套记牢固；三练桩功增内力，内外双修真功夫；四练器械能作战，刀枪棍剑难不住；五练意念出智慧，快打慢来敌无阻；六练样刀和石锁，苦心操练铁筋骨；七练攻防临阵静，掌握踢打摔拿艺；八练武德品端正，除恶扬善是正路；九练真心学查拳，学会代代往下传”[4]。由此可见，在《查拳练功歌》中提及的“查拳九练”，可以看作为查拳身体的一项纪律，是当时查拳门

[1] 山东省冠县文化和旅游局．查拳考略［M］．济南：齐鲁电子音像出版社，2019：177.
[2] 山东省冠县文化和旅游局．查拳考略［M］．济南：齐鲁电子音像出版社，2019：177.
[3] 福柯．规训与惩罚［M］．刘北成，杨远婴，译．北京：生活·读书·新知三联书店，2010：193.
[4] 山东省冠县文化和旅游局．查拳考略［M］．济南：齐鲁电子音像出版社，2019：167-168.

人必须遵守与实施的内容。正如福柯所言，“纪律的实施必须有一种借助监视而实行强制的机制”[1]。“层级监视”[2] 是福柯规训权力时使用的简单手段之一。在这里，“查拳九练”的纪律实施，也展现出一种层级监视的身体图式。

首先，形成了完整、连续的查拳身体规训网络，使层次逐级递增。比如，从“一练”至“九练”，既是规训查拳身体完整、连续网络构建，又是层次逐级递增的外在表现。

其次，每一层次的要求都被置于监视的视野下，以规训查拳身体。譬如，“四练器械能作战，刀枪棍剑难不住”是虚构的一种“战场监视站”视野下，以此来对作为查拳身体的延伸部分——器械的监督，致力达到能作战的理想化身体；“八练武德品端正，除恶扬善是正路”中虚构了“武德监视站”，也是以道德知识来规训查拳身体，使之达到品端正的身体目标。

此外，在《查拳练功歌》中，我们也可以将查拳的身体作为查拳门人实施劳动的对象，从“一练手眼身法步，十趟弹腿拳铺路”到“九练真心学查拳，学会代代往下传”，某种程度而言，表达出身体的规训是从寻求外在秩序的均衡到身体内在秩序的维持与延展的书写，可以称为查拳身体的实践，是查拳身体规范的具象表达；“这些实践把我们与自然界联结在一起，我们的身体即是环境，同时也将我们置于密室的社会规范和规则系统之中”[3]，诸如查拳身体置于“代代往下传”“利国”“利民”等内在的社会规则系统中，借此完成查拳身体的规训。再如“查拳上手歌”中提及“预斗之前心气平，以意领先神集中；勇字当头眼要明，蓄势待发把身定；眼力能战胜三分，气势逼人敌心恐；面前有人似无人，神态自然体要松；攻中有防防中攻，柔进滚衮顺势行；接化顺打灵活用，拳脚膝肘随机定；手脚发出抖弹猛，贴近靠摔如山崩；缠抱之机可拿顶，膝肘顺别随势用；寸劲发力腰胯能，虚实刚柔巧分清；气催力行互协动，上下并用方可赢；周身贯通腰主行，勤悟勤练功自成”[4]。就“练拳方式”而言，其“上手”又可称为“上身”，“打法须上身”是练拳中对“身体规范”的一种“场景”的书写。正如歌诀中的“面前有人似无人”与拳谚中“面前无人似有人”均是查拳练拳方式中构建起的一

[1] 福柯．规训与惩罚［M］．刘北成，杨远婴，译．北京：生活·读书·新知三联书店，2010：194.
[2] 福柯．规训与惩罚［M］．刘北成，杨远婴，译．北京：生活·读书·新知三联书店，2010：194.
[3] 布莱恩·特纳著．身体与社会［M］．马海亮，赵国新，译．沈阳：春风文艺出版社，2000：278.
[4] 山东省冠县文化和旅游局．查拳考略［M］．济南：齐鲁电子音像出版社，2019：168-169.

种“虚拟对手”[1]，“只有在‘无人’时与虚拟对手建立起牢固的‘刺激—反应’（S-R）模式，在面对真实对手——‘有人’时才会有‘似无人’的轻松与自然”[2]，才能趋于歌诀中“神态自然体要松”的理想化身体。

为此，就“查拳上手歌”而言，对于其技击的身体规范，是“将‘虚拟对手’作为套路动作的潜台词，将自己‘置身于一个战斗的场合’（蔡龙云语），以想象的方式让自己的脑海中浮现出缺席的对手”[3] 来予以进行。此处的“虚拟对手”[4] 如同是一种对自己（查拳）身体的凝视，通过想象的对手来监督自己对“拳”处理中的身体规范过程。诸如，对手脚的发力特征，膝肘的顺势而为，气催力行的协同原则，“周身贯通腰主行”的整体与核心的观照，由此有助于走向勤悟勤练功自成的乌托邦式的身体样态。

因此，从查拳的“病理现象”中“查拳病症”的辨证之治，到查拳身体的层级监视，进而对为何势正招圆与何为势正招圆进行了解读，使查拳身体的规范与监督有据可循、有法可依；以此为准则，致力于明晰查拳身体的规范化标准，致力于践行查拳身体的主体实践，致力于提升查拳身体的觉知感，一定意义上展现查拳身体的习拳塑身、习拳修身的一种生活方式。

总而言之，在福柯的“规训思想”中，从权力维度上查拳身体的政治书写，表征出身体是被规训对象的常态性；从伦理维度上查拳身体的道德表达，表征出身体规训上德治的重要性；从知识维度上查拳身体的规范监督，表征出具象的身体技术的规训之法。为此，回应本小节提出的两个基本问题，作为回族武术身体中的查拳身体，何以可能是规训的身体，又何以进行身体的规训。基于上述分析可归结为：其一，从其命名上看，查拳又称“架子拳”或“身法势”，本就是对武术身体一种规训。“架子”，从某种程度而言，可谓是武术中功架的一种体现，武术的功架必然是规范武术基本动作的逻辑起点，“身法势”更是武术身体的追求的乌托邦，拳谚“拳练千遍，身法自见”便是理想化的一种身体表达。其二，讲究势正招圆的身体规范，从某种意义来看，是身体积极力量的一种话语表达。此外，在武术的现代化转型中，现代武术运动——长拳的范畴包括了查拳在内，成为武术教学的主要内容之一，

[1] 戴国斌．武术技击观的“解咒”[J]．体育与科学，2002，23（1）：12.
[2] 戴国斌．武术技击观的“解咒”[J]．体育与科学，2002，23（1）：13.
[3] 戴国斌．武术：身体的文化［M］．北京：人民体育出版社，2011：282-283.
[4] 戴国斌．武术技击观的“解咒”[J]．体育与科学，2002，23（1）：12.

也是武术入门的教学内容之一。因此，查拳中蕴含的规训法则，使之成为规训身体的代表。对于回族武术身体而言，每一拳种均有规训意涵，本研究仅是选取一种代表性和典型性的查拳身体为个案展开的叙事。

第三节 和的身体：河南邓州心意六合拳的身体叙事

从叙事原则来看，中国叙事遵循的是对立统一的原理，内和外两极是中国众多叙事原则的深处的潜在原则，更是“致中和”的审美追求和哲学境界[1]。中国古代的身体观秉持着“身心合一”之道。因此，“致中和”的基本原理，在邓州心意六合拳的身体中会表达出何样的追求与哲学境界？“身心合一”的身体观又在其身体中呈现何样的姿态？作为回族武术身体中的邓州心意六合拳身体，又何以可能是和的身体？本小节需要回答以上基本问题。而研究邓州心意六合拳的身体叙事基本形态可作为此问题域的突破点。据此，回归文本，本小节主要以《心意六合拳拳谱》[2] 为蓝本，展开邓州心意六合拳的身体叙事。一般而言，作为心意六合拳古典文献的一类，其拳谱内容有悠久的历史和深厚的文化，反映出心意六合拳的基本拳理与文化脉络，是人们认知与理解心意六合拳的文化根脉、历史发展、技法特色的重要文献史料。将《心意六合拳拳谱》作为文本来解读，“以中国叙事结构思维融合物理学术语而加以变通，由此引导出的势能概念，是可以从内在、外在和变异各个角度对结构运转中的能量，进行动力学的解读；从三个方面理解结构的内蕴的能量或动力：本体势能（内在），位置势能（外在），变异势能（内在和外在结合而生变异）”[3]。基于此，就身体叙事形态而论，《心意六合拳拳谱》中身体叙事的基本框架，是以智勇双全的身体为叙事动力、以隐喻性的自然身体为叙事修辞、以六合相合的身体为叙事符号。此三者在身体叙事的基本框架中有着统一性，与中国传统文化所形成的身体观念的叙事话语有着紧密

[1] 杨义．中国叙事学［M］．北京：人民出版社，1997：17，21.

[2] 注：此处以张志诚传《心意六合拳拳谱》手抄本为范本，以《十法摘要》《十法》为辅助文本。选择此手抄本，是因邓州心意六合拳的拳理、拳法、拳技均书写于《心意六合拳拳谱》之中。前文所列举的张志诚传《心意六合拳拳谱》手抄本，《十法摘要》《十法》三种拳谱，均存在着内在的逻辑关联。正如马雷石所言：“最早的拳谱就是‘武夫子曰’（武夫子是姬龙凤）这一部，就是老师口述的与徒弟记录的，形成了这个拳谱。到雍正十三年，才有王自成给他写下来的十法摘要。”

[3] 杨义．中国叙事学［M］．北京：人民出版社，1997：77-78.

的关联。

一、智勇双全的身体：心意六合拳身体叙事动力的初心

立足于身体叙事基本理论视角，张志诚传《心意六合拳拳谱》的文本中以身体作为心意六合拳拳理与拳技的叙事载体，是当时武林界门派拳谱书写的一种约定成俗的范式表达。这一范式所涵盖的身体表达是多元化的。即《心意六合拳拳谱》中既彰显了生理身体的一般存在，也蕴含着交往身体的特殊内涵。在约翰·奥尼尔看来，生理身体指涉的是生物学意义上的身体，交往身体指涉的是文化学意义上的身体。就智勇双全的身体而视，因其是《心意六合拳拳谱》文本内的生理身体与交往身体同时在场的意义表达，在其拳谱文本内的身体叙事想象的认知与理解中，对拳理的阐释、拳技的书写和叙事模块的建构等方面的作用举足轻重，成为拳谱中身体叙事的动力所在。其叙事动力的初心话语所构成的身体形态，主要体现在作为内在叙事动力的智勇与作为外在叙事动力的智勇的向度上。

作为内在叙事动力的智勇。如前文所述，《心意六合拳拳谱》是“武夫子”（姬龙凤）其弟子记录其所传心意六合拳的言行而编撰的语录文集。其拳谱文本内的叙事主体可谓为当时的武术家，其将“智勇”融于拳理、拳法、拳技等要素而予以阐释与书写，使得拳谱文本内的“智勇双全”贯穿于“练拳原理”“练拳要义”“练拳进阶”之中。因此，这一阐释与书写成为拳谱文本内的叙事动力源泉。

就拳谱文本话语实践维度而论，智勇话语书写与练拳话语书写，互为映射，是《心意六合拳拳谱》构建内在叙事动力的主要架构，其中围绕着智勇、拳理、拳法、拳技的身体想象与叙述，是拳谱文本生成与建构的动力支撑。一般而言，情境是叙事动力或能量释放设置的触媒。[1] 正如《心意六合拳拳谱》提及的姬龙凤先生创心意六合拳的初心一样，当时的情境使得智勇身体叙事成为动力的起点。据《心意六合拳拳谱》所载：“盖武艺者，言其和也，而和之中，仁智勇具焉，而近世之演武者，徒以捉打钩拿为贫，封闭闪法为据，于闹市之中，逞以跳跃为名为义士，然以不过悦人之耳目，罔取人之钱财耳，其于智，呜呼，其于勇，呜呼！有乎论古人英锐之气，纲正之概，威

[1] 杨义．中国叙事学［M］．北京：人民出版社，1997：78.

武之娇之。不群者，尽为所失，而于作戏之辈大相同也”[1]。短短数语，便道出智勇身体的叙事是发生于“近世之演武者”的演武场域中，由于当时部分演武之士，进行的是“逞以跳跃”“悦人之耳”“取人钱财”的身体行为，使身体本体背离了仁、智、勇应俱焉的价值取向，而与作戏之辈一样，失去了武艺身体的本质特点，缺乏了智勇双全的身体表征。在担忧武艺者身体的仁、智、勇皆失的情境中，姬龙凤以智勇身体为叙事的动力起点，创立心意六合拳，以此回应“盖武艺者，言其和也，而和之中，仁智勇具焉”的身体表达。由此展开了心意六合拳中拳理与智勇的能量互融、互推，描绘出智勇双全的拳谱底色。

心意六合拳与智勇的关系从拳谱中可见一斑。譬如，“论此艺则曰：六合、五行、阴阳、动静、进退、起落变化无穷是其志也，英明过人是其勇也”[2]。其中，根据拳谱撰写的内在逻辑而言，“其志也”中的“志”，应与“智”为同义表达。只有智勇兼备才能达到“日就月将，攀跻之无穷，则智无不备，勇无不生，得和平之理，会和平之情，顺其自然，能去能就，能弱能强，能进能退，能柔能刚”[3]的境界。因此，作为触媒的演武场域中，智勇双全是其核心触媒所指。譬如，在拳谱中提及的“则尽乎其智，备乎其勇，全乎其和，以此而较艺，无不善焉”[4]的较艺话语，是对作为核心触媒的智勇双全在心意六合拳中的一种认知与理解，由此建构出了拳谱中智勇双全的身体叙事机制，是立足于“尽乎其智”“备乎其勇”，追求“全乎其和”的一种身体叙事符号，为《心意六合拳拳谱》文本叙事倾注了核心动力。基于此，在拳谱的通篇叙事表达上，由拳谱的叙述主体姬龙凤对智勇双全身体的叙述，以及文本内所表现出的练拳原理，练拳要义的有序性与规范性推动了《心意六合拳拳谱》文本叙事内在动力的生成与书写。

作为外在叙事动力的智勇。《心意六合拳拳谱》文本的外在叙事动力，是将身体的智勇关注点移至身体所处的历史格局、文化语境、国家话语等结构性的叙事框架下，对智勇的身体与结构性的叙事框架之间的关系进行剖析，彰显出外在叙事动力中的张力表达。

在《心意六合拳拳谱》文本中智勇的身体与结构性的叙事框架之间的关

[1] 河南省武术运动管理中心．河南省武术拳械录［M］. 北京：人民体育出版社，2019：707.
[2] 河南省武术运动管理中心．河南省武术拳械录［M］. 北京：人民体育出版社，2019：707.
[3] 河南省武术运动管理中心．河南省武术拳械录［M］. 北京：人民体育出版社，2019：707.
[4] 河南省武术运动管理中心．河南省武术拳械录［M］. 北京：人民体育出版社，2019：707.

系，体现在习武个体对身体智勇需求的弱化与叙事框架下对习武个体的身体智勇需求的强化间的差异，由此产生的张力推动着拳谱文本叙事脉络的发展与习武价值的深化。具体来说，拳谱文本中开篇第二段便提及："其于智，呜呼，有其于勇，呜呼！"[1] 的感叹，描绘出部分习武个体对身体智勇需求弱化的画面，这一弱化为心意六合拳要求智勇双全的身体叙事奠定了基础。据查，心意六合拳由姬龙凤在明末清初创立[2]，明末清初处在旧制灭亡新制建立的历史交接点上，为巩固政权，尤为强调军事人才的重要性。"清王朝自诩'以武功定天下'，重视通过武科考试选拔将才"[3]，受武举制的导向，以武入仕，成为当时清王朝的国家话语与历史格局下，对习武个体的智勇身体需求的赋加与强化表达。值得一提的是，在笔者调研过程中，邓州心意六合拳传承人马雷石认为，真正状元马家，跟别的拳不一样。它是科考为主，主要练弓、刀、马、石。现在也是练这个弓、刀、马、石，古代科举考试不是练套路，就是练弓、刀、马、石。其中，"状元马家"指的是师承张志诚的马殿甲（邓州人），在1811年的武举制"会试"中，以第一名武进士的成绩被钦点为一甲一名武状元。当下邓州心意六合拳便源自此脉。不难发现，从某种程度来说，邓州心意六合拳的拳法体系中身体的叙事起源便是来自古代武举制。通过实地的考察，现实中邓州心意六合拳仍然保留了弓、刀、马、石的身体训练内容及方法。因此，拳谱文本中所表达的将习武个体对智勇身体的追求与国家层面对智勇身体的需求进行关联，以此建构出外在的智勇双全身体叙事动能的传导与耦合关系。为此，具有表现深刻的历史厚度与彰显习武价值的意蕴。

总的说来，从叙事动力维度来看，在《心意六合拳拳谱》文本的身体叙事中，姬龙凤把智勇双全身体的书写作为其拳谱叙事的初心和动力因素，既是当时武术本体论使然，也是当时历史格局下社会事象发展的必然。从叙事动力的生成来看，《心意六合拳拳谱》文本聚焦智勇双全的初心，尤为重视将智勇双全融入身体之中，寓于拳法之内的身体书写。此外，正如前文《十法摘要》所描述，怀有"吾处乱世可操枪骑马，有万夫不当之勇，若太平之日，

[1] 河南省武术运动管理中心．河南省武术拳械录［M］．北京：人民体育出版社，2019：707.

[2] 查阅资料，心意六合拳的源流共有9种源流说。因本研究主要以张志诚传《心意六合拳拳谱》手抄本为文本进行叙事研究，所以此处以姬龙凤创拳说为来源依据，其余源流不做赘述。

[3] 国家体委武术研究院．中国武术史［M］．北京：人民体育出版社，1996：290.

刀枪入鞘，偶遇不测，将何以御之哉”[1] 姬龙凤，将此种忧虑的势能与初心的能量汇聚成其创拳叙事的核心动力之眼，不仅让智勇双全的思想贯注于武术之身体，而且尤为彰显出拳谱文本内生理身体与交往身体同时在场的意义表征与特有的武术身体叙事价值。

二、隐喻性的身体：心意六合拳身体叙事修辞的自然

“隐喻，传统上被看成最基本的形象化的语言形式”，而“形象化的语言或曰修辞性的语言（figurative language），是那种言在此而意在彼的语言”[2]。瑞恰慈奠定了现代隐喻研究的基本方向，他在《修辞哲学》一书中提出，隐喻是人类语言“无所不在的原理”，它不仅是一种语言现象，还是人类思维的一种方式。[3] 基于此，从隐喻是人类思维的一种方式出发，而形成的隐喻观，运用于武术拳谱的语言书写与表达，使得自然之物的隐喻显现在拳法的基本原理之中。一般而言，詹姆斯·费伦认为叙事是一种修辞行为，这种修辞是“含有一个作者，通过叙事文本，要求读者进行多维度的（审美的、情感的、观念的、伦理的、政治的）阅读”[4]。作为叙事修辞的自然，在叙事文本中必然也是多维的展现。“自然，是宇宙世界和天地万物的生化演变规律。道法自然，武术在这一法则指导下，主张师万物，法天地，从大自然的生化衍变现象中获得灵感和启迪”[5]。

因此，在《心意六合拳拳谱》文本中身体叙事的形态构建上，不仅蕴含着生理身体与交往身体同时在场的叙事，而且更凸显出“师万物，法天地”的交往身体的叙事势能，大大拓展了其身体意象的边界与可能性，将书写的眼光聚焦于与大自然相关联的自然叙事。

就自然叙事的系谱而言，以自然作为武术身体叙事意象与核心主体，俨然成为中国武术拳谱书写的表意范式。《心意六合拳拳谱》文本中主要体现的是“格物取意”的表意范式，在众多拳种中其代表性尤为显著。从隐喻性的身体叙事来看，作为叙事修辞的自然向度，必然绕不开叙事修辞学中的“隐

[1] 河南省武术运动管理中心．河南省武术拳械录［M］．北京：人民体育出版社，2019：711.
[2] 特伦斯·霍克斯．论隐喻［M］．高丙中，译．北京：昆仑出版社，1992：2-3.
[3] 李凤亮．隐喻：修辞概念与诗性精神［J］．中国比较文学，2004（3）：142.
[4] 詹姆斯·费伦．作为修辞的叙事［M］．陈永国，译．北京：北京大学出版社，2002：5.
[5] 全国体育院校教材委员会．武术理论基础［M］．北京：人民体育出版社，1997：48.

喻辞格”的叙事手法，隐喻辞格正是隐喻作为一种思维方式的体现。因此，立足于“隐喻辞格”来解读与阐释《心意六合拳拳谱》文本内的自然叙事，成为彰显隐喻性身体叙事的重要法门。

从自然叙事的维度出发，《心意六合拳拳谱》文本内构建起自然界“物”的隐喻，并将其倾注于拳谱始终，成为其突出拳种特色、拳法习练的得力工具，有力彰显了“格物取意”的表意范式。

其一，就“六艺”做“身法”的表意策略而视，是以“鸡腿、龙身、熊膀、鹰捉、虎抱头、雷声吼，以此做身法”进行规范与规约了心意六合拳的身体习练图式。通过“六艺”做身法，具象到心意六合拳的“摸摩磨”的习练方法中。心意六合拳传承人马雷石认为：“扎枪，手中为摸筋；脚中为磨筋；腰中为摩筋，也就是肘不离肋，手不离腮；手不离腮，是练背的，（二者）也练沉肩坠肘。手的摸，腰的摩，脚的磨，上中下，（也就是）步步不离鸡腿是脚的磨，把把不离鹰捉是手的摸，势势不离虎扑是脊椎的、腰的摩。”通过“摸摩磨”三者习练方法的有机结合，使心意六合拳的“把把不离鹰捉”“势势不离虎扑”“步步不离鸡腿”中隐喻性的身体叙事得以具象化的展现。再如拳谱所载：“上节手法：起钻落翻，起横落顺，起虎扑，落鹰捉，前肘催着手，后肘拽着走，抬手不过眉，把把不离鹰捉。中节身法：起横不见横，落顺不见顺，鸡腿、龙身、熊膀、鹰捉、虎抱头、雷声，势如背锅、行如立龟，势势不离虎扑。下节步法：起翻落钻，起顺落横，起脚不过膝，步步不离鸡腿”。[1] 更凸显出将自然之物寓于心意六合拳的身体“三节”之中的叙事方式。

其二，就注重以“形物之形，悟物之意”的表意策略而论，演绎出心意六合拳中“十形”的身体叙事模型。“十形”，取“龙、虎、蛇、马、猴、鸡、燕、鹞、鹰、熊”动物的灵性与本能，重取其意而成心意六合之拳（图 3-7、图 3-8）。在实地调查中，心意六合拳主张在其意，不在其形；圣人说，三人行必有我师，心意六合拳，一人行也必有我师，跟万物学，万物都是我老师。由此可见，心意六合拳通过法“自然万物”形成了自身的文化符号——“十大真形”，根据其“十形”的灵性与本能，赋予了各自的文化表征，使得在十形习练之时，“每一拳式要求身成六式，外观上要求为形为

[1] 河南省武术运动管理中心．河南省武术拳械录［M］．北京：人民体育出版社，2019：709.

外，十形合一为内为意，为劲意的运用。即身一动要贯穿这十种动物之形态，完整合一，内外一体，三翻九转成一体，十形合一是一势”[1]。

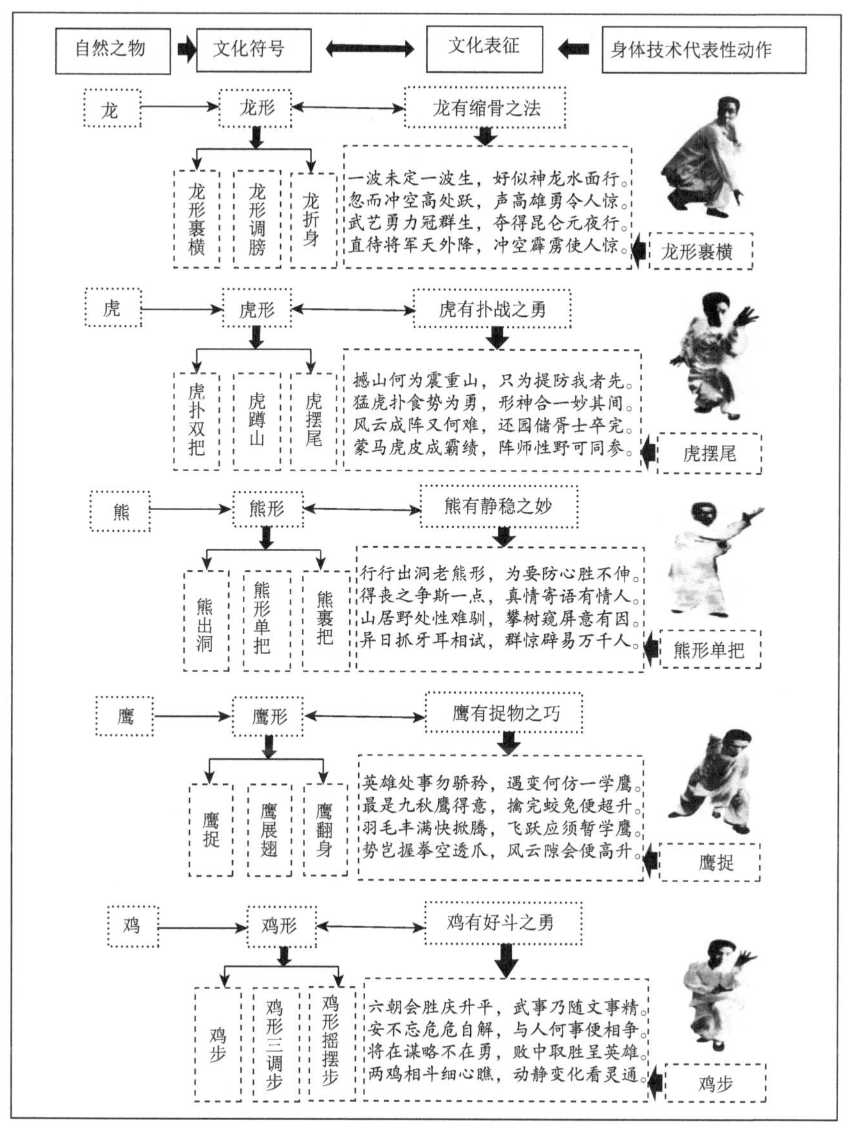

图 3-7　心意六合拳“十大形意”解析图之一

[1] 马雷石．邓州心意六合拳［M］．太原：山西科学技术出版社，2005：125.

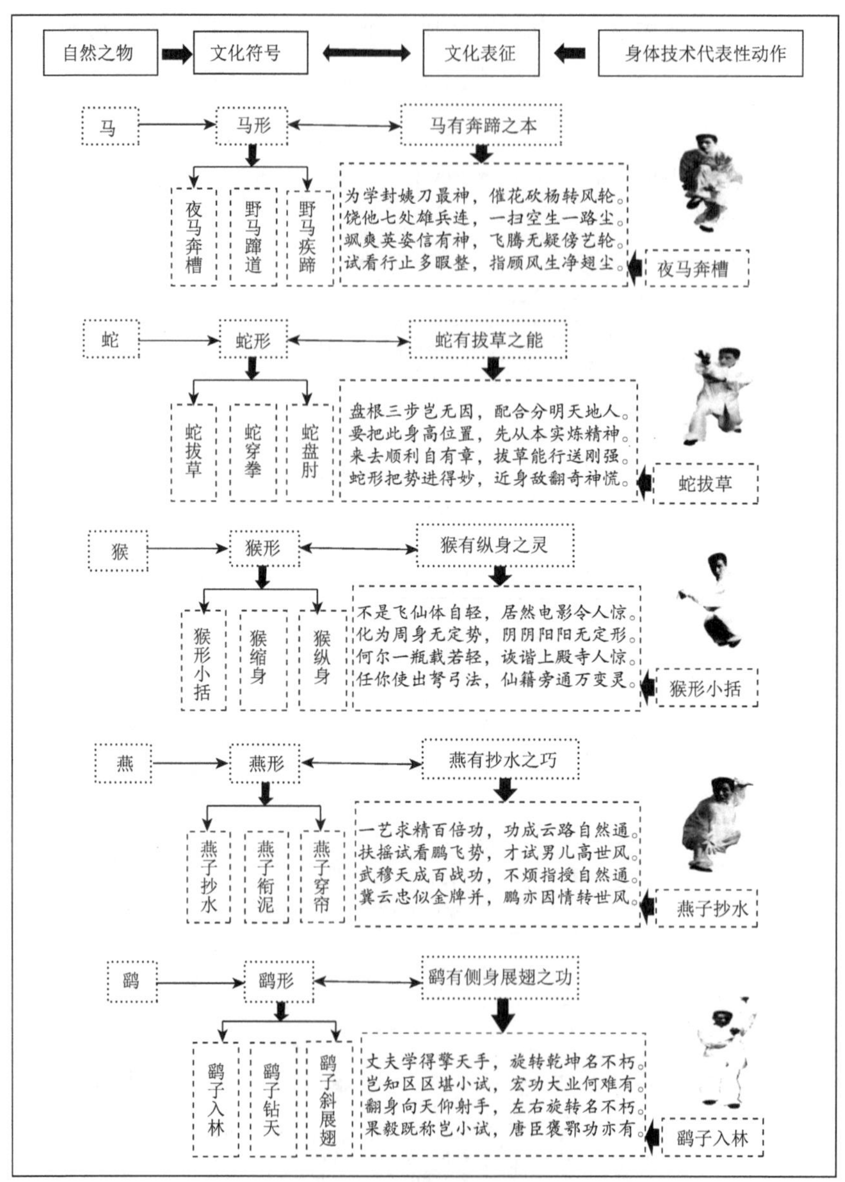

图 3-8　心意六合拳“十大形意”解析图之二

在“圈枪为母”的范式下，十形之练，同样要蕴含枪法之理，如表 3-2 所示。

表 3-2 “圈枪为母”与“十形”间的关联表现（节选）

十形（节选）	“圈枪为母”下十形的表现
熊	熊形之劲，是向前下方捋、踻、按、沉之劲，体现出“从上向下打一把踻艺”的劲意。即为“圈枪为母”中的“下平枪”
虎	虎形之劲，是从下向上斜面扑击之劲，体现出“势势不离虎扑”的劲意。即为“圈枪为母”中的“中平枪”
龙	龙形之劲，是裹、束、蓄之劲，体现出“龙无正行，意在变”的劲意
猴	猴形之劲，是灵巧，灵活之劲，体现出“眼的见性，耳的灵性，心的勇性，三性灵敏快捷，灵活多变”的劲意
鹰	鹰形之劲，是鹰捉之劲，体现出“出手如搓，回手如钩”的劲意，是典型的扎枪与捞枪

据此，心意六合拳以“十形”上身为原理，阐释了自然叙事在心意六合拳中的运用与书写。正如心意六合拳拳理的“十法”中提出“龙有搜骨之法，虎有纵山之力；鹰有捉禽之雄，鹞有钻林之功。燕有洗澡之能，猴有动身之灵；马有盘槽之勇，蛇有分草之巧；猫有扑鼠之精，鸡有踩扑之意”[1]。不难发现，此类以自然之物的隐喻作为叙事手法的研究表达，为《心意六合拳拳谱》的自然叙事提供了新的思维模式。诚然，隐喻性的身体在心意六合拳中的表达，也并非是单纯的自然之物本身的展现，而是被叙事主体赋予了具有武术丰富内涵的隐喻之意，是一种武术道法自然身体观的现实写照。

因此，姬龙凤在《心意六合拳拳谱》中对于自然叙事的修辞学阐释，所呈现的内蕴之意可归结为：其一，通过自然之“物”身体的叙事修辞，将此类“形物之形，悟物之意”的身体隐喻为“出如搓，回如钩”的劲法，以及“把把不离鹰捉”“势势不离虎扑”“步步不离鸡腿”的招法等修辞性的同质话语。其二，道法自然的思维框架，使得自然之物的身体突破了外在形的边界，进入了随心所欲的内在意的身体想象空间，展现出心意六合拳的身体展演之“拳意”因人而异的叙事图景。为此，作为叙事主体的姬龙凤，将作为叙事修辞的自然，采用隐喻的修辞手法，缔结出心意六合拳以身体为主体、追求心意相合的意义之网，其内蕴的价值是对崇尚自然、注重和谐的武术身体观的反思之行。

[1] 马雷石．水氏家传心意六合拳之十大真形［J］．搏击，2010（12）：14.

三、内外相合的身体：心意六合拳身体叙事符号的六合

《心意六合拳拳谱》文本中除聚焦于动力性的初心叙事与隐喻性的自然叙事的身体形态叙述之外，还注重习拳过程中内外相生、内外相合的身体表征的书写与表达。为准确把握并深刻理解其内外相合的身体叙事形态，必然要以叙事符号对《心意六合拳拳谱》文本结构的内蕴能量予以解读。即是说，在《心意六合拳拳谱》文本中，以六合的身体为能指，以六合的身体背后所蕴含的意义为所指，由此将内外相合的身体进行一种符号化的叙事。

第一，依循中国古典哲学的身体观所秉持的天人合一的逻辑理路，演绎出《心意六合拳拳谱》文本中习练主体练习心意六合拳的练习指向、练习原理、练习要义等习练话语和习练实践的预设与规范，证实了六合身体的在场事实。值得一提的是，此处的天人合一所叙述的范畴侧重于“内外统一”的观点。正如钱穆先生所言“一天人，合内外”，道出了心意六合拳中六合身体的特质所在。

关于“六合”，拳谱所载：“六合者，心与意合，意与气合，气与力合，肩与胯合，肘与膝合，手与脚合；此谓之六合”[1]。其中“心”“意”“气”“力”可谓为内，“肩”“胯”“肘”“膝”“手”“脚”可谓为外。毋庸置疑，内与外均以身体为载体，来实现内外相合的身体叙事，也是习练主体指向所在。

在“武夫子”的言说中，六合的身体显现出独特的意蕴。譬如，“武夫子曰：心与眼合多一明，心与肝合多一灵，心与气合多一力，心与意合多一精。先分一身之法，心为元帅，肘膀腿为五营，四梢左为先行，右为元帅，手足相顾，准备一切，护上下相连，要精与贯通熟，早知贯通熟为妙，过后见识不为无”[2]。此处，“武夫子”对六合身体的叙事，较其他拳种来说，有着自身的“差异化”叙事：首先，通过“心”与“眼”“肝”“气”“意”的合之谋略，从而表达出“多一明”“多一灵”“多一力”“多一精”的多之意蕴，生动诠释出武术讲究的“先在心，后在身”的习练法则。其次，对“一身之法”的叙述，深挖了六合身体所展现的“精”与“贯通”的习练原则。此差

[1] 河南省武术运动管理中心．河南省武术拳械录［M］. 北京：人民体育出版社，2019：709.

[2] 河南省武术运动管理中心．河南省武术拳械录［M］. 北京：人民体育出版社，2019：709.

异化也阐释出习练主体的练习原理所在。

依据拳谱所载“六合要合，五行要顺，四梢要齐，三节要明，三弯要对，三心要实，三意要连，三尖要照，原来是本身灵实”[1]。从一定意义上来说，六合身体是以“六合”为核心，观照“五行”“四梢”“三节”“三弯”“三意”“三尖”符号之间的相合。六合身体中的“五行”符号化，乃指“心动如火焰，肝动如飞剑，肺动陈雷声，脾动肋加攻，肾动快如风，五行顺一气，放胆即成功”[2]中内安五脏顺一气的相合。六合身体中的“四梢”符号化，是指在“浑身毛孔为血梢，手指脚甲为筋梢，牙为骨梢，舌为肉梢”[3]中“四梢”须齐的前提下达到相合；六合身体中的“三节”符号化，指明上节是“把把不离鹰捉”，中节身法是“势势不离虎扑”，下节步法是“步步不离鸡腿”，以中节为主宰，上下节相随的相合。六合身体中的“三尖”符号化，其源自六合枪的“三尖”，《纪效新书》载：“必上照鼻尖，中照枪尖，下照脚尖。”[4]诸如此类，通过六合机制将其有机耦合，力求回归到本身灵实的身体话语。在六合引领下，使六合身体的符号化叙事与“明了四梢多一精，明了五行多一气，明了三心多一力，三回九转是一势”前后呼应，阐明了习练主体的练习要义所在。

心意六合拳在“筋劲合心意”的五个维次中，对于“合”的维次，素有“得其中便得其合”之说。譬如，“‘四班合在一处要’是身就是中，‘心为本身意为功’是心就是中，身、心皆要求合”的守中、用中的旨向。

因此，《心意六合拳拳谱》中六合身体符号化的叙事，通过“六合”“五行”“四梢”等符号的能指，将其六合身体在此类符号背后蕴含的习练准则的所指条分缕析予以叙述，去追求张岱年先生言及的“人生最高理想是自觉地达到天人合一之境界，物我本属一体，内外原无判隔”[5]的理想化身体。

第二，与中国传统文化之精神所崇尚的“贵和谐，尚中道”的身体观相吻合，《心意六合拳拳谱》文本中叙事主体对六合身体中“合”的延伸与超越，建构出心意六合拳中“和”“中”身体叙事的符号。

[1] 河南省武术运动管理中心．河南省武术拳械录［M］．北京：人民体育出版社，2019：709.

[2] 河南省武术运动管理中心．河南省武术拳械录［M］．北京：人民体育出版社，2019：709.

[3] 河南省武术运动管理中心．河南省武术拳械录［M］．北京：人民体育出版社，2019：712.

[4] 戚继光．纪效新书：十四卷本［M］．范中义，校译．北京：中华书局，2001：98.

[5] 阙君，金彤．论太极拳的文化内涵与建设社会主义和谐社会［J］．搏击：武术科学，2006（9）：3.

从《心意六合拳拳谱》文本内容来看，既有开篇言及的“盖武艺者，言其和也，而和之中，仁智勇具焉”的“和”与“中”，为其拳谱的文本铺陈下基调；也有“全乎其和，以此而较艺，无不善焉”的“和”，为其拳谱文本内的拳法体系指明了核心；还有“盖世一字是中身，起落二字自身平，为其方正”中拳法技术所形象表达出的“中”与“和”的演练；更有“演武者，思武之道，依吾者，总无大害，见理而思中”的“中”的思维模式，诸如此类的“和”与“中”映射出六合身体符号能指的内涵拓展，与“合为一气盖乾坤”“守住一心行正道”中的“合”“一心”息息相映。在实地调研中，邓州心意六合拳传承人马雷石以《道德经》中的“万物负阴而抱阳，冲气以为和”解读了六合身体中射箭姿势的马步所表现的符号叙事。在访谈中马雷石认为（访谈日期：2021-04-21）：

射箭还是用这个步（马步）。这个脚（左脚）是往后的，这个脚（右脚）是往前的，这就叫，不丁不马，这就是先有马步，也就是负阴而抱阳，都是往里面裹，裹住以后，抱住阳，负阴而抱阳，这就是老子的，万物负阴而抱阳，必须符合这个抱住这个阳，才能抱住这个心，心意拳的心。外围都是阴，抱着里面的阳。万物负阴而抱阳，冲气以为和。

为此，遵循《道德经》中的“负阴抱阳”“冲气为和”的原理，方能准确理解与把握心意六合拳中“抱六合，勿散乱，气行全身得自然”的身体想象。

因此，从《心意六合拳拳谱》文本叙事的身体观念来看，既有着“一天人，合内外”的身体意想，也有着“贵和谐，尚中道”的身体想象。不难发现，在心意六合拳中，尤为注重以“合”为核心话语的身体观念，在“合”字的观照下，牵动五行、四梢、三节、三心等身体符号，表征出“以合观身，以身合心，内外合一”的身体与“合”的内在逻辑范式，并致力于展现出作为《心意六合拳拳谱》叙事主体的姬龙凤在创拳时的多元价值取向与多维情感态度的交叠，并由此产生作为多元化的叙事符号——六合身体叙事形态。

总而言之，对邓州心意六合拳身体叙事的基本形态，以《心意六合拳拳谱》文本为核心进行解读，其所展现的身体叙事形态的基本模式可归结为：一是以初心是智勇双全的身体，作为叙事动力；二是以隐喻性的自然身体，作为叙事修辞；三是以内外相合的六合身体，作为叙事符号。此三种身体叙事的基本形态，遵循以身体叙事为主干，三种身体共生共融，贯穿于《心意六合拳拳谱》文本之中，力求映证其拳谱文本内身体的在场性，并与拳谱文本内的身体想象形成互补，以期为拳谱文本的身体话语提供新的范式。因此，于回族武术河南邓州心意六合拳而言，对于何为和的身体，何为和的身体叙事，在上述分而论之的基础上，合而统之归结为：其一，就拳谱文本而言，智勇双全、崇尚自然、内外相合均是“心为本身意为功，一身之意盖为中”的身体书写；其二，就拳技文本而言，是追求“拳中求身，身中求和”身体想象的表达。据此，心意六合拳的身体叙事，是以和的身体为根本展开的身体叙事。对于回族武术身体而言，每一拳种均有和合内涵，本研究仅是选取一种代表性和典型性的心意六合拳身体为个案展开的叙事。

第四章 回族武术身体叙事的当代审视与启示

“存在主义和现象学层次上的‘我等同于我的身体’的声称，容或可以给予我们一个体悟身体触觉，以及意向性（intentionality）和生活世界建构的关联的思考，但这并不能去除身体的存在必然交杂着许多力量的同时存在，以及身体必须存在于一个特定的时间、空间场域的这个事实”[1]。回族武术身体同样不是孤立的存在，是诸多力量的交叠，且受制于社会、经济、文化、政治等多方面的影响。诚然，在其身体叙事框架下，回族武术的身体在当代应如何存在？结合前文对回族武术的身体分析，本节将从回族武术身体叙事的当代审视与启示出发，从以下三个方面展开论述：其一，身体改造，作为促进健康的力的身体延续；其二，身体管理，作为社会适应的规训的身体延拓；其三，身体隐喻，作为铸牢中华民族共同体意识的和的身体表现。

第一节 身体改造：作为促进健康的力的身体延续

身体改造，此处尤指人们为达到健康的身体而采取的某种方式与手段，致力于提升生命质量。尼采的身体思想将力与身体相关联，建构起健康的身体就是力的根本体现。一定程度而言，尼采的“生命哲学”以及“一切以身体为准绳”，为回族武术身体的存在提供了基石。值得一提的是，回族武术作为中华武术的重要组成部分，一定程度上也丰富了中华武术的身体意涵。据此，本研究将作为促进健康的力的身体延续置于人类卫生健康共同体的全球语境下，以期来审视与启示回族武术身体的存在。

[1] 黄金麟. 历史、身体、国家：近代中国的身体形成（1895—1937）［M］. 北京：新星出版社，2006：6.

2020 年 3 月 21 日，习近平主席在致电法国总统马克龙时，首次提出人类卫生健康共同体的崭新倡议；在第 73 届世界卫生大会上他呼吁“共同佑护各国人民生命和健康，共同佑护人类共同的地球家园，共同构建人类卫生健康共同体”[1]。由此，构建人类卫生健康共同体成为促进健康重要的中国方案。构建人类卫生健康共同体的科学内涵及理念，从历史看，是中国对世界公共卫生发展规律的科学认识；从理论层面解读，是马克思主义中国化的重要理论成果。同时，这一思想也源于大同世界、天下为公、天下和合、共为一家、民吾同胞、物吾与也、达则兼济天下等中国传统文化精髓，具有深厚的中国文化特色[2]。在人类卫生健康共同体的科学内涵与理念的表达中，人民至上、生命至上、同舟共济、团结合作、健康治理成为时代之声。

回族武术是中华武术重要的组成部分。中华武术，作为新时代下体育治理健康的一种方式，不仅具有“强健身体，培育精神的‘初心’”[3] 的身体治理内涵，而且其身体治理理念实现了从“活动手足，惯勤肢体”来寻求身体外在秩序平衡的治理理念向注重“一动无有不动”的整体身体治理理念的转变。中华武术的身体表达，为人们追求健康提供了有益的身体实践范式。因此，立足于人类卫生健康共同体的视域，基于其内涵与理念框架，置于中华武术大体系框架下，提出以健康为宗旨来阐释回族武术促进健康的逻辑构造，致力于挖掘回族武术促进健康内在逻辑的历史脉络；致力于阐释回族武术促进健康内在逻辑的理论渊源；致力于求证回族武术促进健康内在逻辑的现实指向，并对当代回族武术之身体的存在提供启示。

一、历史的身体：回族武术促进身体健康的历史脉络

恩格斯说：“历史从哪里开始，思想进程也应当从哪里开始。而思想进程的进一步发展不过是历史过程在抽象的、理论上前后一贯的形式上的反映。”[4] 回族武术促进健康的思想的发展，必然与中华武术历史过程有着紧

---

[1] 习近平．团结合作战胜疫情 共同构建人类卫生健康共同体——在第 73 届世界卫生大会视频会议开幕式上的致辞［N］．人民日报，2020-05-19（2）．

[2] 李春根，罗家为．深入理解“人类卫生健康共同体”的逻辑理路［N］．光明日报，2020-04-27．

[3] 杨建营．以“扣子论”为切入点的新时代中华武术发展改革定位［J］．北京体育大学学报，2021，44（1）：145-156．

[4] 中共中央马克思恩格斯列宁斯大林著作编译局．马克思恩格斯文集（第二卷）［M］．北京：人民出版社，2009：603．

密而直接的关联，具有内在的统一性。回望中华武术的发展历史，20 世纪在中华武术发展历史上极不平凡。在这一时期，涌现出一大批回族武术人士，他们用武术身体践行着应有使命。在这百年之间，中国面对“三千年未有之变局”，中华武术的防身、健身、养生话语也深处变局之中，致使 20 世纪的中华武术发展道路呈现多元的格局。而这一多元格局，与中华武术促进健康之间又有何历史关联？回族武术身体在期间又有何表现？尤其是在构建人类卫生健康共同体的今天，立足于全球卫生治理，反思中华武术将提供何样的健康公共产品，势必要梳理中华武术在历史上曾有何样健康公共产品。因此，聚焦并梳理 20 世纪前期、中期、后期中华武术的发展史，方能准确把握并深刻理解在人类卫生健康共同体视域下，中华武术何以可能促进健康的历史逻辑。

第一，尚武强国是回族武术促进健康的历史镜像。回族武术是中华武术最具民族性的代表，纵观中华武术历史发展，20 世纪前期，中华武术的发展在国家权力在场的作用下，历经废武举到倡国术的转向，使得对待中华武术从“举国上下，莫不知其无用”的论调，转变为“强健身体，培育精神，拯救文化，复兴民族”[1] 的呐喊。一方面，清末废武举是以中华武术为代表的冷兵器与枪炮为代表的火兵器较量的结局，更是军事之间差异化的一种显著表现。清末时期武举中的“弓、刀、马、石”不能适应当时军事所需，更不能与当时西方列强的“坚船利炮”相抗衡。在诸多压力之下，光绪二十七年(1901 年)，清王朝上谕：“武科一途，本因前明旧制，相沿已久，流弊滋多，而所习硬弓、刀、石及马、步射皆与兵事无涉，施之今日亦无所用，自应设法变通，力求实际；嗣后武生童考试及武科乡、会试，着即一律永远停止。”[2] 至此宣告武举制终结，致使武举制在国家层面退场。废武举，使中华武术由军旅转入民间[3]，这一转变为之后的中华武术促进健康提供了历史依据。另一方面，民国初期倡国术是中华武术热再度兴起的时代。究其缘由，源于 20 世纪前期的“中国面对‘三千年未有之变局’，民族孱弱、国家危亡，

[1] 冯香红，杨建英，杨建营．张之江武术思想的主旨及其当代价值［J］．北京体育大学学报，2018，41（11）：126.

[2] 许友根．清末废武科原因再探［J］．盐城师专学报（哲学社会科学版），1998（1）：69-72.

[3] 李江，张亚琼，王智慧．功能丧失与制度异化：武举制度变迁的动因与启示［J］．体育与科学，2012，33（5）：16-19.

社会精英挽救民族危亡成为时代主题"[1] 的号召。在国势衰微的社会环境下，中华武术作为强国强种的实践行为，其所蕴含的民族精神与符号隐喻，表达出谋民族之强盛须臾不可或缺的历史使命。譬如，1915 年，中华武术正式列入学校课程，这一举措的初心是将中华武术"作为一种尚武强国的重要教育手段推向学校"[2] 的必然。1928 年 6 月，中央国术馆成立，是国家权力"在场"对中华武术作用的真实写照；将"武术"称为"国术"，便是其权力的象征。1929 年 2 月颁布的《中央国术馆组织大纲》第一条规定："中央国术馆以提倡中国武术，增进全民健康为宗旨"。[3] 不难发现，其宗旨已显示出倡国术的价值取向，是 20 世纪前期中华武术的现实反映。据史料记载，当时中央国术馆中回族武术人士颇多。诸如，常振芳、张英振、张文广、马凤图等武术人士均是在倡国术语境下回族武术的传承与传播者。然而，20 世纪 20—30 年代的一场体育"土洋之争"将中华武术推向风口浪尖，使中华武术热逐渐"冷却"。虽有冷却，但我们应该洞察，"土洋之争"背后的积极意义在于，从争论"武术是否具有锻炼价值"，到发出"国（武）术科学化"的时代口号[4]，是中华武术何以可能促进健康的历史反思与历史创新所在。因此，在 20 世纪前期，中国面临"救亡图存"，包括回族武术在内的中华武术在国家权力的在场作用力下，内示出其具有"强民族、强种族"的历史表达。一定意义来看，这一历史表达与新时代人们追求健康的现实反应不谋而合，更是人类卫生健康共同体的理念所在。

第二，回族尚武，回族武术在历史进程中对身体进行改造，从而为促进健康提供了身体素材。回族武术是中华武术健身价值重要体现的代表，20 世纪中期以来，在党和政府的高度重视与关怀下，中华武术以增强体质为价值定位进入了新发展期。毛泽东主席题词"发展体育运动，增强人民体质"为中华人民共和国的体育发展做出了明确的定位。中华武术作为体育事业的重要组成部分，内嵌在体育发展之中。例如，1949 年 10 月，中华全国体育总会筹备会中委员会主任冯文彬指出"要开展武术活动"；1953 年 11 月 8—12 日

[1] 刘启超，戴国斌，段丽梅．近代中国"武侠"再造与"武德"型塑之研究［J］．体育科学，2018，38（5）：81.

[2] 周伟良．中华民族传统体育概论高级教程［M］．北京：高等教育出版社，2003：100.

[3] 国家体委武术研究院．中国武术史［M］．北京：人民体育出版社，1996：338.

[4] 周伟良．中华民族传统体育概论高级教程［M］．北京：高等教育出版社，2003：103-105.

举行全国民族形式体育表演及竞赛大会，武术是其主要内容，期间，兼任国家体委主任的政务院副总理贺龙对当时的武术发展提出了三件重要之事，其中第二件便是“如何使它们（武术）符合科学原理，使它们易于掌握，收到增强体质的效验。”[1] 阐明了当时武术发展的方向，表达了国家层面对当时中华武术在增强体质功效方面的发展愿景，为之后的中华武术促进健康奠定了一定的历史基础。不容忽视的是，因当时社会情况的复杂性，在中华武术的发展中出现了一些不良现象。诸如，某些社会武术团体建立的随意性，某些不法分子利用武术进行欺骗、宣扬迷信等行为，破坏了社会秩序。为此，1955 年 5 月 31 日，国家体委副主任蔡树藩指出“武术工作根据主观力量和客观情况，目前只能进行一些整理和研究工作；提出一些与体育有关的、对健康有益的、又能推行的项目”[2]。1956 年 3 月 9 日，国家副主席刘少奇指出要加强研究，改革武术、气功等我国的传统体育项目，研究其科学价值，采用各种办法，传授推广。[3] 系列举措均反映国家层面对当时武术发展的高度重视，其中强调对健康有益、研究其科学价值等话语，成为中华武术促进健康的一种历史书写。一定程度而言，这种“历史书写”是新时代习近平总书记提出的构建“人类卫生健康共同体”中对“健康”价值重视的“践行”。

第三，回族尚武，助推回族武术在历史进程中进行强身与健身的身体分类。回族武术在中华武术中占据着重要位置，从中华武术的整体发展进程来看，20 世纪后期，中华武术历经“挖整”工作，到最终形成“传统—竞技”二元架构的武术形式，是中华武术何以可能促进健康的历史镜像。一方面，武术的“挖整”工作既丰富了武术拳种素材库，整理梳理了 129 个拳种，又延续了武术的生命，开启了武术拳种普查先河。无疑，中华武术的“挖整”工作，为其之后的发展注入了活力；某种程度来讲，这一举措为中华武术何以可能促进健康提供了有拳可练、有拳能练的历史基础。另一方面，最终形成“传统—竞技”二元架构的武术形式有其武术发展的历史必然，也有推进武术历史发展必然运转的动力。具体地说，1982 年 12 月国家体委召开的全国武术工作会议中确定了“抓挖掘整理、竞赛改革和推向世界”三项任务。其中，“竞赛改革”和“推向世界”为 20 世纪 80 年代的武术发展指明了方向。

[1] 国家体委武术研究院．中国武术史［M］．北京：人民体育出版社，1996：362.

[2] 刘同为，张茂林．武术套路运动竞技化历史寻绎［J］．北京体育大学学报，2006（2）：287-289.

[3] 国家体委武术研究院．中国武术史［M］．北京：人民体育出版社，1996：365-366.

刊载于1986年第1期的《武术健身》上的《行家畅谈武术形势》一文，就当时“国内武术热”和“武术走向世界”的两大问题座谈会进行了摘录。回族武术家张文广提出“引导人们科学地、脚踏实地地练武，是武术宣传长期的重要任务”，时任国家体委武术处副处长的张山认为“武术前几年是轰轰烈烈，现在是扎扎实实”。当时的武术形势一片大好，竞技武术的发展最为迅速，成为当时武术中的“一枝独秀”。值得注意的是，竞技武术异军突起的局面，使之前武术中百花齐放、百家争鸣的局面出现了失衡。焦点在于“传统—竞技”武术的二分法出现了裂缝。客观来说，竞技武术的发展有效地推动了中华武术的发展，是“现代武术运动的一个标志性文化符号”[1]。对于传统武术的发展虽有迟缓，但其在“去其糟粕，取其精华”的基础上，也保留着传统的文化基因，蕴含着自身的文化价值。关于二者的裂缝此处不做深入探讨，仅立足于中华武术促进健康的视角，辩证看待“传统—竞技”武术的二元架构，不难发现，无论是传统武术，还是竞技武术，均有强身、健身的价值，只是程度有所差异。通俗地说，在强身与健身之法上，传统武术突出了传统特性，竞技武术凸显了现代特性。因此，20世纪后期，从武术拳种的“挖整”到“传统—竞技”武术的形成，为中华武术何以可能促进健康提供了历史依据。对于作为传统武术的回族武术而言，在笔者调研过程中，无论是河北孟村开门八极拳，还是河南邓州的心意六合拳，均有其富有传统的健身养生之内涵。由此，这一历史依据是新时代构建人类卫生健康共同体视域下中华武术何为“健康”的审视与甄别。

基于上述之扼要梳理，立足人类卫生健康共同体视域，在中华武术大框架下，回族武术促进健康的历史逻辑可归结为：其一，包括回族武术在内的中华武术发展历史的价值取向与人类卫生健康共同体的价值旨归具有一致性。其二，新中国成立以来，从毛泽东思想中体育思想的内涵，到新时代习近平提出构建人类卫生健康共同体的理念，使包括回族武术在内的中华武术的健康功能定位具有历史传承价值。其三，包括回族武术在内的中华武术蕴含的强国强种之功效是人类卫生健康共同体中健康治理理念中的具体表达。总的来说，习近平总书记倡导的构建人类卫生健康共同体，是在中国长时段历史进程中人民对健康追求的生动演绎，是社会对健康进行公共治理的生动表达。

[1] 周伟良．中华民族传统体育概论高级教程［M］．北京：高等教育出版社，2003：110.

因此，人类卫生健康共同体的理念为包括回族武术在内的中华武术何以可能促进健康展现了历史的逻辑，明示了其提供公共健康产品的方向。在中华武术促进健康的历史发展进程中，回族武术内嵌在中华武术之中，必然也发挥着自身的应有价值。无论是倡国术时期回族武术人士身体力行的践行，还是“挖整”工作中对回族武术的辨别，均为中华武术历史在回族武术身体上印刻出作为一种促进身体健康的存在标识。

二、理论的身体：回族武术促进身体健康的理论金钥

回族武术何以可能促进健康的逻辑构造，既有宏大的历史背景，也有厚实的理论根基。立足于人类卫生健康共同体视域，其理念根植于马克思的共同体思想和世界历史理论，融入了中华优秀传统文化的和合哲学[1]。作为中华武术类别中的回族武术，就促进健康的理论层面而论，其既蕴含着《易经》《黄帝内经》《论语》《中庸》等中国古典哲学中对健康的阐释，也反映马克思主义共同体理论对健康的诠释。此类经典论著对何谓健康、何以健康的经典论述，为回族武术促进健康提供了理论源泉，夯实了理论基础。

其一，我国古典哲学文化中的健康之道，为回族武术促进健康提供了理论源泉，与人类卫生健康共同体的健康理念所指一致。具体而言，一方面，我国古典哲学对健康之道的阐释，逻辑起点在于对何谓健康的解读。依健康二字为索，我们追寻古籍，《易经》中“天行健，君子以自强不息”，道出了健具有刚健、坚强之精神；《尚书·洪范》中“五福：一曰寿，二曰富，三曰康宁，四曰攸好德，五曰考终命”，道出了“康”具有健康之含义；故此，古籍之中健康蕴含精神、身体之健康。深植于中华传统文化土壤中的回族武术，在形成“外练手眼身法步”“内修精神气力功”的拳谚体系中，其背后的理论基础便是古典哲学对精神与身体之健康的具象表达。这一具象表达是习近平总书记构建人类卫生健康共同体中健康理念的哲学历史来源之一。另一方面，我国古典哲学对健康之道的阐释，逻辑归宿在于对何以健康的解读。就讲究的中和之法而论，譬如，“致中和，天地位焉，万物育焉”（《中庸》）；“阴平阳秘，精神乃治，阴阳离决，精气乃绝。”（《黄帝内经·素问·生气通天论》）等，使得“中庸之道”“阴阳平衡”在健康之道中得以彰显。正如

[1] 梁爱文．构建人类卫生健康共同体的时代意蕴与实践进路［J］．理论月刊，2020（10）：14-21.

回族武术河南邓州心意六合拳中讲究“中和”原理，在其《拳录》中论述“心意六合拳可调节人体七种伤害的辩证”之法时，马雷石曾提到心意六合拳的十二大势可调理人体喜、怒、悲、忧、恐、惊、思七情。可见，拳法之中的“中和”折射出健康之法。就讲究以“动”为道而论，诚如，“动而健，刚中而应”（《易传·无妄》）；“成败倚伏生乎动，动而不已，则变作矣”（《黄帝内经·素问·六微旨大论》）等，使得“流水不腐，户枢不蠹”之理更显健康之深刻含义。就讲究以节为纲而论，诸如，“食饮衣服、居处动静，由礼则和节；不由礼则触陷生疾。”（《荀子》）；“过犹不及”（《论语》）等，使得以节为制的健康之论更显生活之意。此外，中医的穴位经络学说也映射在回族武术之中。回族武术河北孟村八极拳传承人吴连枝曾就八极拳中“两仪桩”的健身之法言及蹲两仪桩的时候，右手劳宫穴朝上，左手劳宫穴朝下，脚的外掌撑着，悬涌泉穴，这样你才能达到健身强体的作用。人的任脉和督脉形成了躯体的一个弓，人身体就是一个弓。言谈之中，无论是动作招式讲究的穴位经络，还是一身备五弓的传统武术之桩法，都能印证包括回族武术在内的中华武术，将其古典的理论基础融于拳法、拳理之中，孕育着武术的健康之体。此类经典焕发出的健康思想，滋润着回族武术文化，回族武术中所演绎的天人合一观便是古代哲学思想的结晶所现，更是健康哲理的内核所指，与我们生活中追求的健康之道不谋而合，是人类卫生健康共同体中健康理念的实践理路。

其二，马克思主义共同体理论，为回族武术促进健康夯实了理论基础，与人类卫生健康共同体的健康理想保持一致。正如前所述，人类卫生健康共同体是人类命运共同体的重要组成部分，人类命运共同体“既是东西方轴心时代孔子和柏拉图关于‘理想社会’构想的现代化，也是马克思和恩格斯‘真正的共同体’的具象化”[1]。真正的共同体是“人的自由全面发展的共产主义社会共同体”[2]。实现人的自由全面发展是马克思恩格斯创立马克思主义的原始动力和最终目标。[3] 一定程度而言，健康是人的自由全面发展的起点和归宿，当下的全面健康涵括了身体、心理、生理、精神、社会、环境

[1] 高金萍．理想、理念、理论：人类命运共同体的演进逻辑［J］．当代世界，2021（6）：24-30.

[2] 高金萍．理想、理念、理论：人类命运共同体的演进逻辑［J］．当代世界，2021（6）：24-30.

[3] 郑金鹏．习近平“人民美好生活观”的逻辑阐释与现实启迪［J］．山东社会科学，2020（4）：116.

等多方面的健康指标。在多元指标的指向下，立足于生活、全面健康俨然成为人们追求美好生活的必要条件和内在诉求，更是人类卫生健康共同体的健康理想的指向。正如，拳谚云“练有形者（外）为无形（内）之佐；培无形者为有形之辅”。通过内外兼修，达到内壮外强，致力于身心的全面发展；以及中华武术的“练以成人”，其成人之果的“武德与功夫”是从主体“人性与天性”两个层面，促进主体的自我实现[1]。皆诠释的是全面健康的内涵，表达的是人的自由全面发展，言说的是人类卫生健康共同体的健康理想。

鉴于上述之简要梳理，立足人类卫生健康共同体视域，其理论逻辑表现为：第一，就中国传统文化而言，中国自古以来就有天下大同的历史文化传统[2]，所倡议的人类卫生健康共同体表达了天下大同的理念，其核心价值是追求全面健康的旨趣，为回族武术追求全面健康的理念奠定了理论基础。第二，就马克思主义共同体理论而言，人类卫生健康共同体是人类向往美好生活的一种理论的具象表达，为回族武术的健康思想夯实了理论基础。总的说来，习近平总书记提出的构建人类卫生健康共同体倡议，是对人类全面健康治理的生动诠释，是人们追求健康之道的生动映射。因此，构建人类卫生健康共同体理念为回族武术何以可能促进健康的理论逻辑奠定了健康理念之基础，丰富了回族武术的健康思想。诸如，河北孟村开门八极拳拳理中与《易经》相吻合的思想，以及河南邓州心意六合拳中中和原理，均是这一印证。

三、现实的身体：回族武术促进身体健康的现实反应

“人的表达始终都是一种对现实和非现实的东西的表象和再现”[3]。生活中人们对武术的表达，若仅从理论向度来讲演，而缺乏现实向度的关注，必然徒具形式。剖析回族武术何以促进健康的现实逻辑，亦是人们表达的一种框架，则更需以现实的内在需求为依托。

首先，在历史逻辑与理论逻辑的推演下，武术与健康间的逻辑呈现形式

[1] 戴国斌，刘祖辉，周延．“锻炼行道，练以成人”：中国求道传统的武术文化实践［J］．体育科学，2020，40（2）：24-31.

[2] 胡鞍钢，李兆辰．人类卫生健康共同体视域下的中国行动、中国倡议与中国方案［J］．新疆师范大学学报（哲学社会科学版），2020，41（5）：54-64.

[3] 海德格尔．在通向语言的途中［M］．孙周兴，译．北京：商务印书馆，2004：5.

表征为“两分化”。即其在我们生活空间中的“健康实践”行为，“健康治理”效果，依然徘徊于“十字路口”，并在生活空间中呈现出二元格局：其一，于武术人而言，“武术”是具有“生存之术、生活之法和生命之道[1]”的表征；其二，于大众而言，“武术”却成为我们“最熟悉的陌生人”，未真正“受到‘为伊消得人憔悴’般的礼遇”[2]。何以出现如此境遇？深究其因乃是武术未能真正融入人们的生活，其历史、理论逻辑与现实逻辑“脱节”。致使武术在社会生活空间愈趋边缘化，武术知识的空间化出现“壁垒”，其知识形态中可见性趋于模糊。致使武术在生活中面临着价值与行为的错位，武术的文化与大多数人对其的认知不对称。譬如，在日常生活中，武术，往往在大众的眼光中呈现出“能不能打?”“有多能打?”的生活镜像。这一镜像，将武术大多定格在能打的范畴之中，突出技击一元价值而武术中健与养的内涵之道渐趋消解，未能理性认识技击与健康价值间的关联。长此以往，将出现武将独武之窘境。武术与健康间的逻辑处在模糊化的状态，尤其对于武术如何促进健康缺乏一个理性、清晰的认知。

其次，人们“追求健康”的时代强音，是中华武术促进健康现实逻辑的起点所在。中华武术促进健康的现实指向，始终与人们追求健康的价值理念紧密联系，是人类卫生健康共同体中对健康治理的实际行动。2019 年末，突如其来的新冠肺炎疫情肆虐全球，人类的生命安全与身体健康受到严重威胁，公共卫生的治理体系亟须革新。为此，中国发出构建人类卫生健康共同体的积极倡议。面对疫情的袭击，国家力量的作用，使得社会大众对体育参与意识显著提升，体育锻炼可以促进身体健康的理念普及度迅速提高，一时形成了体育健身热。武术内生的健身养生现实意义内嵌在体育健身的热潮中，更需在后疫情时代发挥将人们的健康意识前移的重要现实价值，提升体育在人类卫生健康共同体理念下的健康治理能力。在党的政策导向下，在后疫情时代语境中，人们对美好生活向往的热潮，对全面健康期盼时尚，是中华武术促进健康现实逻辑的核心要义所在。习近平总书记指出，“人民对美好生活的

[1] 唐韶军，戴国斌．生存·生活·生命：论武术教化三境界［J］．北京体育大学学报，2016，39（5）：72-78.

[2] 王广虎．穿行于双重世界之间——评王岗先生的《体育的文化真实》［J］．体育文化导刊，2007（8）：81-82.

向往，就是我们的奋斗目标”[1]。这一论断，直抒人民心中所愿，美好生活成为最具现实意义的目标所在。进而在党的十九大中，提出我国社会主要矛盾已经转化为人民日益增长的美好生活需要和不平衡不充分的发展之间的矛盾。中华武术的养生功效，是练养结合的技术彰显与现实反应，在一定程度上符合人们对美好生活的向往。习近平总书记强调“没有全民健康，就没有全面小康”，健康的生活才是美好的生活，强调健康在美好生活中的重要性与必要性。这正是在人类卫生健康共同体视域下，中华武术促进健康治理的核心驱动。另外党的统一领导，以人民为中心，是中华武术促进健康现实逻辑的枢机所在。自疫情发生后，以习近平同志为核心的党中央高度重视，在党的集中统一领导下，坚持以人民为中心，坚持全国一盘棋，科学防控，精准施策。我国取得了新冠疫情防控工作的重大成效，使中国智慧与中国经验在重大疫情的应对之中再次得以彰显。进入后疫情时代，人民的生命安全与身体健康始终受到高度重视，人们对全民健身与全面健康的深度融合呼声之浓，诉求之重，使得打造人类卫生健康共同体的倡议，是时代的必然。而且，在未来“疫情防控常态化”的特殊背景下，全民健身需要由“增强体质”向“健康促进”的新战略阶段进行转变，发挥新的功能从而不断推进全民健身与全民健康深度融合[2]。蕴含强身与健身价值的中华武术作为全民健身的一种体育锻炼形式，在人类卫生健康共同体理念价值引领下，在全民健身发展形势的要求下，必然也要推进自身功能转型，从“增强体质”迈向“促进健康”，旨在增进人们健康，增添人们幸福，助力推进全民健身战略与健康中国战略的建设进程。

基于上述对现实的考量，立足人类卫生健康共同体视域，其现实逻辑体现在：第一，包括回族武术在内的中华武术与健康间的逻辑形式存在着“模糊化”的架构，构建人类卫生健康共同体指明了对于回族武术如何促进健康现实的研究方向。第二，当下，恰逢两个百年奋斗目标转换交接、健康中国和体育强国建设不断融合、基本公共服务深化供给侧结构性改革的等重要历

[1] 习近平：习近平谈治国理政（第一卷）[M]. 北京：外文出版社，2014：4.

[2] 史小强，戴健．“十四五”时期我国全民健身发展的形势要求、现实基础与目标举措 [J]. 体育科学，2021，41（4）：3-13.

史节点[1]，在打造人类卫生健康共同体的倡议中，回族武术促进健康成为现实境遇下的一种新武术观写照。第三，当下社会背景，全民健身推广的深度与健康中国建设的力度显著性提高，其背后蕴含着对健康的公共治理，正是人类卫生健康共同体的主体实践的表达，回族武术的内壮外强与培育中华精神的价值从内外两方面呼应了健康治理的实践进路，现实语境下立体化、全方位实现回族武术促进健康，仍然处在进行时。总的说来，习近平总书记倡导的构建人类卫生健康共同体，是对人民的生命安全与身体健康始终处于第一位的生动阐释，是人们对美好生活的向往。因此，构建人类卫生健康共同体理念为回族武术何以可能促进健康的现实逻辑注入了全球性的力量之源，厘定了回族武术健康治理的主体实践，发挥自身的健身养生功能，服务于社会。

第二节　身体管理：作为追求理性化生活的规训的身体延拓

身体管理，布莱恩·特纳认为“特指规定饮食。在希腊医学中，规定饮食（dietary）意指一种‘生活方式’（mode of living），指生活的一般形式和组织，包括衣着形式、行为及态度”[2]。回族武术的身体叙事形态中，“规训的身体”可以说是在社会生活中对回族武术身体实施的一种身体管理。由此，我们不妨将回族武术的身体管理，也意指为一种生活方式，狭义地说，是通过武术知识的身体实践而制定的一种练拳的方式。“在当代社会中，大众的身体已不再是单纯的生物学意义上的存在，而是具有多种社会文化功能的载体，是可以表现、修整和规训的对象”[3]。同样，借助于练拳方式，回族武术成为习武者规训身体、管理身体的一种有效方式。通过回族武术的习练，回族武术的身体成为一种客体的存在，一种规训与管理的对象。为此，本研究从身体意识、身体实践、身体呈现三个向度来对回族武术身体管理进行阐释，并对当代回族武术之身体的存在提供启示。致力于厘清当代回族武术身体管理的逻辑理路，理解回族武术身体研究中的身体转向，进一步深刻把握当代回族武术身体的生存样态，推进当代回族武术的身体解放。

---

[1] 史小强，戴健．“十四五”时期我国全民健身发展的形势要求、现实基础与目标举措［J］．体育科学，2021，41（4）：3-13.

[2] 布莱恩·特纳．身体与社会［M］．马海亮，赵国新，译．沈阳：春风文艺出版社，2000：263.

[3] 王健．跑步健身中的身体管理与理性化——一项基于马拉松跑者的质性考察［J］．体育科学，2019，39（12）：34-42.

一、身体意识：回族武术的身体管理动因

身体意识，不仅是指心灵拥有把身体当作对象的那种意识，而且也包括具身意识（embodied consciousness），即一个有生命、有感觉的身体朝向世界，并且在经验中获得体验。同时，在其经验活动中，身体真正把自己作为主体和客体加以体验[1]。回族武术中的身体管理，便是这种身体意识使然，或者说，其身体管理的动因便是此类身体意识的觉醒。然而，回族武术身体意识的觉醒，觉醒的是什么？为何成为回族武术身体管理的动因？

首先，从回族武术身体意识的觉醒出发，觉醒之处与社会之发展息息相关。具体而言，立足于新时代下社会主要矛盾转化为人民日益增长的美好生活需要和不平衡不充分的发展之间的矛盾，一定程度而言，是将身体置于美好的生活之中，表征出身体在生活中具有先导性。进言之，“身体的作用不仅在于它构成生活的中心，还在于它成为评价生活的标准，而这个评价标准又来自身体在生活中的感觉”[2]。无疑，“美好的感觉”成为身体在生活中的最佳感觉。即是说，其一，以身体为本体论的回族武术，其身体的美好感觉，为回族武术身体意识之觉醒表现。其二，立足于现实社会语境之下，人们对生命意识的高度自觉，国家对生命的高度守护，进一步推进了体育与健康之间关系的思考，正如“体育与健康的关系也正是人类对身体的一种理解和意识的方式”[3]一样，作为体育运动形式的回族武术必然与人们健康存在着紧密关联。回族武术身体意识的觉醒，实则可以说是健康意识的再次至上。因此，将此二者的身体意识觉醒合而统之，不难发现，回族武术身体意识的觉醒与当下人们对待生命意识和生活意识的高度体现，不谋而合。

其次，从身体意识的觉醒，为何成为回族武术身体管理的动因出发，两者间呈现内在的逻辑关联。譬如，回族武术习练者借助回族武术载体，来追求美好生活，以至于达到身体的美好感觉，可称为当下的一种生活方式。换言之，身体健康成为习武者追求美好生活的必备条件。即是说，生命的一切

---

[1] 理查德·舒斯特曼．身体意识与身体表现：东西方的身体美学［J］．烟台大学学报（哲学社会科学版），2013，26（4）：1-9.

[2] 左克厚．论老子的身体意识［J］．青海民族大学学报（社会科学版），2010，36（4）：143-147.

[3] 高强．体育与健康——基于对人类身体意识的考察［J］．体育学刊，2016，23（1）：1-5.

一切，皆源自生命的机体，身体是其标识，是生命机体的在场[1]。很显然，在回族武术习练者视角里，美好生活与身体间存在着紧密而直接的关联。笔者在孟村调研时，从开门八极拳教练教授内容体系中得知，开门八极拳的内容因受众和目的不一，而分为了两大类：增强体质与修身养性。不难发现，增强体质、修身养性均是开门八极拳对身体意识的一种觉醒。值得一提的是，“人类对人体运动与人类自身自然变化之间的自觉意识，并不是在文艺复兴以后突然发生的，而是经历了一个漫长的从自发、自在、自觉逐渐发展到自为的复杂过程”[2]。访谈时所提及的身体偏胖的孩子、身体偏弱的孩子，其背后表现出两种现实动向：一是明确指出当下人们已然开始关注身体，尤其是父母对孩子身体的深刻关注。二是此类现象也反映在当代的环境中，人们或多或少地在对身体的管理上出现缺位，放纵身体，形成不良生活习惯。这两种原因不同程度地驱使了孟村空间下通过习武来达到合理的身体管理。此外，访谈中还提到了老年人这一群体，他们此时寻求养护生命之法，更易关注自身。对于身体的管理，在孟村，老年养生自然而然地成为习武的内驱动力之一。

因此，在回族武术的身体意识觉醒的基础上，产生的身体自觉，到身体自为，一定程度而言，诠释了习武者的身体管理动因。尤其是身体健康意识的觉醒，使得回族武术为观照身体、关注身体提供了一种身体管理之场域。

二、身体实践：回族武术的身体管理方式

在回族武术习武者的身体管理动因驱使下，为追求理性化的生活，实现理想化的身体，回族武术的身体成为管理的对象和资料。如同日常生活的劳动，便是以身体为对象，进行的个人或集体的身体实践，“这些实践把我们与自然界联结在一起，我们的身体即是环境，同时也将我们置于密实的社会规范和规则系统之中”[3]。回族武术的身体管理同样可以置于这一语境之中，在社会的规范与规则系统中进行管理身体所采用的实践方式，既有着个体管理的身体实践，也有着集体管理的身体实践。

---

[1] 盖光．“道生”精神与文学叙事的“身体”［J］．山东社会科学，2019（3）：52-57.

[2] 谭华．体育史［M］．北京：高等教育出版社，2005：3.

[3] 布莱恩·特纳．身体与社会［M］．马海亮，赵国新，译．沈阳：春风文艺出版社，2000：278.

就个体管理的回族武术身体实践而言，既有着提升功力之身的象征，也有着追求强健之体的理想。譬如，孟村开门八极拳传人吴连枝在回忆儿时的习武经历时，所提及的“蹲桩”“喂腿”均反映出吴连枝最初习练八极拳时对自身身体的一种个体管理。一般而言，“蹲桩”“喂腿”是传统武术的必修之术和必经之路。开门八极拳素有“撼山易，动八极式不易”[1]之说，此处的“八极式”便是特指八极拳的“桩功”，八极拳的“蹲桩”主要指“两仪桩”，是八极门特有的身体管理实践。诚然，以传统武术进行身体的管理，必然是一种对身体的革命，是一种开发身体极限的表达，也是一种提升功力之身的策略，因而会伴随着疼痛的身体感觉。正如吴连枝回忆其习武经历言及：“我母亲告诉我，我爷爷在给喂腿、下腰的时候，你千万别哭出声，（所以）疼得我哭，也不能出声，咬着牙也得让老人给摆弄”。上述言及的在“喂腿”“下腰”时通过“疼得我哭，也不能出声”的方法来控制身体，以此达到对身体的管理，实则是描绘出习武者的一个身体经历的片段，之所以是“片段”，是因为习武者为追求理想化的身体所要忍受的疼痛远非如此。长远来看，在科学的方法训练中，身体适应“疼痛”，乃至超越“疼痛”，背后隐匿的是一种对“身体革命”的“冲动”，而外显于提升功力之身的写照。值得一提的是，在提升功力之身的身体管理过程中，已为追求强健之体提供了广阔的空间，此类空间均投射于回族武术拳种的练法之中，如前文提及的开门八极拳“练功八法”中的“六练筋骨皮肉合”；冠县查拳中“查拳练功歌”，邓州心意六合拳注重的中和之法，均突出回族武术的身体管理注重内安脏腑、外强筋骨的法则，其已然成为一种强健之体的管理之道。

就集体管理的回族武术身体实践而言，实则是使习武者获得一种身份认同，也是让其身体从私有场域下的个体管理，走向公共场域中的集体管理。如同“在公共场合进行的这种身体管理可以像诺伯特·埃利亚斯对礼仪的追溯分析那样被视为一种文明化进程，也可以如米歇尔·福柯分析纪律时那样，被视为一种理性化过程”[2]。无论是文明化的进程，还是理性化的过程，都将烙印在我们的身体之上，正如“身体既是我们实践的环境，也是实践的手段”[3]，回族武术的身体成为我们管理的对象、场域与手段。集体管理下的

---

[1] 孟村回族自治县志编纂委员会．孟村回族自治县志［M］．北京：科学出版社，1993：679.

[2] 布莱恩·特纳．身体与社会［M］．马海亮，赵国新，译．沈阳：春风文艺出版社，2000：278.

[3] 布莱恩·特纳．身体与社会［M］．马海亮，赵国新，译．沈阳：春风文艺出版社，2000：278.

回族武术身体场域又可以细分为表演场域、比赛场域、教学场域等不同类别，每一种场域下对回族武术身体的集体管理均有着相似和相异的实践方式，最终获得一种场域下的身份认同。譬如，在比赛场域下的回族武术身体管理，除在赛前根据身体条件制定相应的训练计划外，在赛中便是一种理性与非理性因素的身体博弈，无论是擂台赛还是套路比赛，都充分显示出真正的对手只有自己的现象。而此处的自己便是对身体的管理，在比赛中是一种现场的身体管理，更加鲜明折射出身体“在场性”的重要地位。通过对现场的身体进行合理的管理，产生该场域下的习武者的身份认同，为了保持这种身份认同，便会对自己的身体进行可持续的管理以及有序化的规训。在这一对身体的持续管理过程中，必然会使习武者的身体进行针对化的劳作，并潜移默化地进入习武者的日常生活之中，为习武者的生活方式健康运行提供了一种可能。

因此，在当下社会的规范与规则系统中进行回族武术的身体管理实践，无论是个体化的身体管理实践，还是集体化的身体管理实践，皆须关注身体，了解身体，谨防对身体的破坏。当下对于回族武术的身体管理实践，必须依循其科学的健身之理，必须依据其合理的健身之法，方能彰显其有效的健身之道，建构其合理的身份认同。

三、身体呈现：回族武术的身体管理结果

身体呈现，某种程度而言，是以社会为舞台，以身体为元素，进行的戏剧化表演。在这个社会大舞台中，身体呈现又可分为前台与后台。戈夫曼在描述“前台”时，认为对于个人前台之组成部分，我们有：官职或地位的标记，服饰，性别、年龄和种族特征，身材与外貌，仪表，言谈方式，面部表情，身体姿态，如此等等[1]。不言而喻，身体在戈夫曼眼中是舞台表演者的重要前台。因此，作为回族武术身体呈现，无论是后台的准备，还是前台的展演，身体均处在第一位。经过其身体意识的觉醒，身体实践的管理，“人的身体与艺术和欲望产生了紧密的联结，不再是一具孤立的肉身，而是承载着

[1] 戈夫曼. 日常生活中的自我呈现［M］. 黄爱华，冯钢，译. 杭州：浙江人民出版社，1989：24.

多重意义的叙事符号”[1]，这一肉身性的符号使回族武术的身体呈现主要表现在前台的虚拟空间与实体空间之下。

第一，虚拟空间下的回族武术身体呈现。此类身体呈现主要聚焦在以“短视频”为平台的身体表现上，主要由习练回族武术的个体或群体所创作和传播。某种意义而言，“视频中的身体不再只是一具平凡的肉身，而是被他人凝视的个人形象的直观体现”[2]，既是建构回族武术习武个体形象的载体，也是传播回族武术文化的媒介。可以说，这是在新媒体时代下回族武术传承与传播的新方式，此类短视频中的“身体呈现”均能被他者所凝视。笔者在调研过程中，其回族武术的习练者将抖音、快手、西瓜等平台作为前台，而记录着拳种身体的影像叙事。譬如，或将日常练功的身体技术以自然的身体呈现，或将台上一分钟的身体表演以包装的身体呈现。一定意义上，通过这一系列的身体呈现，在虚拟空间中，既为武术圈内的人士提供了回族武术文化与技术相互交流的场地，也为武术圈外的人士提供了认知回族武术拳种文化的视觉窗口。然而，作为虚拟空间中身体呈现的现实性、肉身性的身体，我们要警觉其身体在消费文化中的异化现象，要重视将消费文化中的内在身体与外在身体[3]有机结合，并规约其身体，致力于提升虚拟空间下的身体呈现之素养。

第二，实体空间下的回族武术身体呈现。此处的实体空间，泛指回族武术所处的学校空间、社会空间，并将其作为实体空间的前台。一般而言，无论是社会实体空间舞台中的前台或后台，传统武术在其身体上均笼罩着一层“魅衣”。诸如表现在武术“包治百病”“样样好”的各种标签中，这种“魅衣”同样出现在回族武术以往的身体之中，导致了众人对回族武术的认知趋于模糊化与差异化。诸如此类，无疑使大众对回族武术身体形成了一种神秘化的思维定式，在专业人士的研究视野里产生了研究壁垒。

因此，从回族武术的身体呈现而言，身体不仅是虚拟空间中须臾不可离的元素，也是实体空间下不容忽视的现实性载体，通过其身体的叙事为武术

[1] 刘娜，李小鹏．乡村原创短视频中身体呈现的文化阐释——以快手 APP 中代表性账号及其作品为例［J］．华中师范大学学报（人文社会科学版），2020，59（2）：78-84.

[2] 刘娜，李小鹏．乡村原创短视频中身体呈现的文化阐释——以快手 APP 中代表性账号及其作品为例［J］．华中师范大学学报（人文社会科学版），2020，59（2）：78-84.

[3] 汪民安，陈永国．后身体：文化、权力和生命政治学［M］．长春：吉林人民出版社，2010：278.

圈内圈外人士提供了可观的素材。在消费文化的身体中，回族武术习武者的身体，俨然超越了肉身性的身体，建构起一种往来于虚拟与实体空间中的符号性。在文化自觉中，我们有必要对其进行凝视与反思，这既是推进回族武术文化的传承与传播，更是推动传统武术文化之健康发展的奠基石。同时，需注意作为身体呈现之时，前台与后台之间的转换之道，即规训之法。

第三节 身体隐喻：作为铸牢中华民族共同体意识的“和”的身体表现

隐喻，即将一物视为别的事物，声称“此”是“彼”，因为我们不知道如何思考或谈论“此”，所以我们只好用“彼”来谈论“此”[1]。身体隐喻，即将身体作为“彼”，来说明隐含其中的“此”。即作为铸牢中华民族共同体意识的身体，是要通过身体来解读和，进而诠释“共同体意识”。铸牢中华民族共同体意识，就是要引导各族人民牢固树立休戚与共、荣辱与共、生死与共、命运与共的共同体理念[2]。2021 年，在中央民族工作会议上，习近平总书记站在党和国家事业发展全局的战略高度，深入阐明了铸牢中华民族共同体意识的重大意义[3]。民族的交往交流交融与铸牢中华民族共同体意识间呈现出“方式—目标”的结构图式。即通过各民族的交往交流交融方式，旨在铸牢当代中华民族共同体意识。那么，各民族间的有效交往交流交融应是这一结构的着力点，更是落地点。作为中华武术的重要组成部分——回族武术，也是少数民族武术的代表之一，更应发挥其自身优势，促进各民族间的交往交流交融。三个回族武术拳种在不同程度上均体现出其在交往交流交融下铸牢中华民族共同体意识的身体表现，并对当代回族武术之身体的存在提供启示。

[1] 陈立胜．王阳明思想中的“身体”隐喻［J］．孔子研究，2004（1）：60-73.

[2] 深刻认识铸牢中华民族共同体意识的重大意义——论学习贯彻习近平总书记中央民族工作会议重要讲话［N］．人民日报，2021-08-30.

[3] 深刻认识铸牢中华民族共同体意识的重大意义——论学习贯彻习近平总书记中央民族工作会议重要讲话［N］．人民日报，2021-08-30.

一、身体交往：回族武术铸牢中华民族共同体意识交往的身体表现

交往是人类社会普遍的文化现象[1]，民族交往的本质是社会交往，它在中华民族共同体意识形成中起到基础前提的作用[2]。正如，社会，是人们交互作用的产物[3]。也就是说，社会中的人借助身体进行族际交往[4]的互动，是民族交往的具体体现。立足于回族武术身体铸牢中华民族共同体意识的交往视角，这一交往体现的逻辑主要指在中华武术体系下回族武术的族际交往所形成的身体交往印记，是构建平等、团结的民族关系的重要方式之一。

其一，回族武术由族内交往转向族际间交往的方式，是回族武术在铸牢中华民族共同体意识建设中的基石。譬如，从河北省沧州市孟村回族自治县开门八极拳身体交往来看，其蕴含的开门思想，是回族和汉族间身体交往的真实写照。其在当地以拳开门，建立起具有当地性的交往平台，并借助其身体的在场性展开对话。在其历史视野中，孟村开门八极拳自 18 世纪 70 年代吴钟开场授徒始，孟村的回汉人民以身体为载体，通过寓拳于身，共同参与习练开门八极拳，描绘出历史上孟村里的族际间交往之图景。再如，从山东冠县查拳身体交往来看，《回族冠县志》载，党的十一届三中全会以后，1985 年成立中国第一所查拳学校，在各级政府的重视下，武术活动在城乡呈现一派蓬勃发展景象，全县 150 个村庄有武术点、武术辅导站等[5]。其中，以查拳为内容，以身体为媒介，从查拳传授对象的普及，描绘出冠县族际间交往之图式。由此可见，孟村开门八极拳的开门之举，冠县查拳的第一所查拳学校成立，均折射出回族武术身体交往转向模式——族内交往转向族际间的身体交往，在某种意义上，是民族间平等互助关系的一种身体表现的缩影。

其二，回族武术身体在族际交往中呈现出的经济效益，是回族武术在铸

[1] 白晋湘，郑健．交往交流交融：苗疆传统体育铸牢中华民族共同体意识的三重路径［J］．体育学刊，2022，29（1）：1-8.

[2] 郝亚明．中华民族共同体意识视角下的民族交往交流交融研究［J］．西南民族大学学报（人文社会科学版），2019，40（3）：9-13.

[3] 中共中央马克思恩格斯列宁斯大林著作编译局．马克思恩格斯选集（第 4 卷）［M］．北京：人民出版社，1995：532.

[4] 郝亚明．民族互嵌与民族交往交流交融的内在逻辑［J］．中南民族大学学报（人文社会科学版），2019，39（3）：8-12.

[5] 冠县民族宗教办公室．冠县回族志［M］．北京：民族出版社，1987：54-55.

牢中华民族共同体意识建设中的标识。铸牢中华民族共同体意识是建设中国特色社会主义伟大事业的内在要求，各民族经济社会的协调发展是铸牢中华民族共同体意识的有力保障[1]。即各民族经济的发展，在铸牢中华民族共同体意识上占据重要的角色位置，民族经济与民族关系存在着紧密而直接的关联。其中，民族经济与民族关系中的平等关系尤为凸显。以孟村开门八极拳为例，其作为孟村的一张名片，同时也蕴含着经济效益，主要体现在开门八极拳作为文化旅游景观而产生的社会经济效益。这一效益在一定程度上促进了孟村回汉人民的民族团结，为中华民族共同体意识的国家认同奠定了一定的经济基础。文化旅游中“文化构成旅游的灵魂”[2] 已成为当下文化旅游景观打造的焦点与发展的态势。孟村开门八极拳文化旅游的开发亦是如此。早在 20 世纪 80 年代末，国家体委便赴孟村对八极拳进行了专程考察，90 年代初，当时国家旅游局将孟村八极拳作为旅游资源进行开发，并定为河北省旅游专线之一。笔者在调研时发现，在八极拳国际培训中心外有“河北省不得不游十大研学基地”的牌匾，这俨然成为八极拳在河北省旅游专线的标识之一。孟村开门八极拳作为文化旅游景观，具有标志性的事件是 2020 年河北省文旅大会的分场专设于孟村县开门八极拳研究会，其实体性的标志便是孟村开门八极拳展演馆的建成，为孟村经济描绘出浓墨重彩的一笔。据村民介绍，孟村开门八极拳定期举办的年会、比赛，是孟村最为热闹的时候，宾馆、饭店基本都是满员。此外，孟村县开门八极拳研究会不定期接待的国外访问团，八极门人依托八极拳技艺开馆教学，等等。从经济效益层面来说，孟村开门八极拳的此类事件刺激了孟村的相关消费，致使孟村开门八极拳处于积极消费之中，在一定程度上带动了孟村经济的发展。笔者在孟村调研时发现，孟村大部分的饭店、酒店的招牌均是开门八极拳传承人吴连枝的墨笔，其背后折射出开门八极拳所型塑的地方身体在孟村极具影响力，通过以身显效，衍生出经济品牌效益之身体。凡此种种，从 1985 年孟村县开门八极拳研究会成立始，至 2020 年八极拳展演馆的建成，期间在推动孟村一带经济的同时，也增进了民族平等关系，更是一种回族武术身体交往之中所蕴含的经济效益的具体表现。

因此，从个体来看，个体之间的交往，为由个体走向共同体提供了基础，

[1] 李曦辉．基于铸牢中华民族共同体意识的少数民族经济发展研究 [J]．中央民族大学学报，2019（3）：44.

[2] 张博，程圩．文化旅游视野下的非物质文化遗产保护 [J]．人文地理，2008（1）：75.

从民族而言，在民族结构多元的情境中，没有不同民族个体之间、不同民族群体之间持续的社会交往，多民族社会将无以为继，更不可能在此基础上形成共同体意识[1]。回族武术在共同体意识的框架下，所进行的身体互动的族际交往，是民族交往构建平等、团结的关系的基本方式之一，是铸牢中华民族共同体意识进程建设中应有的身体表现图画。

二、身体交流：回族武术铸牢中华民族共同体意识交流的身体表现

民族交流的本质是文化交流，它在中华民族共同体意识形成中起到纽带连接的作用。这里的文化是广义的，其内涵涵盖了生产生活方式、风俗习惯、生活习性、社会心理等广泛内容[2]。回族武术，作为一种身体的文化[3]，在其传承与传播的身体叙事中，仍然呈现出民族交流之本质——回族武术身体文化的交流。立足于回族武术身体铸牢中华民族共同体意识的交流视角，此交流的逻辑主要表现在以血缘、地缘、艺缘为纽带而进行的回族武术身体的交流。

首先，就以血缘为纽带的回族武术身体交流来看，其在文化交流中听说的是回族武术的传承方式，是以一种“子与非子”的身体存在样态而进行的文化交流。此处的“子与非子”在传统武术中一般是“儿子与弟子”[4]的统称，呈现出真血缘与模拟血缘传承的身体交流方式。在民族交流过程中，回族武术中的模拟血缘体交流方式尤为重要，就某种程度而言，传统武术中“师徒制”的传承范式的逻辑起点便在于此。如前文所述，在孟村开门八极拳进行“开门授徒”以后，孟村民众以自身身体来“体验”开门八极拳的一招一式，使之重新“体认”了开门八极拳中所蕴含的身体文化，在一定程度上增进了民族文化的认同。

其次，就以地缘为纽带的回族武术身体交流来看，其在文化交流中叙述的是回族武术的传播方式，是以一种“在地与异地”的身体存在样态而进行的

[1] 郝亚明．中华民族共同体意识视角下的民族交往交流交融研究［J］．西南民族大学学报（人文社会科学版），2019，40（3）：9-13.

[2] 郝亚明．中华民族共同体意识视角下的民族交往交流交融研究［J］．西南民族大学学报（人文社会科学版），2019，40（3）：9-13.

[3] 戴国斌．武术：身体的文化［M］．北京：人民体育出版社，2011.

[4] 戴国斌．中国武术传播三题：文化史视角［J］．上海体育学院学报，2016（3）：57.

文化交流。其一，在地性之地缘特性中所建立的当地武术组织，为身体交流提供了交流场域。诸如，历史中孟村里的“把势房”，冠县里的“练武场”，均是以回族武术身体在场性交流的当地武术场域，从历史中走来的这些组织，在社会发展中演变武术协会、武术研究会，型构了组织的身体，拓展了身体交流场域，打破了回族武术身体中的地缘界限，增进了地缘认同。其二，从在地到异地的地缘之特性在回族武术身体中映射出流动性，为生活习性、风俗习惯的认同和归属提供了身体交流路线。譬如，历史上所描绘的既有从南京到燕京（今北京）流动的查拳身体，“从南京到燕京，大枪属吴钟”的开门八极拳身体，均折射出携拳带艺在当地与异地间的身体流动路线，期间通过回族武术身体的体现，是一种对回族武术身体文化的认同，进而获得一种地缘的认同。

最后，就以艺缘为纽带的回族武术身体交流来看，其在文化交流中表征的是回族武术的传承与传播共存的方式，是以一种天下武术是一家的身体存在样态而进行的文化交流。第一，从实践层面的赛事交流途径来看，从地方性赛事以拳会友的武术身体交流，到全国性赛事以拳显文的武术身体展演，均是以身体技艺为核心载体的回族武术身体文化的表达。诸如，2022 年冠县查拳研究会在冠县举办的“冠县非遗武术展演”，孟村开门八极拳研究会、八极拳国际培训中心曾举办“沧州回族武术交流大会”“八极拳国际展演交流大会暨中泰擂台争霸赛”，以及 2022 年沧州市旅发大会将孟村设置为分会场之一，均是艺缘的一种现实印证。由此可见，无论是在冠县，抑或是在孟村，通过类似的艺缘平台以拳会友，增强了当地民族间的团结纽带，为实现拳与拳的对话、拳与拳的交心愿景奠定了坚实的基础。第二，从理论层面的思想交流途径来看，志同道合是回族武术身体中对艺缘认同的一种理想表征，以回族武术身体技艺为载体，凝聚武术圈内之士，突破武术圈层间的间隔，以回族武术身体文化为起点进行交流，是民族文化相互学习交流的有力渠道，从而在交流中追求其理性化之身体。

因此，各民族共有精神家园必然是在各民族文化进行广泛的交流与互动、相互吸收与吸纳的基础上，形成一个共性的文化基础，从而成为中华民族共同体意识的纽带与连接[1]。回族武术身体交流通过血缘、地缘、艺缘的纽带

[1] 郝亚明．中华民族共同体意识视角下的民族交往交流交融研究［J］．西南民族大学学报（人文社会科学版），2019，40（3）：9-13.

而编织的身体文化意义，在与各民族的武术交流中，搭建起武术身体文化交流平台，形成一种共性的武术文化基础，进而助力中华民族共同体意识的建设。

三、身体交融：回族武术铸牢中华民族共同体意识交融的身体表现

民族交融的本质是结构交融，它在中华民族共同体意识形成中起到结构支撑的作用[1]。在多民族社会中，民族关系的稳定及共同体意识的形成依赖于不同民族之间在社会结构上的相互交融[2]。从回族武术本身而言，其所形成的社会结构，是一种亚社会结构，立足于回族武术身体铸牢中华民族共同体意识的交融视角，主要体现在以回族武术为支点，在一定程度上促进各民族间社会结构上的交融，由此来构建和谐的民族关系。

从回族武术的亚社会结构来看，就某种意义而言，是民族结构交融的“缩影”所在。此处的“结构交融”需要对“结构交融与群体排斥相伴相随，往往难以突破初级群体圈子的势力范围”[3] 这一现象有清晰的认识与理解。即民族交融应该从结构交融的角度进行理解，它强调的是不同民族的个体、群体在社会结构上的相互渗入和彼此关联。社会结构指的是一个社会中社会成员的组成方式及其相互关系的稳定模式，而民族社会结构正是其中的一个重要维度[4]。譬如，孟村开门八极拳以拳拳交融为理念，进而来构筑交融共同体的结构。在孟村，开门八极拳具有调和回汉人民间的社会关系。孟村八极拳成为孟村回汉人民的团结纽带。究其实质，八极拳能调和孟村回汉人民间的矛盾，其原因在于，一是八极门的门规约束。一般说来，门规是传统武术门派中约定俗成的规范性文本，具有规范和约束门内弟子的言行举止之能力。在八极门“门规”中记载：“同门之人必以和睦为贵，不可逞己之强，灭

[1] 郝亚明．中华民族共同体意识视角下的民族交往交流交融研究［J］．西南民族大学学报（人文社会科学版），2019，40（3）：9-13.

[2] 郝亚明．中华民族共同体意识视角下的民族交往交流交融研究［J］．西南民族大学学报（人文社会科学版），2019，40（3）：9-13.

[3] 郝亚明．中华民族共同体意识视角下的民族交往交流交融研究［J］．西南民族大学学报（人文社会科学版），2019，40（3）：9-13.

[4] 郝亚明．中华民族共同体意识视角下的民族交往交流交融研究［J］．西南民族大学学报（人文社会科学版），2019，40（3）：9-12.

他人之志，不可因比试胜负，引类呼朋，同室操戈。”至此，孟村八极门人在此门规的约束下，重塑了内外兼修之身体，在一定程度上调和了孟村人之间的关系，进而促进了孟村回汉人民间的和谐关系，推进了孟村社会关系的发展。二是映射出八极门型构的开门八极拳身体在孟村的一种地方权威的现实写照，更体现出开门八极拳促进了孟村回汉民族间个体、群体在其社会结构上的相互深度渗入。进一步加固了孟村的民族社会结构，从而反映出孟村开门八极拳从以身演拳到以身载拳，再到以拳促和的功能及推进走深民族交融的价值所在。

就校园空间下回族武术的校园身体形塑来看，亦是回族武术在铸牢中华民族共同体意识交融的身体表现。具体来说，回族武术进校园，是以回族武术身体为载体，在教育的框架下展开的身体交融的表现。习近平总书记指出，坚持打牢中华民族共同体的思想基础，积极培养中华民族共同体意识[1]。学生是铸牢中华民族共同体意识的重要主体，学校是培育学生中华民族共同体意识最主要的阵地[2]。笔者在调研过程中发现，回族武术的身影在当地的校园中均有呈现，诸如，山东冠县的冠县清泉中学、冠县店子镇张固中心小学、冠县清泉办事处东街第一小学；河北孟村的孟村回民小学、孟村回族自治县实验小学、育才回族自治县小学；河南邓州的林扒镇第一初级中学校、邓州市湍河街道办事处金雷小学、邓州市构林街道办事处博学实验学校。这些学校结合校园空间的特征，多以课间操、课外活动的形式开展，且均有专职教练进行回族武术的知识传授。正如，毛主席在《体育之研究》一文中指出“体者，载知识之车而寓道德之舍也”一样，回族武术理应在校园空间中追求这一种知识之车、道德之舍的身体形态，积极发挥自身应有的教育价值。

总的说来，民族交往交流交融有助于构建平等、团结、互助、和谐的社会主义民族关系，有助于建设各民族共有精神家园，有助于建立各民族相互嵌入式社会结构，从而达成铸牢中华民族共同体意识的根本目标[3]。回族武术在中华民族共同体意识建立的进程中，着力推进民族间的交往交流交融，

---

[1] 中央民族工作会议暨国务院第六次全国民族团结进步表彰大会在北京举行［N］. 人民日报，2014-09-30（1）.

[2] 胡平，徐莹，徐迩嘉. 从心理空间生产看学校教育中中华民族共同体意识的培育［J］. 民族教育研究，2020，31（4）：19-24.

[3] 郝亚明. 中华民族共同体意识视角下的民族交往交流交融研究［J］. 西南民族大学学报（人文社会科学版），2019，40（3）：9-13.

发挥铸牢之精神力量，增进中华民族共同体意识中个体与集体的心理意识建构。同时，以回族武术为载体，以其身体为主体，弘扬中华优秀传统文化，增进民族团结，增强中华民族共同体的高度认同。

第四节　身体在场：回族武术身体叙事的当代启示

一、生命本能：作为促进健康力的身体延续之路

作为促进健康力的身体延续之路，实则锁定在将回族武术的身体作为一种权力意志。权力意志，被尼采看作是自然法则，是生命的本能[1]。而生命分享了身体的一切特征：感官、欲望、可变性、生成和幻想[2]。进而印证出力的身体中蕴含着生命之力。从身体的视角来看，强健有力的身体是生命的基本保障，在此基础上，生命可以展现身体的一切特征。从回族武术中力的身体叙事角度来看，健康的身体是力的身体的一种现实追求。回族武术的身体中所体现的健身、防身、养生这三大要素，为我们勾勒出其身体的价值取向。然而，在当下世界面对百年未有之大变局中，回族武术必然要在变局中找准自身发展的立足点和发力点。人类卫生健康共同体是关键历史时期中国提出全球公共卫生治理的理念[3]。体育对健康的治理是现实回应。中华武术健康话语体系的构建是体育对健康治理的重要抓手，回族武术是中华武术的重要组成部分，理应秉持人类卫生健康共同体的健康理念。为此，基于前文身体叙事下作为促进健康力的身体的三重逻辑的推演，在建构人类卫生健康共同体视域下，回族武术中健康话语的表达俨然成为其当代发展指向。但从身体叙事视角出发，以健康为宗旨来审视回族武术当代的发展，必然要处理好健身与强身、防身与养生的二元关系，以此给予回族武术健康话语体系的建构以启示。

其一，立足于回族武术的身体观来反观其武术观，以健康为宗旨进行当代回族武术的发展，应处理好回族武术健康话语体系中健身与强身的关系，不能使亮色与底色失和。需要指出的是，此处的反观，是以身体为出发点，

[1] 汪民安．尼采与身体［M］．北京：北京大学出版社，2008：101.

[2] 汪民安．尼采与身体［M］．北京：北京大学出版社，2008：107.

[3] 王明国．人类卫生健康共同体的科学内涵、时代价值与构建路径［J］．当代世界，2020（7）：38.

来回观与反思回族武术所形成的武术观。一般而言，健身体育观，是一种与社会可持续发展相适应的新型体育观。强身体育观集中反映了人类注重、显示体表形态的生物本性与开发、利用体能资源的社会欲求[1]。在这一层面来看所形成的回族武术健身武术观与强身武术观，目前二者的关系结构呈现出互换的形式。然而，正因处于互换的形式，才产生出混淆的观念。也就是说，回族武术在发展过程中，健身的边界与强身的边界处于模糊状态，就武术工作者而言，部分未能形成这一边界意识，造成回族武术在推广中出现模棱两可的回族武术身体叙事，以至于效果甚微。因此，从现实逻辑来看，健康至上是回族武术健康话语体系中的亮色。就历史逻辑而言，强国、强种是回族武术健康话语体系中的底色。在充分肯定和承继从历史中走来的回族武术的同时，不应忽视现实中存在的回族武术的作用，要处理好回族武术健康话语体系中亮色与底色的搭配，着力使回族武术的健身观与强身观相互协作，推进当代回族武术的良性发展。

其二，立足于回族武术的武术观来反观其身体观，以健康为宗旨进行当代回族武术的发展，应处理好回族武术健康话语体系中防身与养生的关系，不能使本色与特色失衡。具体来说，在日常生活中，武术往往在大众的眼光中呈现出“能不能打?”“有多能打?”的生活镜像。这一镜像，使大众将武术定格在能打的范畴之中，突出技击一元价值而渐趋消解了武术中养生的内涵之道，回族武术俨然出现了这种身体境遇。按理来说，回族武术是具有其养生之道的，但是，与健身气功相比，健身气功为健身养生而设计，健康是其主要产品；回族武术是以技击为核心而生发，健康仅仅是其副产品。也就是说，当下回族武术健康话语体系的建构，突出了健康的重要性，必然要保持回族武术防身（技击）的本色，提炼回族武术养生的特色，而不能一味地追求回族武术的技击本色，忽略回族武术的养生特色。因此，要处理好回族武术健康话语体系中本色与特色的调配，以技术为主干，本色与特色相匹配，厘定当代回族武术的发展方向。

总的来说，作为促进健康力的身体延续之路，应在人类卫生健康共同体构建的时代语境下，以健康为当代回族武术发展的指南针，做到不与人们对美好生活的向往相脱离，不与回族武术的本身技术相脱节，应以健身与强身、

[1] 王广虎．强身与健身——两种不同的体育观［J］．体育文史，1998（3）：5-7.

防身与养生的二元结构为着力点与发力点，处理好回族武术健康话语体系中健身与强身的关系，注重亮色与底色的搭配；处理好回族武术健康话语体系中防身与养生的关系，注重本色与特色的调配，坚持“有所为、有所不为”的理性实践[1]，使得当代回族武术自身达到存在具有完备性，发展具有自洽性[2]的状态。致力于当代回族武术在健身与强身、防身与养生的二元发展中，呈现出“一体两元”的格局。即“一体”，均以回族武术为载体，促进健康为目的；“两元”，回族武术在促进健康中的“两两”范式的表达。

值得一提的是，武术的本质是技击，在当代回族武术发展进程中，以打造人类卫生健康命运共同体的内涵理念为框架，我们仍然须坚持不忘武术之本来、不忘武术之初心地纵深推进回族武术的当代发展。即以促进健康为旨趣，须明晰其技击之法、体会其健康之效、培育其精神之果。需要警惕的是，明晰当代回族武术的技击，并不是倾向于复古主义的武术思潮，而是一种在人类卫生健康共同体理念下超越回族武术本身价值逻辑的体现。

二、身体再生产：作为追求理性化生活的规训的身体延拓之路

作为追求理性化生活的“规训的身体”延拓之路，实则指向的是回族武术身体的再生产。一般而言，身体生产，作为生产环境和条件下的人类行为方式，以身体为生产资料，并以身体作品甚至身体产品为行为取向的价值目标，从而在特定意义上，既满足个人的自我消费意愿，也吻合社会的公共消费诉求，所以在看似简单的具身化（embodiment）实现过程中，承载着“身体规划”和“身体管理”整个自控权利体系中开放性开发的资源社会化功能[3]。作为回族武术身体管理下的当代身体生产，必然受其身体意识的支配，通过其具身化的身体实践，在科学管理与资本推动的作用下，促进祛魅化与可见性的身体再生产。

就回族武术身体管理之下祛魅化的身体再生产而论，是基于回族武术传统身体生产之上，融入现代科学管理而建构出的身体，是科学健康的身体管理对回族武术身体的再发现。在当代回族武术祛魅化的身体再生产中，须尽

[1] 王广虎，吴艳红，王宏江．高等教育分类发展指导下对体育行业特色高校办学的几点思考［J］．成都体育学院学报，2010，36（3）：1-5.

[2] 王广虎．强身与健身——两种不同的体育观［J］．体育文史，1998（3）：5-7.

[3] 王列生．作为身体生产的后现代时尚思潮［J］．艺术百家，2013，29（6）：74-82.

量规避拗口语句的讲述，须尽量驱散不明所以的疑惑，须尽量使用当下科学的、明了的语言来塑形其身体。

诚然，拳谱中的文字记载，既蕴含着其拳种的文化积淀，也承载着其拳种的独特基因，更诠释着其拳种的内涵体系，可谓其拳种的结晶文本。本着习武健身之身体意识的觉醒，对于当下回族武术祛魅化的身体塑造，就拳谱文本解释而言，更应用科学的眼光来向内观察，此观并非用肉眼来看，如同有学者在解读《道德经》中的“故常无欲，以观其妙，常有欲，以观其徼”中的观一样，是一种精神上的体验。在这里，其传统的回族武术身体经由科学管理而构建出的祛魅化身体，理应如此。

就回族武术身体管理之下可见性身体的再生产而论，是将回族武术的身体作为权力、知识、空间的对象，被其规训，回族武术身体的可见性过程，便是权力、知识、空间参与其身体构建的过程。权力对回族武术的身体规训在前文的规训身体中已有详述，此处不再赘述；仅从知识与空间维度来分析回族武术可见性身体的何以再生产，具体而言，在福柯的思想体系之中，知识的空间化是知识建构成科学的重要因素，因为可见性是一个基本的知识形态[1]。前文提出的健身与强身、防身与养生的二元发展格局，为回族武术的可见性身体生产提供了支点。为此，借助此支点，将其可见性的身体生产置于当下人们重视健康，身体中的健康意识空前觉醒的语境下，从空间与知识的维度展开分析与探讨。

其一，破除回族武术认知空间的藩篱，定位当代回族武术健身与强身、防身与养生二元发展格局的新坐标，为其可见性的身体生产提供基石。一般而言，对于回族武术认知的审视，必然要回归中华武术的大家庭，对于武术的社会事实，每个人都通过认知框架的棱镜进行了框定和过滤[2]，使每个人眼中对武术蕴含的价值、塑造的形象、表达的意义等理解均存在差异。尤其是在二元格局的分辨上，缺乏一定的边界意识。对于回族武术的认知，概莫能外。立足于回族武术的二元发展格局，既有共性，也有个性，促进健康是其可见性身体生产的共性所在。就其个性来看，健身与强身主要反映出回族武术实践范式的差异；防身与养生主要体现的是打练与练养的回族武术实践

[1] 何雪松．空间、权力与知识：福柯的地理学转向［J］．学海，2005（6）：44-49.

[2] 陈心想．“心”即“认知”：认知框架、社会事实与赋值力［J］．南京师大学报（社会科学版），2020（2）：88-95.

模式的差异。为此，在破除回族武术认知空间的藩篱基础上，立足促进健康的共性，协调个性，在社会生活实践的空间中，使回族武术知识空间化。就武术人而言，应跳出以往认知窠臼，解构“武术情结”的束缚，持科学性的眼光看待武术，从而带动身边人对武术的新认知，定位大众眼光中理解武术的新坐标，致力于呈现出回族武术认知空间的可见性的内在逻辑。

其二，破解回族武术拳种内涵，充实当代回族武术健身与强身、防身与养生二元发展之意涵，为其可见性的身体生产提供资源。一般而论，拳种以它浩瀚的技术、深厚的理论和磅礴的精神思想构成了传统武术的基本文化单元[1]。在回族武术的可见性身体生产中，本着追求健康的核心理念，置于当代回族武术二元发展格局下，必须守拳种文化内涵的正，创适用于大众健康的新。譬如，老年群体，其体育热潮会再度兴起，但这种热潮隐伏着对死的忧患和恐惧，使老年体育在意识形态上容易产生迷信，在行为选择上容易出现盲从[2]。鉴于此，当代回族武术文化中的拳种在老年群体空间的运行，必然要将回族武术知识空间化，而且是科学的武术知识空间化，尤其是健身、养生的武术知识空间化，致力于呈现回族武术拳种空间知识的可见性。

其三，破译回族武术简化套路，反思当代回族武术健身与强身、防身与养生二元发展格局的空间与知识。一般说来，武术套路的简化，本是在不失武术真的基础上进行的，已达推广普及之用。但令人尴尬的是，由于未能处理好二元格局的内在逻辑，使当下武术套路的简化化为操化，而这一操化流露出牵强的技击表达与朦胧的健身表现。此类现象在武术进校园中尤为突出。即武术知识在学校空间的可见性部分出现了不可见性，换言之，已然失去了武术的真，何谈武术的健与康。为此，在回族武术的可见性身体生产中，就学校武术空间而言，彰显的是以学生为中心的价值逻辑，在进行其武术知识空间化时，并非仅是作为课程来推进，而是理解其背后的回族武术如何健身与强身的育人知识的空间化，须以健身为主，强身为辅，培育其具有阳刚之气的当代身体；就社会武术空间而言，彰显的是以大众为中心的价值逻辑，在进行其武术知识空间化时，并非是一个简单的套路或一套拳，而是大众参与回族武术如何进行健康的练的知识空间化，重发挥“活动手足，惯勤肢体”

[1] 王岗，邱丕相，包磊．重构学校武术教育体系必须强化“拳种意识”［J］．体育学刊，2010，17（4）：95-98.

[2] 冉学东，温佐惠，王广虎．“健康老龄化”与老年体育［J］．体育文史，1998（5）：30-31.

之效。以回族武术身体为本位出发，致力于表达与实践回族武术知识空间化的可见性。

综上而言，回族武术祛魅化身体与可见性身体的再生产形态，此二者之间存在深刻的关联。回族武术祛魅化身体既可以是导向回族武术身体的解放[1]，也可以是可见性身体赖以实现的根基；回族武术可见性身体既能呈现出空间与知识下的束缚，也能表征为祛魅化身体的释放。两者均是回族武术当代身体生产须关注之点。

因此，当代回族武术的身体管理，始于其身体意识的觉醒，行于其身体实践的表达，达于其身体生产的反思。随着生命深层结构的不断解密，身体的阐释被空前地置于科技的语境中[2]，如何在数字化时代，进行回族武术的身体管理，延拓其规训身体，致力于追求理性生活的状态，就某种程度而言，以回族武术身体为媒介，用自然的运动方式解决不自然的生活方式的途径[3]，不失为将回族武术融于生活的一种身体管理之策略。

三、想象的身体：作为铸牢中华民族共同体意识“和”的身体表现之路

作为铸牢中华民族共同体意识的“和”的身体表现之路，实则建构出回族武术的一种想象的身体，和一种想象的共同体。新时期的少数民族武术，应在铸牢中华民族共同体意识的进程中做出战略性的调整，并厘清少数民族武术在铸牢中华民族共同体意识中的何以可能、何以可为。作为少数民族武术代表之一的回族武术，理应置于当下新的历史方位中，来进一步思考回族武术在铸牢中华民族共同体意识中的发展趋势，旨在纵深推进回族武术在新时期的发展力度与发展深度。

第一，在铸牢中华民族共同体意识中，回族武术的发展定位始终要以铸牢中华民族共同体意识为当下发展定位的关键点，其发展定位必然是新时期所关注的焦点。习近平总书记在党的十九大报告中提出铸牢中华民族共同体意识，是新时代民族工作的主题、主线，更是少数民族武术在新时期发展的

---

[1] 李春敏．论当代身体生产的基本形态［J］．南京社会科学，2021（7）：41-48.

[2] 李春敏．论当代身体生产的基本形态［J］．南京社会科学，2021（7）：41-48.

[3] 王健．跑步健身中的身体管理与理性化——一项基于马拉松跑者的质性考察［J］．体育科学，2019，39（12）：34-42.

指导思想，回族武术在少数民族武术中占据重要位置，更需凸显其应有的历史使命。我国是一个多民族国家，费孝通先生曾提出中华民族是多元一体格局。因此，在铸牢中华民族共同体意识中，回族武术的发展同样要遵循多元一体理论，更加准确地认知与理解回族武术在铸牢中华民族共同体意识中的使命，注重回族武术中多元的个性表达与一体的展现，把握与把控回族武术在新时期的发展定位，既做好应有的顶层设计，又做好该有的落地实施，使政策与行为紧密衔接，推进回族武术的发展。

第二，在铸牢中华民族共同体意识中，回族武术的发展方向必须要以民族团结为当下发展方向的焦点。回族武术是少数民族武术的重要内容之一，更是各民族间交往交流交融的载体之一。民族团结是民族工作的重要方针，在铸牢中华民族共同体意识中作用颇巨。如前文所述，回族武术“进校园”，以及少数民族武术赛事，成为少数民族武术在铸牢中华民族共同体意识中的重要发展方向。一是对回族武术“进校园”的思考。中华民族共同体意识是一个内涵丰富的概念体系，如何让其在青少年的思维中扎根并转化为行为指南，是新时代教育需要高度重视的课题[1]。回族武术必须思考如何进校园的课题，这是武术进校园的元问题。笔者在调研中，进行了相关访谈。无论是冠县查拳，还是邓州心意六合拳，都论及了如何进的问题，且都强调原汁原味。不难发现，站在传承人的角度，均有着保留本身拳种原本身体的理想追求，但是部分为了适应学校空间，或多或少都做出了相应的调整。操化的传统武术，在其进校园中成为一种范式，例如，冠县Q中学便是以查拳操为特色的学校。然而，在众多传统文化要跻身于校园空间时，校园空间的饱和性，也成了不得不思考的问题。二是对于少数民族武术赛事的思考。各兄弟民族间通过少数民族武术这一重要载体，借助少数民族武术赛事这一重要平台，是由交往走向交流再走进交融的重要场域，有助于增强民族认同。铸牢中华民族共同体意识，加强各民族交往交流交融，促使各民族像石榴籽一样紧紧抱在一起。因此，注重民族团结，促进民族团结、是在铸牢中华民族共同体意识中回族武术发展方向的中心点所在。

第三，在铸牢中华民族共同体意识中，回族武术的发展根本必然要以互

[1] 胡平，徐莹，徐迩嘉．从心理空间生产看学校教育中中华民族共同体意识的培育［J］．民族教育研究，2020，31（4）：19-24.

赏互鉴为当下发展的根本基点。中华武术，素有“博大精深，源远流长”之称；其博大源于拳种丰富，少数民族武术为中华武术的拳种宝库提供了重要的资源与素材，回族武术是其闪亮的标识之一。在新时期的历史方位中，理应站在铸牢中华民族共同体意识的高度，进一步使门派间、拳种间注重互赏互鉴，追求趋于各美其美、美人之美的武术发展愿景。因此，就回族武术发展而言，须深入挖掘回族武术的当代价值，将当地地方性知识与当下人们的需求相融合，由此，纵深推进回族武术在新时期的实质性进展。

总之，通过上述对回族武术在铸牢中华民族共同体意识中回族武术身体的交往交流交融的表现，以及在铸牢中华民族共同体意识中发展的定位、方向与根本进行剖析，有助于厘清回族武术发展的总体趋势，为回族武术在新时期的发展提供具有启示性的反思与研究方向。

结 语

在尼采的“一切以身体为准绳”的话语上，回族武术的身体展开了自我叙事的活动。在叙事的表达中，进一步探寻其身体知识的意涵。一方面，从身体出发，提出了回族武术的身体这一叙述，其缘由来自回族武术的本体知识，是以身体为对象，以拳种为文化单元的身体言说。另一方面，以身体为范式，在身体叙事的视域下对回族武术的拳种进行考察，阐述其拳种之外的身体叙事——武术人与社会历史环境关系，拳种之内的身体叙事——社会历史铭刻于拳种之中的经验结构，归结出回族武术身体叙事的基本形态——力的身体、规训的身体、“和”的身体。因此，以回族武术的身体为出发点，在其身体叙事进程中，力求捕捉回族武术的身体知识，从身体维度来认知与理解回族武术文化。

回归当下，回族武术身体的存在究竟应如何被看待是本研究思考的核心问题，通过回族武术的身体叙事来审视与启示当代回族武术的发展，实则是本研究回答此问题的一个方面。就身体存在而论，身体并不存在或源于一个社会真空状态，这个事实让我们必须更谨慎地对待与身体存在息息相关的各种面向和力量，考究身体与这些社会力量之间的牵扯与关联[1]。据此，在探讨回族武术身体的存在中，既有其传承人与社会历史力量之间的关系叙述，也有社会历史印刻在回族武术拳种之中的“标记”描写，意在考量其身体与社会力量间的种种关联。本研究将此种关联在回族武术身体叙事的框架下，从回族武术身体的“个体化、社会化、国家化”三个维度层递展开，来审视

[1] 黄金麟．历史、身体、国家：近代中国的身体形成（1895—1937）[M]．北京：新星出版社，2006：228.

"身体改造、身体管理、身体隐喻"的回族武术身体存在现象，以此提出注重生命本能，将身体作为一种权力意志；强化身体再生产，融于生活；构建想象的身体，深融中华民族共同体建设的当代回族武术发展之启示。

需要指出的是，本研究所归结的力的身体"规训的身体""和"的身体的三种回族武术身体叙事形态，这三大身体并不是处在一种"全然独立，互不相涉的状态"[1]，虽然它们各有其独特的风格特点，但在身体叙事的策略与表达上，始终存在着某种共在的特性。作为回族武术的尚武身体，便是这种共在特性的一种身体样态。因此，本研究的进一步研究将在身体的向度上来诠释回族为何尚武、如何尚武的论题。诚然，作为赋有尚武传统的回族武术身体而言，我们需跳出就尚武而言的尚武传统窠臼，不能简单地将其理解为崇尚勇猛、武力的现象，而应着重从现代民族国家的构建中的回族武术身体叙事进行深刻解读，将其视为是一种新时期的文化表达样态，且应发挥回族武术身体之中的尚武精神在现代化国家建设中的作用，致力于深层次理解尚武精神在新时代下的内核，传承和弘扬中华优秀传统文化的基本精神，以期增强铸牢中华民族共同体意识，方能展现出回族武术身体叙事逻辑的现实理路。

[1]黄金麟．历史、身体、国家：近代中国的身体形成（1895—1937）[M]．北京：新星出版社，2006.

参考文献

专著类

[1] 约翰·奥尼尔．身体形态：现代社会的五种身体［M］．张旭春，译．沈阳：春风文艺出版社，1999.

[2] 黄金麟．历史、身体、国家：近代中国的身体形成（1895—1937）［M］．北京：新星出版社，2006.

[3] 戴国斌．武术：身体的文化［M］．北京：人民体育出版社，2011.

[4] 郑震．作为存在的身体——一项社会本体论研究［M］．南京：南京大学出版社，2007.

[5] 汪民安，陈永国．后身体：文化、权力和生命政治学［M］．长春：吉林人民出版社，2010.

[6] 罗钢，王中忱．消费文化读本［M］．北京：中国社会科学出版社，2003.

[7] 汪民安．尼采与身体［M］．北京：北京大学出版社，2008.

[8] 福柯．规训与惩罚［M］．刘北成，杨远婴，译．北京：生活·读书·新知三联书店，2010.

[9] 莫里斯·梅洛-庞蒂．知觉现象学［M］．姜志辉，译．北京：商务印书馆，2001.

[10] 勒伯．身体意象［M］．汤皇珍，译．沈阳：春风文艺出版社，1999.

[11] 吴丕清．沧州回族（上、下册）［M］．北京：中央民族大学出版社，1999.

[12] 吴丕清．沧州回族风貌集［M］．沧州：沧州民族宗教事务局，2010.

[13] 吴丕清．河北回族史［M］．北京：民族出版社，2018.

[14] 陈阳．大众传播学研究方法导论［M］．北京：中国人民大学出版社，2007.

[15] 克利福德·格尔兹．文化的解释［M］．韩莉，译．南京：译林出版社，1999.

[16] 赫尔曼．新叙事学［M］．马海良，译．北京：北京大学出版社，2002.

[17] 杨义．中国叙事学［M］．北京：人民出版社，1997.

[18] 司马云杰．文化社会学［M］．北京：华夏出版社，2011.

[19] 山东省冠县文化和旅游局．查拳考略［M］．济南：齐鲁电子音像出版社，2019.
[20] 中共中央文献研究室．十八大以来重要文献选编（上）［M］．北京：中央文献出版社，2014.
[21] 孟村回族自治县概况编写组，孟村回族自治县概况修订本编写组．河北孟村回族自治县概况［M］．北京：民族出版社，2009.
[22] 孟村回族自治县概况编写组．孟村回族自治县概况［M］．河北：河北人民出版社，1983.
[23] 孟村回族自治县地方志编纂委员会．孟村回族自治县志（1989—2009）［M］．郑州：中州古籍出版社，2015.
[24] 魏源．圣武纪（卷七）［M］．北京：中华书局，1984.
[25] 马剑．燕赵武术［M］．北京：人民体育出版社，2010.
[26] 沧州武术志编纂委员会．沧州武术志［M］．石家庄：河北人民出版，1991.
[27] 高尚全．中国改革开放四十年回顾与思考（上）［M］．北京：人民出版社，2018.
[28] 康戈武．中国武术实用大全［M］．北京：中华书局，1990.
[29] 中国武术系列规定套路编写组编写．八极拳［M］．北京：人民体育出版社，1999.
[30] 山东省冠县文化和旅游局．查拳考略［M］．济南：齐鲁电子音像出版社，2019.
[31] 山东省冠县地方史志编纂委员会．冠县志［M］．济南：齐鲁书社，2001.
[32] 冠县民族宗教办公室编．冠县回族志［M］．北京：民族出版社，1987.
[33] 国家体委武术研究院．中国武术史［M］．北京：人民体育出版社，1996.
[34] 马雷石．邓州心意六合拳［M］．太原：山西科学技术出版社，2005.
[35] 邓州市地方史志编纂委员会．邓州市志［M］．郑州：中州古籍出版社，1996.
[36] 周伟洲，王欣．丝绸之路辞典［M］．西安：陕西人民出版社，2018.
[37] 白寿彝总，陈得芝．中国通史（第 8 卷）中古时代元时期（上）［M］．上海：上海人民出版社，2015.
[38] 吴敦序．中医基础理论［M］．上海：上海科学技术出版社，2004.
[39] 戚继光．纪效新书（十四卷本）［M］．范中义，校译．北京：中华书局，2001.
[40] 白馥兰．技术与性别［M］．江媚，邓京力，译．南京：江苏人民出版社，2010.
[41] 劳承万．康德美学论［M］．北京：中国社会科学出版社，2001.
[42] 周伟良．中华民族传统体育概论高级教程［M］．北京：高等教育出版社，2003.
[43] 特伦斯·霍克斯．论隐喻［M］．高丙中，译．北京：昆仑出版社，1992.
[44] 詹姆斯·费伦．作为修辞的叙事［M］．陈永国，译．北京：北京大学出版社，2002.
[45] 全国体育院校教材委员会．武术理论基础［M］．北京：人民体育出版社，1997.
[46] 汪卫东．鲁迅与 20 世纪中国研究丛书鲁迅与 20 世纪中国民族国家话语［M］．南昌：百花洲文艺出版社，2018.

[47] 余振贵．中国回族之最［M］．银川：宁夏人民出版社，1998.

[48] 卡尔·马克思，弗里德里希·恩格斯，中共中央马克思恩格斯列宁斯大林著作编译局．马克思恩格斯文集（第二卷）［M］．北京：人民出版社，2009.

[49] 海德格尔．在通向语言的途中［M］．孙周兴，译．北京：商务印书馆，2004.

[50] 习近平．习近平谈治国理政（第一卷）［M］．北京：外文出版社，2014.

[51] 谭华．体育史［M］．北京：高等教育出版社，2005.

[52] 布莱恩·特纳．身体与社会［M］．马海亮，赵国新，译．沈阳：春风文艺出版社，2000.

[53] 戈夫曼．日常生活中的自我呈现［M］．黄爱华，冯钢，译．杭州：浙江人民出版社，1989.

[54] 中共中央马克思恩格斯列宁斯大林著作编译局．马克思恩格斯选集（第4卷）［M］．北京：人民出版社，1995.

[55] 徐震．国技论略［M］．北京：商务印书馆，1960.

期刊论文报刊类

[56] 汪民安，陈永国．身体转向［J］．外国文学，2004（1）：36-44.

[57] 季晓峰．论梅洛·庞蒂的身体现象学对身心二元论的突破［J］．东南学术，2010（2）：154-162.

[58] 张再林．作为“身体哲学”的中国古代哲学［J］．人文杂志，2005（2）：28-31.

[59] 萧延中．“身体”：中国政治思想建构的认知基础［J］．中国人民大学学报，2005（6）：138-144.

[60] 萧延中．中国传统思维中的“身体政治症候学”［J］．华中师范大学学报（人文社会科学版），2006，45（3）：44-50.

[61] 李剑虹．自然与自由：庄子身体观研究——以“内七篇”为中心［D］．合肥：安徽大学，2011.

[62] 夏天成．福柯的身体思想研究［D］．长春：吉林大学，2017.

[63] 李帅．“五四”小说身体话语研究［D］．沈阳：辽宁大学，2012.

[64] 赵方杜．身体规训：中国现代性进程中的国家权力与身体——以川北剑县为例［D］．天津：南开大学，2010.

[65] 戴军，于伟．身体规训及其合理性论析［J］．教育科学研究，2008（5）：3-7.

[66] 杨义．叙事理论与文化战略——《中国叙事学》导言［J］．社会科学战线，1996（3）：9-24.

[67] 燕燕．梅洛庞蒂名相的肉身——从我能的身体到一体的肉身［J］．现代哲学，2012（3）：89-96.

[68] 张尧军．隐喻的身体：梅洛-庞蒂的身体现象学研究［D］．杭州：浙江大学，2004.
[69] 刘连杰．梅洛-庞蒂的身体主体间性美学思想研究［D］．厦门：厦门大学，2008.
[70] 杨经建．“身体叙事”：一种存在主义的文学创作症候［J］．文学评论，2009（2）：116-120.
[71] 陶东风，罗靖．身体叙事：前先锋、先锋、后先锋［J］．文艺研究，2005（10）：25-37.
[72] 林荣松．五四小说：身体叙事与主体审美［J］．青海社会科学，2015（6）：114-119.
[73] 高文婧．会说话的身体：玛格丽特·杜拉斯的身体叙事［J］．北方论丛，2016（6）：66-69.
[74] 齐林华．莫言小说身体叙事的基本形态探究［J］．中国文学研究，2020（4）：18-27.
[75] 梁振华，苟瀚心．身体的自白：苏童小说中身体叙事的内涵承载［J］．当代作家评论，2017（4）：111-120.
[76] 马粉英．托妮·莫里森的身体叙事研究［D］．北京：北京外国语大学，2014.
[77] 张延庆．莫待此情成追忆——从记忆到技艺的邢台查拳［D］．北京：中央民族大学，2011.
[78] 章立明．中国身体研究及其人类学转向［J］．广西民族研究，2008（2）：52-61.
[79] 刘汉杰．沧州回族武术文化初探［J］．西北民族研究，1997（1）：177-209.
[80] 盖光．“道生”精神与文学叙事的“身体”［J］．山东社会科学，2019（3）：52-57.
[81] 梅琼林．囚禁与解放：视觉文化中的身体叙事［J］．哲学研究，2006（3）：68-73.
[82] 王敏，胡春秀．无主的身体：20世纪90年代以来中国电影农民形象的身体叙事［J］．南京艺术学院学报（音乐与表演版），2009（2）：103-108.
[83] 李军．土改中的身体叙事——解读根据同名小说改编电影《暴风骤雨》［J］．兰州学刊，2012（7）：87-91.
[84] 王永收．电影《白鹿原》的历史空间与身体叙事［J］．创作与评论，2012（11）：105-108.
[85] 李强．张艺谋电影身体叙事中的文化价值观流变［J］．当代电影，2014（8）：161-163.
[86] 张振宇．“沉重的肉身”——金基德电影的身体叙事研究［J］．当代电影，2014（8）：191-194.
[87] 宋珮暄．电影媒介景观中女性身体叙事的流变与演化——基于米歇尔·福柯身体哲学观认知分析［J］．学习与探索，2021（4）：143-148.
[88] 曾大兴．文学地理学的六个研究方法［J］．中文论坛，2017（1）：21.
[89] 张春．论电影《芳华》中的身体叙事［J］．艺术评论，2018（1）：69-75.
[90] 黄宝富，熊馨．《爱在廊桥》：“非遗”影像的身体叙事［J］．当代电影，2013（7）：169-172.
[91] 尹建宏．“忠字舞”：知青影像中的身体叙事［J］．当代电影，2017（5）：189-191.

［92］李春雷，王玉迪．身体叙事下中国体育电影的民族精神建构研究——以《夺冠》为例［J］．电影评介，2020（19）：13-16.
［93］周根红．电视体育节目的身体叙事表征［J］．电视研究，2007（10）：49-50.
［94］谢光前，陈海波．论体育运动中的身体叙事［J］．武汉体育学院学报，2008（2）：22-25.
［95］郝东方．运动叙事：叙事理论下的体育运动［J］．北京体育大学学报，2020，43（12）：149-156.
［96］童丽平．身体哲学视野下的体育文化反思［J］．体育与科学，2007（3）：31-33.
［97］武海潭，陈秀清，季浏．体育文化与原始文字——基于甲骨文与东巴文的身体哲学比较研究［J］．成都体育学院学报，2014，40（1）：49-53.
［98］刘欣然，范婕．从身体哲学中寻找体育运动的哲学线索［J］．武汉体育学院学报，2013，47（1）：23-26.
［99］苑文静，张再林．体育运动中“习惯”的身体哲学解读——从梅洛-庞蒂到理查德·舒斯特曼［J］．上海体育学院学报，2018，42（6）：18-22.
［100］张再林，李靖．“即身而道在”—中国古代身体哲学视域中的中华体育精神探析［J］．人文杂志，2014（12）：1-6.
［101］吕俊莉．身体哲学视域下的中西体育思想比较研究［J］．体育与科学，2015，36（5）：84-88.
［102］赖雄麟，唐澍．身体哲学视域下的竞技体育伦理研究［J］．西安体育学院学报，2016，33（6）：706-710.
［103］吴保传，齐宝，鲁小艳．儒家的身体哲学与中国竞技体育的异化［J］．西安体育学院学报，2010，27（6）：685-687.
［104］张慧智，高鹏．身体哲学视域下学校体育边缘化现象之反思［J］．山东体育学院学报，2017，33（3）：114-118.
［105］高鹏，颜桂平，李玉超．身体哲学视域下学校体育的价值审视及路径选择［J］．体育文化导刊，2018（6）：130-135.
［106］周惠新．身体哲学视域下现代体育教学的具身认知［J］．中国教育学刊，2017（8）：41-45.
［107］李有强，龚正伟．体育与人的全面发展：基于马克思主义身体哲学视角的考察［J］．西安体育学院学报，2021，38（4）：395-401.
［108］张再林．身体哲学范式与体育论旨间的互窥——以中国古代射艺为例［J］．体育学刊，2016，23（5）：13-20.
［109］周生旺，程传银．身体与技术：身体哲学视域下人工智能融入体育的伦理审思［J］．上海体育学院学报，2021，45（9）：1-11.

[110] 徐长红，任海，吕赟．女性身体观对女性体育的影响［J］．体育学刊，2009，16（3）：29-32.
[111] 徐长红，任海，吕赟．女性身体观与女性体育互动关系的历史演变［J］．体育学刊，2009，16（11）：23-27.
[112] 吴建堂．近代津教会“兴女学”思潮与女子体育身体观的生成逻辑［J］．体育与科学，2017，38（1）：52-57.
[113] 方萍，史曙生．晚清女性身体观的变迁对女性体育的影响［J］．体育文化导刊，2018（2）：137-142.
[114] 古雅辉，刘昕．从规训到关怀：近代以来我国学校体育思想中身体观的演进［J］．北京体育大学学报，2020，43（6）：140-148.
[115] 张大志．中国近现代体育身体观的生成逻辑［D］．苏州：苏州大学，2015.
[116] 张大志．近代以来中国体育文化中的身体政治［J］．成都体育学院学报，2013，39（4）：19-24.
[117] 刘媛媛．先秦身体观语境下的中国古代体育文化研究及其现实意义［J］．体育科学，2012，32（1）：81-87.
[118] 李有强．先秦儒家身体观及其体育思想的阐释与反思［J］．体育科学，2014，34（9）：3-10.
[119] 傅永聚，赵溢洋．中国体育实践中儒家身体观的谱系［J］．武汉体育学院学报，2016，50（8）：5-12.
[120] 李有强．道家身体观及其体育思想的内在超越［J］．体育科学，2015，35（6）：90-97.
[121] 马雷石，李昌．姬氏枪法今何在？——也说心意六合枪［J］．搏击，2008（6）：3.
[122] 李有强．中国古典身体观的转捩：基于中国体育变迁史的考察［J］．上海体育学院学报，2019，43（3）：92-99.
[123] 陈璐，张强，陈帅．从身体规训到生存美学：福柯身体观的转变及对体育实践的启示［J］．体育与科学，2013，34（2）：31-33.
[124] 段丽梅．武术身体之教育研究［D］．上海：上海体育学院，2017.
[125] 韩红雨，戴国斌．武术比试观念的演进：一种由“暴力到文明”的身体叙事［J］．中国体育科技，2014，50（3）：51-55.
[126] 郭学松．记忆、认同与共同体：两岸宋江阵演武文化中民族传统体育身体展演与话语叙事［J］．体育科学，2020，40（7）：79-87.
[127] 肖进勇．民族传统体育蹴踢项目类属与身体文化特性辨析［J］．成都体育学院学报，2016，42（4）：51-55.
[128] 赵国炳，谭广鑫，向有明，等．体育人类学的身体动作分析法［J］．体育科学，2014，34（12）：8-17.

[129] 郭军，仇军．仪式体育：作为身体实践的族群记忆［J］．武汉体育学院学报，2016，50（12）：13-17.

[130] 刘雨．仪式·文化·社会：彝族传统体育身体文化阐释［J］．体育文化导刊，2019（12）：56-62.

[131] 李翠含，吕韶钧．生命教育与民族命运共同体建构——以广西少数民族传统体育为例［J］．体育学刊，2019，26（3）：19-24.

[132] 万建中．西部民族传统体育的身体经验和身体意义［J］．西北民族研究，2016（3）：153-158.

[133] 陈新萌，吕韶钧，李根．中国武术拳种的文化形塑、演变规律与发展逻辑［J］．中国体育科技，2018，54（3）：44-51.

[134] 吴丕清．沧州回族武术［J］．回族研究，1997（1）：58-64.

[135] 马明世．安康回族武术［J］．回族研究，1997（1）：56-57.

[136] 吴丕清．回族武术八极拳考述［J］．回族研究，2004（3）：83-86.

[137] 刘汉杰．沧州回族武术文化的内聚与外衍：以八极拳的传承、传播为例［J］．回族研究，2005（2）：186-190.

[138] 马锦丹．回族传承的民间武术心意六合拳考述［J］．回族研究，2012（4）：101-106.

[139] 马雷石．河南邓州秘传心意六合拳源流［J］．武当，2001（9）：2.

[140] 马锦丹．洛阳回族传承心意六合拳口述史及当代价值［J］．回族研究，2019，29（3）：43-48.

[141] 范景鹏．“飞腿”沙亮在查拳传承中的作用［J］．体育学刊，2009，16（2）：109-112.

[142] 刘海超，吴永存，张振东．从回族武术门禁的开放看回汉文化的流动与融合：以“武术之乡”安徽亳州回族晰扬掌为例［J］．上海体育学院学报，2015，39（6）：90-94.

[143] 马明达．燕山常巴巴轶事辑述：兼论西北天启棍、八门拳诸问题［J］．回族研究，1997（3）：24-35.

[144] 蔡知忠，周岩．源远流长 名家辈出：记著名回族武术家马凤图家族［J］．回族研究，2002（1）：48-51.

[145] 史永琴．山东回族武术与武术家杨法武［J］．回族研究，2018，28（1）：140-143.

[146] 马廉祯．吴桐与绥远国术馆［J］．回族研究，2010（3）：89-93.

[147] 沙岩松．张文广武术思想研究［D］．北京：北京体育大学，2016.

[148] 秦炜棋，张延庆．文化适应与非物质文化遗产光环下的回族武术［J］．中央民族大学学报（哲学社会科学版），2010，37（2）：101-107.

[149] 王笑．作为非物质文化遗产的回族武术的传承与发展［J］．回族研究，2013，23（4）：139-141.

[150] 高飞，屈丽蕊，苏连勇．天津回族重刀武术的保护与发展［J］．首都体育学院学报，2014，26（1）：9-10.

[151] 陈振勇，姚孔运．回族武术促进民族文化认同的指标体系构建与实证研究：以兰州回族武术为个案［J］．体育科学，2012，32（9）：52-61.

[152] 范景鹏，马锦丹．从“回族武术”看中华属性和民族特色的有机统一［J］．回族研究，2017，27（2）：86-92.

[153] 张延庆，方征，王晓芳．从回族武术文化现象透析我国少数民族武术的传承与发展［J］．体育文化导刊，2006（11）：92-95.

[154] 韩红雨．由异术到拳术：沧州回族八极拳文化建构的历史人类学考察［J］．山东体育科技，2014，36（5）：26-29.

[155] 韩红雨．国家与社会视野下沧州武术研究［D］．上海：上海体育学院，2015.

[156] 姚孔运．民族社会学视域下回族武术促进民族关系的和谐研究：以兰州回族武术为个案［D］．成都：成都体育学院，2012.

[157] 陈星潭．社会学视野下的回族武术初探［J］．体育学刊，2016，23（3）：39-41.

[158] 戴洁茹，杜树海．回族查拳的历史叙事与近代践习研究［J］．体育学刊，2020，27（6）：27-33.

[159] 王宁．代表性还是典型性？——个案的属性与个案研究方法的逻辑基础［J］．社会学研究，2002（5）：123-125.

[160] 卢晖临，李雪．如何走出个案——从个案研究到扩展个案研究［J］．中国社会科学，2007（1）：118-130.

[161] 刘娜，李小鹏．乡村原创短视频中身体呈现的文化阐释——以快手 app 中代表性账号及其作品为例［J］．华中师范大学学报（人文社会科学版），2020，59（2）：78-84.

[162] 文军．身体意识的觉醒：西方身体社会学理论的发展及其反思［J］．华东师范大学学报（哲学社会科学版），2008，40（6）：73-81.

[163] 尤迪勇．空间叙事学［D］．上海：上海师范大学，2008.

[164] Daniel Punday. Narrative Bodies: Toward a Corporeal Narratology [M]. New York: Palgrave Macmillan, 2003.

[165] 南帆．身体的叙事［J］．当代作家评论，2001（1）：81.

[166] 陶东风，罗靖．身体叙事：前先锋、先锋、后先锋［J］．文艺研究，2005（10）：25-37.

[167] 宁乐．斯蒂芬·金小说的身体叙事研究［D］．吉林：吉林大学，2019.

[168] 王艳．“身体惯习”所映射的回族性别建构——基于甘肃临夏八坊回族聚居区的民族学调查［D］．北京：中央民族大学，2012.

[169] 马明达．试论“回族武术”［J］．回族研究，2001（3）：62-66.

[170] 丁宏，马越．中华民族共同体视域下的回族历史文化研究［J］．青海民族研究，

2020，31（2）：41-45.
[171] 胡占君，郭继武．历史是一个民族安身立命的基础［J］．红旗文稿，2018（19）：8-11.
[172] 王岗，邱丕相，包磊．重构学校武术教育体系必须强化“拳种意识”［J］．体育学刊，2010，17（4）：95-98.
[173] 胡云生．明清时期河南回族分布格局研究［J］．地域研究与开发，2011，30（3）：152-156.
[174] 牛光夏．“非遗后时代”传统民俗的生存语境与整合传播［J］．民俗研究，2020（2）：109-115.
[175] 陈新萌，吕韶钧，李根．中国武术拳种的文化形塑、演变规律与发展逻辑［J］．中国体育科技，2018，54（3）：44-51.
[176] 韩文，王津慧．试论经络系统的层次特征［J］．青海医学院学报，1999（1）：36-37.
[177] 戴国斌．门户对拳种、流派的生产［J］．上海体育学院学报，2013，37（4）：77-82.
[178] 马雷石．心意六合拳秘传内功心法（上）——循经导气内养功［J］．搏击，2009（7）：2.
[179] 马雷石．心意六合拳秘传十二大势四［J］．武当，2004（7）：25-28.
[180] 李富刚．武术套路“程式之美”的解读［J］．武汉体育学院学报，2016，50（11）：59-65.
[181] 彭芳，吕韶均，孙富强．武术拳种的理论阐释［J］．北京体育大学学报，2009，32（9）：30.
[182] 康凌．麻辣香锅与劳动的身体：对一个非虚构文本细节的阐释［J］．南方文坛，2021（4）：90-91.
[183] 张震，李亮．清代“禁武令”背景下武举人才的来源及武术二元发展趋向［J］．成都体育学院学报，2021，47（6）：48-54.
[184] 戴国斌，岳涛．中国传统社会暴力治理的文武之道——武术“德、智、力”文化基因及其表现［J］．民俗研究，2021（5）：39-45.
[185] 冯涛，杨红伟．国族主义与近代中国国术运动［J］．青海民族研究，2018，29（1）：112-118.
[186] 周伟良．试论明清浙东内家拳的拳理技法及文化价值［J］．北京体育大学学报，2009，32（12）：100-104.
[187] 王广虎，冉学东．体育的历史生成——“体育基本原理”基于教材文本的学科反思［J］．成都体育学院学报，2022，48（1）：29-38.
[188] 戴国斌．武术技击观的“解咒”［J］．体育与科学，2002，23（1）：12-14.
[189] 赵世瑜．传说·历史·历史记忆——从20世纪的新史学到后现代史学［J］．中国社会科学，2003（2）：175-188.

[190] 齐林华．莫言小说身体叙事的基本形态探究［J］．中国文学研究，2020（4）：18-27.
[191] 许德金，王莲香．身体、身份与叙事［J］．江西社会科学，2008（4）：28-34.
[192] 戴军，于伟．身体规训及其合理性论析［J］．教育科学研究，2008（5）：3-7.
[193] 周惠．物象与隐喻：现当代文学灾害叙事中的身体景观［J］．湘潭大学学报（哲学社会科学版），2021，45（1）：128-133.
[194] 赵方杜．身体政治：现代国家双重建构的镜像表达［J］．学术论坛，2013，36（10）：73-79.
[195] 刘红军，花家涛．国术：一项基于近代中国语境的概念史考察［J］．山东体育学院学报，2020，36（2）：45-52.
[196] 刘启超，戴国斌，段丽梅．近代中国“武侠”再造与“武德”型塑之研究［J］．体育科学，2018，38（5）：80-87.
[197] 冯涛，杨红伟．国族主义与近代中国国术运动［J］．青海民族研究，2018，29（1）：112-118.
[198] 余源培．武德之光华　民族之神韵——《中华武德通史》评介［J］．社会科学，1999（6）：79-81.
[199] 周伟良．析中华武术中的传统武德［J］．上海体育学院学报，1998，22（3）：12-17.
[200] 李凤亮．隐喻：修辞概念与诗性精神［J］．中国比较文学，2004（3）：140-150.
[201] 蔡德贵．季羡林的多元文化观和文化交流论［J］．齐鲁学刊，2003（1）：109-114.
[202] 习近平．团结合作战胜疫情 共同构建人类卫生健康共同体——在第 73 届世界卫生大会视频会议开幕式上的致辞［N］．人民日报，2020-05-19（2）.
[203] 龚蓉．历史街区中非物质文化遗产保护方法初探——以西安北院门历史街区为例［D］．西安：长安大学，2008.
[204] 李春根，罗家为．深入理解“人类卫生健康共同体”的逻辑理路［N］．光明日报，2020-04-27.
[205] 杨建营．以“扣子论”为切入点的新时代中华武术发展改革定位［J］．北京体育大学学报，2021，44（1）：145-156.
[206] 冯香红，杨建英，杨建营．张之江武术思想的主旨及其当代价值［J］．北京体育大学学报，2018，41（11）：123-129.
[207] 李江，张亚琼，王智慧．功能丧失与制度异化：武举制度变迁的动因与启示［J］．体育与科学，2012，33（5）：16-19.
[208] 赵双进．对八十年代武术工作的回顾与随想［J］．体育文化导刊，2003（3）：64-68.
[209] 梁爱文．构建人类卫生健康共同体的时代意蕴与实践进路［J］．理论月刊，2020（10）：14-21.
[210] 高金萍．理想、理念、理论：人类命运共同体的演进逻辑［J］．当代世界，2021

（6）：24-30.
［211］郑金鹏．习近平“人民美好生活观”的逻辑阐释与现实启迪［J］．山东社会科学，2020（4）：115-120.
［212］戴国斌，刘祖辉，周延．“锻炼行道，练以成人”：中国求道传统的武术文化实践［J］．体育科学，2020，40（2）：24-31.
［213］胡鞍钢，李兆辰．人类卫生健康共同体视域下的中国行动、中国倡议与中国方案［J］．新疆师范大学学报（哲学社会科学版），2020，41（5）：54-64.
［214］唐韶军，戴国斌．生存·生活·生命：论武术教化三境界［J］．北京体育大学学报，2016，39（5）：72-78.
［215］王广虎．穿行于双重世界之间——评王岗先生的《体育的文化真实》［J］．体育文化导刊，2007（8）：81-82.
［216］史小强，戴健．“十四五”时期我国全民健身发展的形势要求、现实基础与目标举措［J］．体育科学，2021，41（4）：3-13.
［217］王健．跑步健身中的身体管理与理性化——项基于马拉松跑者的质性考察［J］．体育科学，2019，39（12）：34-42.
［218］理查德·舒斯特曼．身体意识与身体表现：东西方的身体美学［J］．烟台大学学报（哲学社会科学版），2013，26（4）：1-9.
［219］刘晓陶，黄丹麾．身体与图像［J］．天津美术学院学报，2017（10）：90-93.
［220］左克厚．论老子的身体意识［J］．青海民族大学学报（社会科学版），2010，36（4）：143-147.
［221］高强．体育与健康——基于对人类身体意识的考察［J］．体育学刊，2016，23（1）：1-5.
［222］刘娜，李小鹏．乡村原创短视频中身体呈现的文化阐释——以快手 app 中代表性账号及其作品为例［J］．华中师范大学学报（人文社会科学版），2020，59（2）：78-84.
［223］刘同为，张茂林．武术套路运动竞技化历史寻绎［J］．北京体育大学学报，2006（2）：287-289.
［224］许友根．清末废武科原因再探［J］．盐城师专学报（哲学社会科学版），1998（1）：69-72.
［225］陈立胜．王阳明思想中的“身体”隐喻［J］．孔子研究，2004（1）：60-73.
［226］深刻认识铸牢中华民族共同体意识的重大意义——论学习贯彻习近平总书记中央民族工作会议重要讲话［N］．人民日报，2021-08-30.
［227］白晋湘，郑健．交往交流交融：苗疆传统体育铸牢中华民族共同体意识的三重路径［J］．体育学刊，2022，29（1）：1-8.
［228］郝亚明．中华民族共同体意识视角下的民族交往交流交融研究［J］．西南民族大学

学报（人文社会科学版），2019，40（3）：9-13.

［229］马雷石．水氏家传心意六合拳之十大真形［J］．搏击，2010（12）：14.

［230］戴国斌．中国武术传播三题：文化史视角［J］．上海体育学院学报，2016（3）：56-61.

［231］中央民族工作会议暨国务院第六次全国民族团结进步表彰大会在北京举行［N］．人民日报，2014-09-30（1）.

［232］胡平，徐莹，徐迩嘉．从心理空间生产看学校教育中中华民族共同体意识的培育［J］．民族教育研究，2020，31（4）：19-24.

［233］王明国．人类卫生健康共同体的科学内涵、时代价值与构建路径［J］．当代世界，2020（7）：34-40.

［234］王广虎．强身与健身——两种不同的体育观［J］．体育文史，1998（3）：4-5.

［235］王广虎，吴艳红，王宏江．高等教育分类发展指导下对体育行业特色高校办学的几点思考［J］．成都体育学院学报，2010，36（3）：1-5.

［236］王列生．作为身体生产的后现代时尚思潮［J］．艺术百家，2013，29（6）：74-82.

［237］何雪松．空间、权力与知识：福柯的地理学转向［J］．学海，2005（6）：44-49.

［238］陈心想．“心”即“认知”：认知框架、社会事实与赋值力［J］．南京师大学报（社会科学版），2020（2）：88-95.

［239］王岗，邱丕相，包磊．重构学校武术教育体系必须强化“拳种意识”［J］．体育学刊，2010，17（4）：95-98.

［240］李春敏．论当代身体生产的基本形态［J］．南京社会科学，2021（7）：41-48.

［241］张博，程圩．文化旅游视野下的非物质文化遗产保护［J］．人文地理，2008（1）：74-79.

［242］郝亚明．民族互嵌与民族交往交流交融的内在逻辑［J］．中南民族大学学报（人文社会科学版），2019，39（3）：8-12.

［243］李曦辉．基于铸牢中华民族共同体意识的少数民族经济发展研究［J］．中央民族大学学报，2019（3）：44-53.

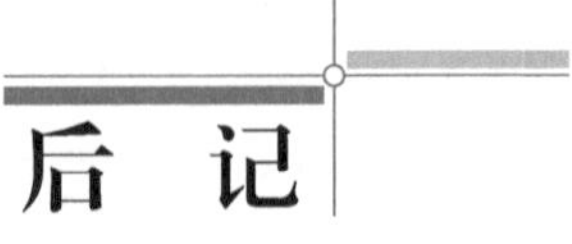

后记

本书是基于我的博士论文修订而成。在书稿完成之际，同博士论文一样，最想表达的仍是感激之情。感谢导师王明建教授的指导与关怀，从成体行健楼里“四年磨一剑”的博士论文到毕业之后相聚南充市嘉陵江畔的书稿之谈，在多角度的指导与多种观点的碰撞中，使我常有新的思维火花产生，受益匪浅。感谢家人的支持与包容，自己已处在“上有老，下有小”的年龄阶段，是家人的无私奉献与无限包容，才能让我“轻装上阵”专注地写下去，为我的书稿写作注入了原动力。感谢良师益友的鼓励与关心，使我在写作困顿、迷茫之时，一次次寻得“前进”的方向；感谢在河北省孟村回族自治县开门八极拳、山东省冠县查拳、河南省邓州市心意六合拳进行田野作业时，为我提供了大量田野资料的传承人、拳师、弟子，以及相关领导、专家学者们，正是基于你们的慷慨相助，才使书稿的呈现逐渐接近见人见物的画面；感谢西华师范大学的资助，为我提供了经费保障；感谢人民体育出版社责任编辑和校对人员的严谨编审与细心校稿，让本书更具质量保障。一路走来，衷心感谢所遇到的帮助我、启发我的人。

整体来看，本书以身体为视角，通过对回族武术拳种的身体考察，归结出三种回族武术的身体叙事形态，阐述了其身体叙事内涵。在此，若以回族武术的身体叙事研究为一个点，外推至整个中华武术的身体，不免触动了一些思考：其一，关于中国武术拳种的再普查思考。论文以拳种的身体为考察对象，是在于进一步明确，中华武术的整个身体是由拳种所支撑，是其身体重要的文化基础。然而，自 20 世纪 80 年代武术“挖整”运动以来，至今留下的拳种，其生存状态如何理应是我们当下亟须进行再次全面细致深入普查的研究工作。其二，关于中国武术如何真正主动融入当下社会主流的思考。

本书聚焦于对拳种的身体叙事进行研究，但回望中国武术整体的身体叙事，其中却存在着与社会主流脱离的现象。在中国式现代化的道路上，中国武术的身体叙事如何真正融入国家的身体叙事，是我们需要进一步研究之处。譬如，乡村振兴战略、全民健身战略等，以此来纵深推进中国武术的创造性转化和创新性发展。其三，关于中国民间武术现代化治理的思考。本书对拳种的身体叙事进行了当代的审视，进一步探求身体中的武术和武术中的身体应如何叙事的问题。回顾以往的民间武术叙事，“伪大师”“约架”“商业化炒作”等武术的另类身体叙事，在一定程度上破坏了应有的武术身体形象。为此，对中国民间武术的现代化治理，成为型塑中国式现代化武术身体的重要论题。

“路漫漫其修远兮，吾将上下而求索”。以此作为自己的“座右铭”，继续前行。

马　林

2023 年 8 月